COMMENTAIRE

„ jamais avoir d'intérêts que les leurs, &
„ dont les vertus enfin ont attendri les ames
„ les plus prévenues contre sa cause.

„ Il espère qu'une telle occasion réunira
„ deux nations qui doivent réciproquement
„ s'estimer ; qui sont liées naturellement par
„ les besoins mutuels de leur commerce, &
„ qui doivent l'être ici par les intérêts d'un
„ Prince qui mérite les vœux de toutes les
„ nations.

„ Le duc de Richelieu, commandant les
„ troupes de Sa Majesté le Roi de france,
„ adresse cette déclaration à tous les fidèles
„ citoyens des trois royaumes de la Grande-
„ Bretagne, & les assure de la protection cons-
„ tante du Roi son maitre. Il vient se joindre
„ à l'héritier de leurs anciens Rois, & ré-
„ pandre comme lui son sang pour leur service.

On voit par les expressions de cette pièce
qu'elle fut dans tous les tems l'estime & l'in-
clination de l'auteur pour la nation anglaise ;
& il a toujours persisté dans ces sentiments.

Ce fut l'infortuné comte de Lalli qui avait
fait le projet & le plan de cette descente laquelle ne fut point effectuée. Il était né Irlandais,
& il haïssoit les anglais autant que nôtre au-

L'ANTIQUITÉ
DÉVOILÉE
PAR
SES USAGES.
TOME TROISIEME.

L'ANTIQUITÉ DÉVOILÉE
PAR SES USAGES,

Ou Examen critique des principales Opinions, Cérémonies & Institutions religieuses & politiques des différens Peuples de la terre.

Par feu M. BOULANGER.

Homo, quod rationis est particeps, consequentiam cernit, causas rerum videt, earumque progressus & quasi antecessiones non ignorat, similitudines comparat, rebus præsentibus adjungit, atque annectit futuras.

CICERO *De Offic. Lib.* 1. C. 4.

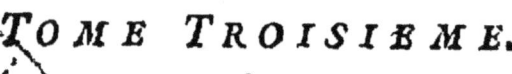

TOME TROISIEME.

A AMSTERDAM,
Chez MARC MICHEL REY.

M. DCC. LXXII.

TABLE
DES ARTICLES
Contenus dans le Tome Troisieme.

CHAPITRE IV. *Des Usages des Anciens fondés sur leurs idées cycliques, astrologiques & apocacalyptiques.* Page 1

LIVRE CINQUIEME. *De l'Esprit liturgique de l'Antiquité. Des Fêtes solaires & des Fêtes lunaires, &c.* 87.

CHAPITRE I. *Des Fêtes solaires chez les Romains. De la confusion que produisirent leurs deux années. Des défauts de notre Calendrier Grégorien.* Ibid.

CHAPITRE II. *Continuation du même sujet ; des Fétes Solaires chez les autres peuples anciens & modernes.* 134

CHAPITRE III. *Des Fétes Lunaires ou du mois, ou des Fétes qui dépendent du cours de la Lune. Des Néoménies, ou Fétes de la nouvelle Lune, du Sabbat, &c.* 161

LIVRE SIXIEME. *Tableau des Effets physiques & moraux du Déluge.* 241

CHAPITRE I. *Du Déluge, ou de la Révolution universelle qui a changé la face primitive de notre Globe, & des Effets physiques qu'elle a produits sur la terre.* Ibid.

CHAPITRE II. *Des Effets moraux du Déluge, ou du premier état des Sociétés échappées aux malheurs de la terre.* 284

RÉCAPITULATION. 352

Fin de la Table du Troisieme
& dernier Tome.

L'ANTIQUIT

L'ANTIQUITÉ DÉVOILÉE PAR SES USAGES.

CHAPITRE IV.

Des usages des Anciens fondés sur leurs idées Cycliques, Astrologiques & Apocalyptiques.

1. J'AI cru devoir faire ici un Chapitre particulier pour montrer le caractere le plus universel de presque tous les usages des anciens. Presque toutes leurs fêtes & leurs solemnités étoient cycliques. Je me garderai bien de passer tous ces usages en revue, la

carriere seroit trop longue ; je me contenterai de choisir les plus remarquables par leur généralité & leur célébrité ; il en est beaucoup dont nous avons eu déja occasion de parler, je les rappellerai en deux mots lorsqu'il sera nécessaire ; à l'égard des autres, nous les laisserons à l'examen de ceux qui voudront nous suivre dans la même carriere ; montrons-leur le chemin, ils le parcourront en entier s'ils le jugent à propos, & s'ils trouvent le ton de la vérité dans ce que nous dirons.

Nous ne nous servirons point ici ni des Egyptiens, ni des Grecs, ni des Romains pour éclaircir les usages des nations ; ce sont les Mexicains que nous allons d'abord considérer : ils vont nous donner l'explication d'une multitude d'usages dont les peuples anciens ignoroient le principe. Les Mexicains avoient, comme les anciens Persans & les Egyptiens, une année de 365 jours, donc cinq étoient Epagomenes, ou surnuméraires : ils divisoient l'année en 18 mois de 20 jours chacun, méthode qui leur étoit particuliere ; ils avoient aussi imaginé une intercalation très-exacte, quoiqu'elle ne ressemblât à aucune de celles que nous connoissons ; ils distribuoient leur année en cycles de treize jours ; ils multiplioient ce cycle par 1460, ce qui donnoit 52 années de 365 jours ; & comme la cinquante-deuxieme année finissoit treize jours plutôt que l'année solaire, ils y ajoûtoient ces treize jours, c'est-à-dire un nouveau cycle; & ces 1461 cycles de treize jours formoient chez eux leur grand cycle, ou, comme ils l'appelloient, leur *nouveau soleil*. Ce grand cycle ressemble par la figure numérique à la grande année Egyptienne formée de 1461 années; & comme il est égal à 52 ans, quelques-uns ont cru y voir aussi le grand jubilé des Hébreux qui étoit de 49 ou de 50 années (1). M. Freret remarque que ce cycle Mexicain fait reconnoître chez ces peuples, réputés barbares, des observations & des vues qui avoient échappé à des nations plus policées à d'autres égards, comme les Grecs & les Romains. (2) L'Auteur de la conquête du Mexique parle avec éloge du soin & de l'adresse que les Mexicains avoient de fixer par le moyen de ce grand & de ce petit cycle, les événemens mémorables de leur histoire; mais il relève aussi la superstition qui les portoit à tenir un compte exact des années de ce cycle de 52 ans, ou de 1461 cycles de 13 jours. Les Mexicains ainsi que les Péruviens croyoient que le monde finiroit un jour, sans sçavoir de quelle maniere; au Pérou l'on en fixoit le

(1) Mémoires de l'Acad. des Inscript. Tom. XVI. p. 239.
(2) Conquête du Mexique, Liv. III. Chap. 17. Hist. Génér. des Voyages; Tome XII, p. 529.

terme, mais au Mexique la religion enseignoit que le monde couroit risque de finir toutes les fois que le soleil arrivoit au terme de 52 ans : ainsi quand le dernier jour des cinquante-deux années arrivoit, tout le monde étoit dans le deuil & dans l'affliction ; on se préparoit à cette affreuse disgrace par la pénitence, on s'humilioit devant les Dieux, enfin on se disposoit à la mort ; on cassoit, comme on l'a dit ailleurs, la vaisselle & les autres ustenciles, comme des choses devenues inutiles désormais, & comme si le monde eût dû rentrer réellement dans le chaos ou le néant ; on éteignoit le feu sacré des Temples & les feux domestiques ; on veilloit toute la nuit ; on couroit comme des gens qui ont perdu l'esprit ; la terreur augmentoit avec l'obscurité : on montoit sur les toits ; & l'on ne commençoit à respirer que lorsque le crépuscule se montroit ; alors on regardoit attentivement l'Orient, on étudioit les progrès les plus imperceptibles de l'aurore ; à peine avoit-on apperçu le soleil lui-même, qu'un cri universel rappelloit l'allégresse & la joie ; on le saluoit alors par mille acclamations, par des hymnes & des cantiques ; les Mexicains se félicitoient réciproquement de ce que la durée du monde étoit encore assurée pour un cycle, & ils alloient en foule aux Temples en rendre graces aux Dieux. Ils recevoient de la main des Prêtres, du feu nouveau qu'on rallumoit sur les autels avec deux morceaux de bois sec frottés l'un contre l'autre. Alors chacun faisoit de nouvelles provisions, on faisoit des sacrifices, des réjouissances & des danses; en un mot, dit notre Auteur, on en usoit de la même maniere qu'à Rome dans la célébration des Jeux Séculaires.

Je ne m'arrêterai point ici à faire remarquer que cette fête cyclique & apocalyptique commençoit par la tristesse, & finissoit par la joie, de même que les plus grandes solemnités du Paganisme; ni que l'Orient étoit ce jour-là le côté du salut & de l'espérance; on doit connoître actuellement les raisons de ces usages, & en retrouver ici les preuves, mais trois usages particuliers se décelent ici sous un esprit apocalyptique; c'est ce feu sacré éteint & rallumé; c'est ce détachement anticipé des choses de la terre, exprimé par les ustenciles brisés; enfin c'est la veillée funebre que les Mexicains pratiquoient à la fin de leur période qu'il nous importe d'examiner. Considérons ces trois objets chez tous les peuples qui les ont eu, pour connoître l'esprit qui a donné naissance à ces pratiques, & voyons si, à l'exemple des Mexicains, c'étoit chez eux une conséquence du dogme de la fin du monde.

II. Presque tous les peuples du monde ont eu un *feu sacré*; on le retrouve chez eux dans l'antiquité la plus reculée. Les Indiens, les Perses, les Egyptiens, les Juifs, les Grecs & les Romains, les peuples du Nord & de l'Amérique ont eu ce culte, sur lequel on a fait jusqu'à préfent tant de recherches & de raifonnemens inutiles. Pour fçavoir à préfent quel étoit l'objet de ce culte univerfel chez les anciens, il ne faut que confidérer les allarmes où ils étoient lorfque par quelque accident ou par quelque négligence le feu facré venoit à s'éteindre. Les Auteurs anciens ne nous montrent que des craintes vagues & indéterminées de toutes fortes de malheurs. Rome fe croyoit alors menacée d'une ruine totale, c'étoit le préfage le plus affreux pour la République & pour l'Empire; toutes les affaires publiques & particulieres ceffoient dès-lors; on recouroit aux expiations, on confultoit les Sybilles fur le danger de l'Etat; on puniffoit de la mort la plus cruelle les gardiennes de ce feu facré; on les enterroit toutes vives; & après avoir cherché à appaifer les Dieux, on allumoit un nouveau feu tiré des cailloux par le frottement, ou du foleil par le moyen de certains vafes d'airain qui avoient la même forme & la même propriété que nos miroirs ardens (3).

(3) *Dionyf. Halicarn. Lib. II. Cap.* 17. *Plutarch. in Numa & in Sylla.* & *Mém. de l'Acad. des Infcript.* Tom. IV. p. 172.

Il en étoit de même en Grèce lorsque le feu perpétuel d'Apollon à Delphes, ou lorsque la lampe de Minerve Poliade à Athènes venoient à s'éteindre. Cet événement étoit regardé comme un présage de calamités & de guerre (4). On ne voit point dans la Bible que les Juifs, à qui la loi recommande si expressément l'entretien du feu perpétuel, aient eu les mêmes terreurs lorsqu'il venoit à s'éteindre; mais leurs traditions ne mettent pas moins au nombre des signes qui les menaçoient après la mort de Simon le juste, 291 ans avant Jesus-Christ, qu'une lampe du chandelier d'or s'éteignit à plusieurs reprises, & que le feu sacré fut extrêmement foible. Ils ont même un jeûne le 18 d'*Ab* pour la lampe du chandelier d'or éteinte sous Achaz : ce chandelier avoit sept branches, ce qui doit encore être remarqué. Maïmonide dit qu'on punissoit celui qui laissoit éteindre le feu sacré, mais qu'on ne faisoit rien à celui qui laissoit éteindre les lampes du chandelier (5).

On n'a vu dans ces terreurs des anciens qu'une superstition aveugle, sans principe & sans cause, parce qu'ils n'ont pu eux-mêmes nous en rendre raison : mais si nous amenons

(4) *Strabo Lib. IX. Pausanias in Atticis.*
(5) *Prideaux Lib. IX. p. 270. Hyde de religione Persarum Cap. I. p. 19.*

les usages des Mexicains au secours des antiquités Grecques & Romaines, ces Américains nous montreront que le motif des terreurs lors de l'extinction du feu sacré, étoit l'idée que l'on étoit à la fin du monde. En effet, rien n'est plus vraisemblable que ce motif, puisque les Mexicains n'éteignoient volontairement ce feu qu'à la fin de leur cycle de 52 ans, c'est-à-dire, lorsqu'ils s'imaginoient que le monde alloit rentrer dans le néant, & qu'ils ne reverroient plus le soleil ; & ils ne le rallumoient avec de grandes réjouissances que lorsque la durée de l'univers leur sembloit prorogée. Chez les Péruviens, le feu sacré étoit gardé par des Vestales, qui toutes étoient des Princesses du sang royal ; dès qu'elles péchoient contre la chasteté, elles étoient enterrées vives comme à Rome, & le galant, avec toute sa famille, étoit exterminé. L'extinction du feu sacré étoit aussi regardé comme d'un funeste présage. Chez les Natchez, peuple sauvage de la Louisiane, on croyoit que l'extinction du feu sacré annonçoit la destruction de toute la nation. Ce feu étoit, comme à Rome, conservé dans un temple de forme ronde, & tourné du côté de l'Orient ; chez les Natchez, il est gardé par des hommes. A la mort du chef de ces sauvages, que l'on appelle le *grand soleil*, on éteint tous les feux domestiques (6).

Nous ne devons donc plus nous étonner des fausses terreurs des anciens; elles avoient été, comme celles des Mexicains, apocalyptiques dans leur principe; & si ces terreurs n'étoient plus motivées, c'étoit encore une suite du secret des législations primitives, qui en laissant, comme on a vu, subsister les usages, en avoient supprimé & caché les motifs pour le bien de la société.

Le feu sacré chez tous les anciens, ainsi que chez les Mexicains, n'a pu être autre chose que le simbole de la vie de la nature: voilà pourquoi l'on desiroit qu'il fût perpétuel, & l'on trembloit lorsqu'il venoit à s'éteindre. » Le feu, dit Varron, est l'ame du » monde, & lorsque cette ame se dissipe par » les tonnerres, le monde périt » (7) Ainsi le feu étoit l'emblême de la vie: plusieurs auteurs anciens l'ont dit, & nos modernes ont mieux aimé ne voir en eux que des adorateurs grossiers de cet élément, que de les en

(6) Hist. Génér. par l'Abbé Lambert. Tom. XIII. Hist. de la Louisiane par le Sr. le Page du Pratz, Tom. II. chap. 24. Tom. III. chap. 3.

(7) *Varro apud Isidor.* Lib. III. On connoît ces vers d'un poëte moderne,

Ignis ubique latet, naturam amplectitur omnem;
Cuncta fovet, renovat, dividit, unit, alit.

croire sur leur parole. » Le feu, dit Plu-
» tarque dans la vie de Camille, est la plus
» vive image de la puissance immortelle qui
» arrange & conserve l'univers ; c'est dans le
» feu qu'est le principe & le commencement
» de toutes choses ; le temple de Vesta, où
» on le conserve, est rond, parce qu'il est
» fait pour représenter l'univers : le feu est
» l'ame du monde. ». Il n'y a rien de trop
subtil dans ce langage, c'est une vérité physique très-sensible qui est la source de ce raison-
nement, & il ne peut être vicieux que lorsque les langages physique & Théologique se
confondent, ce qui pu arriver quelquefois
chez les anciens, sans que cela arrivât toujours.

D'ailleurs le feu étoit tellement le symbole de la vie, que tous les monumens funèbres nous présentent des flambeaux éteints.
» Mon fils est mort, dit une femme dans
» Esdras, & nous avons éteint les lumieres. »
Au contraire des flambeaux allumés sont des
signes que l'on mettoit dans les mains de l'a-
mour & de l'hymen, parce qu'ils sont les sources de la vie. Au Japon, les nouveaux époux
ont chacun un flambeau qu'ils allument en
même temps à une lampe du temple. Nous
allumons des cierges auprès des morts, mais
c'est toujours dans le même esprit, nous voulons exprimer par là qu'ils sont passés à une

nouvelle vie (8). Les Juifs avoient le feu sacré comme toutes les autres nations, ils n'étoient point idolâtres pour cela ; on peut dire la même chose des Perses anciens & des Guebres ou Parsis modernes.

L'institution du feu sacré chez tous les peuples de la terre n'ayant point d'autre motif que de représenter le mouvement perpétuel de la nature, les Mexicains ont dû l'éteindre toutes les fois qu'ils croyoient que ce mouvement alloit finir, c'étoit agir conséquemment à leur principe. On a dû s'épouvanter ailleurs, lorsque ce feu s'éteignoit par accident ; & puisque nous avons vu précédemment par les usages & les opinions des anciens peuples qu'on s'étoit autrefois attendu à la fin du monde à l'expiration de tous les périodes, on a dû aussi bien souvent éteindre volontairement ce feu sacré, pour se préparer, ainsi que les Mexicains, à l'extinction de la nature, & pour s'y soumettre avec une résignation religieuse. Or cet usage se trouve chez les anciens, sans qu'ils nous en aient transmis aucune raison. L'année civile des Romains finissoit en Février ; tout ce mois, comme nous le dirons, étoit un temps de pénitence & d'expiations ; mais au premier de Mars qui

(8) Esdras, Lib. IV. chap. 10. vs. 22. Voyages de la Comp. des Indes, Tom. VII. p. 79.

commençoit leur année, on rallumoit le feu sacré, on renouvelloit les lauriers des Flamines, l'on se livroit à la joie. C'est aussi dans ce mois que l'on faisoit des sacrifices à *Anna-Perenna*, & les femmes célébroient des Saturnales où elles servoient leurs esclaves (9). Il faut donc qu'il y ait eu un temps où les Romains, ou bien leurs ancêtres s'attendoient à la fin du monde au bout de chaque année, de même que les Mexicains s'y attendoient à la fin de chaque cycle de 52 ans.

Tous les ans au Pérou, à la grande fête du soleil, les Yncas renouvelloient eux-mêmes le feu sacré ; les trois jours qui précédoient se passoient en jeûnes & en austérités, mais le jour de la fête, l'Ynca sortoit avant l'aurore, attendoit pieds nuds le lever du soleil, le saluoit dès qu'il paroissoit, & le reste du jour étoit consacré à la joie (10). Dans tout l'Empire du Monomotapa, on éteint tous les ans les feux des maisons ; l'Empereur les rallume ensuite, & envoye par ses Officiers du feu nouveau dans les Provinces; on le reçoit avec respect, le refuser seroit un crime de Leze-Majesté que la mort seule peut expier (11).

(9) *Macrob. Saturnal. Lib. I. cap.* 12.
(10) Hist. Génér. des Voyages, Tom. XIII. p. 569.
(11) Voyages de la Comp. des Indes, Tom. III. p. 394.

On ne voit point que les Juifs aient éteint volontairement le feu sacré, au contraire, il leur étoit ordonné de l'entretenir très-exactement, mais il leur étoit enjoint d'éteindre les feux domestiques à l'approche du Sabbat, & de n'en point faire ce jour-là. C'est un commandement que les Samaritains observoient avec bien plus d'exactitude que les Juifs, auxquels ils reprochent même la lampe que ceux-ci nomment *sabbatique* (12). Cette lampe, selon les Rabbins, doit brûler pendant la nuit du Sabbat, & doit être allumée par les femmes, en mémoire de ce que le soleil cacha sa lumière lors du péché d'Eve ; c'est pour cela qu'elles sont obligées de rallumer le flambeau que l'une d'elles avoit éteint. Si les Samaritains en n'allumant point de feu, ont eu quelques vues apocalyptiques, l'usage des Juifs, quoique contraire, n'en a pas moins le même esprit ; car si l'extinction du feu pendant le jour est funebre, les feux allumés la nuit ne le sont pas moins, & ils décelent ici le même motif que la veillée de la fin des périodes ; aussi voit-on que les Juifs qui n'ont que des fables à donner pour expliquer leurs usages, expliquent celui ci comme étant une commémoration du soleil éteint autrefois, tandis que d'autres

(12) Levit. VI. vs. 12. Exod. XXXV. vs. 3, Basn. Liv. II. chap. 9. & 12. Liv. VI. chap. 14. §. 8.

nations auroient pu l'expliquer par l'attente où elles pourroient être que le soleil s'éteindroit à la fin de la semaine. De ce nombre auroient pu être les Manichéens qui attendoient la fin du monde tous les Dimanches, & les Mahométans qui l'attendent tous les Vendredis.

Ces usages sortis de la plus sombre antiquité, sont aussi parvenus jusqu'à nous : nous avons encore le feu nouveau dans nos Eglises au renouvellement de l'année Paschale; cet usage parmi nous n'est plus apocalyptique, il a un sens spirituel; aussi est-il sans abus. Pour en trouver l'origine, il faut aller chez les Chrétiens Orientaux, & voir la cérémonie de la descente du feu du ciel au Samedi-Saint, dans le Chevalier d'Arvieux qui en a été témoin. Rien de plus tumultueux que cette cérémonie; dès le matin du Samedi, toutes les lampes des Eglises sont éteintes; depuis ce moment jusqu'à trois heures du soir, l'Eglise n'est remplie que de gens qui hurlent & qui crient comme des insensés, des Bacchantes & des désespérés; ils se battent les uns contre les autres, & ce désordre dure jusqu'à ce que le Patriarche paroisse avec le feu que l'on prétend être descendu du ciel; alors un nouveau tumulte succede au premier par l'empressement & la furie avec lesquels chacun s'efforce d'allumer sa bougie, & par la joie dissolue qui couvertit alors l'Eglise en un cabaret, où l'on mange, où l'on couche, & où l'on commet des indécences peu différentes de celles des fêtes les plus diffolues du Paganisme (13).

Il étoit autrefois d'usage dans nos Eglises de mettre sur le cierge Paschal une tablette sur laquelle on écrivoit les Eres, les Epoques des Rois, des Princes, des Evêques, le lieu & le jour de la lune, & d'autres instructions cycliques & astronomiques propres à l'année Paschale où l'on entroit (14).

Quoique le feu éteint & renouvellé soit un usage cyclique uniquement employé à la fin & au renouvellement des périodes, il s'est aussi pratiqué extraordinairement, de même que chez les Romains, on enfonçoit le clou sacré sans avoir égard au période. Lorsque les Grecs eurent repoussé l'invasion des Perses, l'Oracle de Delphes ordonna qu'avant que de remercier Jupiter Sauveur, on éteignît tous les feux de la Grece, & que l'on en vînt prendre un nouveau à Delphes, sur l'autel commun; on allégua pour raison que le feu ancien avoit été souillé par les barbares; c'est plutôt parce qu'ayant échappé à une ruine totale, on se regarda comme des régénérés & comme

---

(13) Mémoires du Chevalier d'Arvieux, Tom. I. chap. 13.

(14) Du Cange Glossaire, au mot *Cereus Paschalis*.

des hommes qui entroient dans un nouveau période (15). Il en eſt de cette cérémonie après le ſalut de la Grece, comme de ces cierges que le peuple allume & met auprès des images des Saints ; c'eſt pour obtenir par leur interceſſion une nouvelle vie, ſoit du corps, ſoit de l'ame.

En Perſe, où le feu ſacré étoit un objet ſi important dans le culte public, on l'éteignoit à la mort des Rois, & on le rallumoit pour leurs Succeſſeurs ; c'eſt que le regne d'un Monarque eſt regardé comme un période, & l'étiquette de la Cour des Rois de Perſe étoit ſortie de la religion. Le feu ſacré des Perſes fut éteint pour la mort d'Epheſtion, ce qui fut regardé comme d'un mauvais préſage pour Alexandre, vu qu'on ne l'éteignoit que pour la mort des Rois (16). Selon la loi de Zoroaſtre, les Perſes doivent conſerver le feu ſacré du ciel allumé par ce prophête, juſqu'à ce que le feu vienne détruire le monde ; cependant Hyde dit que l'extinction de ce feu n'étoit point regardée comme un préſage funebre chez les Perſes, parce qu'ils avoient un grand nombre de Pyrées, tandis que les Grecs & les Romains n'en avoient qu'un ſeul. Les Parſis ou Guebres deſcendans des anciens Perſes, ont

---

(15) *Plutarch, in vita Ariſtidis.*
(16) *Diodor. Lib. XVII, cap. 73.*

une fête annuelle dans laquelle ils éteignent tous les feux de leurs maisons, après quoi ils vont en chercher de nouveau dans leurs Temples, ce qui fait une partie du revenu de leurs Prêtres (17).

III. Le second usage que nous avons remarqué dans la fête séculaire ou cyclique des Mexicains, c'est ce détachement anticipé des choses de ce monde exprimé par les ustensiles brisés. Nous avons remarqué en parlant des éclipses, que les allarmes où étoient les anciens à la vue de ces phénomenes venoient de l'attente de la fin du monde, & du danger où ils se croyoient alors ; nous avons vu qu'entre autres usages qu'on pratiquoit alors chez les peuples de l'Indostan, on avoit celui de briser la vaisselle de terre (18), & qu'après les éclipses on quittoit ses anciens habits pour en prendre de nouveaux. Il y avoit en Amérique une fête annuelle des songes ; elle ressembloit assez aux Bacchanales, & ceux qui la célébroient brisoient tout ce qu'ils rencontroient (19). Des usages aussi coûteux & aussi destructeurs dont on a dû bientôt reconnoître l'inutilité, n'ont pu être bien généraux, ou,

(17) *Hyde de religione Persarum*, *cap.* I. VII. VIII. & XXVIII. & Henri Lord. chap. 7.
(18) Voyages de Tavernier, Tome IV. Liv. 3. Chap. 14.
(19) Cérém. Religieus. Tom. VII.

s'ils l'ont été, ils ont dû s'éteindre de bonne heure dans la plus grande partie du monde ; aussi ne les ai-je retrouvés nulle part que sous une forme beaucoup plus œconomique. C'est un usage constant chez les Juifs deux jours avant le retour de leur année Paschale, de purifier & de nettoyer tous leurs ustensiles, & même de les renouveller ; cet usage est passé en partie chez les peuples de toute l'Europe où il se pratique dans le même temps. La semaine qui précede la fête de Pâques est généralement destinée par les gens du monde à nettoyer les meubles & les maisons : dès que la fête est arrivée, le peuple quitte ses vieux habits, & en prend volontiers de nouveaux, suivant ses facultés ; la religion elle-même demande que chaque Chrétien devienne un homme nouveau. Chez les Juifs, on se préparoit encore à ce renouvellement en nettoyant même les chemins, & en arrachant les mauvaises herbes dans les champs (20). Chez les autres peuples du monde qui n'ont point de Pâques, ni d'année Paschale, c'est au renouvellement de l'année civile que l'on change d'habillemens. On ne peut, il est vrai, regarder tous ces usages comme apocalyptiques, cependant il est bon d'en connoître la pre-

_____

(20) Cérém. Relig. Tom. I. Léon de Modene, Part. III. Chap. 3. §. 4. *Maimond. in Kilaïm. cap. II.* *sub. fin.*

mière origine. S'il y a eu des usages bons & naturels dans leur principe, qui par la suite sont devenus dangereux, il y en a eu d'autres qui étant mauvais originairement, sont ensuite devenus bons & utiles : telle est cette espece de purification annuelle des ustensiles, des maisons, des chemins & des habits.

Outre cet usage annuel, les Juifs en pratiquoient d'autres en d'autres temps, qu'on peut aussi rapprocher de celui où étoient les Mexicains de se détacher des choses de la terre à la fin de leur siécle, & de se comporter comme des gens qui ne comptoient plus sur la durée du monde; ces usages des Juifs sont ceux de leur Jubilé. On a déjà été fort porté à regarder la fête séculaire des Mexicains comme un grand Jubilé Hébraïque, parce que leurs deux périodes étoient à-peu-près égaux. Mais ce n'est point en cela qu'ils peuvent se ressembler, puisque les élémens du calcul du cycle de 49 ou de 50, & de celui de 52 ans, sont totalement différens; l'un est astronomique, & l'autre ne l'est point. La ressemblance, s'il y en a, n'est pas même dans les usages, mais dans l'esprit des usages ; les Juifs ne brisoient point leurs ustensiles aux Jubilés comme les Mexicains, & ceux-ci ne cessoient point, suivant les apparences, la culture de la terre à la fin de leurs siécles, comme faisoient les Juifs aux années Jubilaires. C'est cependant entre ces deux usages que l'on peut soupçonner quelques ressemblances d'opinions & d'idées ; pour nous en instruire, examinons les différens usages des Juifs aux années Sabbatiques.

Le nom de *Jubilé* se donnoit chez les Juifs à toutes les septiemes années, & sur-tout à la 49e. ou 50e. Ce nom signifioit dans leur langue, *corne de belier*, ou *trompette*, parce que pour l'annoncer au peuple, sept Prêtres sonnoient de la trompette le dix du mois *Thisri*, c'est-à-dire le jour même des expiations où tout Israël étoit obligé d'affliger son ame, & de faire des sacrifices. C'étoit ce même jour que Dieu sembloit descendre plus particuliérement dans son Sanctuaire ; le grand Prêtre y entroit avec tremblement, & après y avoir adoré promptement, il en sortoit au plus vîte, dans la crainte d'en mourir. La veille de ce jour redoutable, tous les Juifs se réconcilioient, & se pardonnoient mutuellement ; ils prenoient des habits mortuaires, & passoient la nuit dans le temple ; le lendemain, c'est-à-dire le jour des expiations, on abolissoit les vœux, les sermens & les résolutions téméraires de la derniere année. Ainsi, comme on voit, les Jubilés commençoient chez les Juifs au jour le plus funébre qu'ils eussent dans leur religion. Cette fête se célébroit annuellement au retour de l'année civile, par où commensoit aussi le Jubilé de tous les sept ans. Le Jubilé se nommoit encore le *Sabbat de la terre*, c'est-à-dire sa cessation & son repos, parce qu'il falloit laisser la terre sans culture, ne point semer les champs, ne point tailler la vigne ni les plans d'Oliviers, ne recueillir ni moisson, ni vendange, & vivre uniquement de ce que les champs pouvoient produire d'eux-mêmes, c'est-à-dire, des premieres choses que l'on rencontroit, ou que les bêtes sauvages auroient épargné (21).

Le Jubilé se nommoit encore *Semitah Adonaï*, la remise ou la délivrance d'Adonaï, c'est-à-dire du Seigneur, parce qu'il falloit alors congédier tous les esclaves, les remettre en liberté sans rançon; toute famille & tout particulier rentroit dans ses anciennes possessions, les contrats d'acquisition & de vente étoient annullés, aussi bien que les dettes & les créances (22). Aucun interprête n'a pu jusqu'à-présent nous rendre raison de ces différens usages, dont la plûpart semblent opposés au bien-être de la société. M. Prideaux avoue que les Jubilés des Hébreux n'éclaircissent aucun passage de l'Ecriture, & tous les commentateurs s'accordent avec lui à regarder

(21) Lévitique XVI. vs. 2. XXIII. vs. 10, 11, 27. XXV. vs. 4.
(22) Deuteronom. Chap. XV. vs. 2. Exode XXI. vs. 2. Lévitique XXV. vs. 10.

ces usages comme un joug que Dieu trouva bon d'imposer à une nation si souvent indocile; il devint pour les Israëlites le sujet de punitions sévères, parce qu'ils négligerent presque toujours de s'y soumettre (23). En effet, ce peuple ne se fia jamais sur cet article aux promesses de son Dieu, qui lui avoit dit : « Ne crains point de mourir de faim » cette septieme année, car je répandrai une » bénédiction sur la sixieme, pour qu'elle » te produise autant de fruit que trois autres. » La crainte de la famine l'emporta sur ces promesses & sur ces menaces; Israël laboura ses champs, tailla sa vigne, & fit ses recoltes; cependant par la suite, les grandes calamités dont il se vit frappé, lui rappellerent cette insigne désobéissance, & la méfiance de ses peres; il attribua tous ses malheurs au défaut de la célébration des Jubilés, de même que les Romains attribuoient les desastres de leur République au défaut de la célébration des Jeux Séculaires; & il y a lieu de croire qu'après leur captivité ils y furent beaucoup plus exacts, puisqu'on les voit demander à Alexandre & à César l'exemption des impôts pour la septieme année, dans laquelle ils ne cultivoient point la terre (24).

---

(23) M. Prideaux dans sa préface, p. 57, 58 & 253.
(24) Basnage, Hist. des Juifs, Tom. I. p. 125. Tom. II. p. 91. *Oth. Lexicon*, p. 339.

IV. Ce qui a empêché de pénétrer jusqu'à présent dans le principe de ces usages, c'est qu'on n'a voulu remonter qu'à Moyse, qu'on regarde après Dieu comme l'ordonnateur des fêtes & des cérémonies des Juifs. On n'a pas fait attention que Moyse lui-même nous découvre que les usages Jubilaires étoient plus anciens que lui. Jacob qui vivoit plus de 260 ans avant la loi des Hébreux, se louoit chez Laban de sept ans en sept ans. Voilà donc un usage Jubilaire établi dans la Chaldée avant qu'il y eût des Hébreux en corps de nation sur la terre ; il ne faut donc point regarder le Jubilé comme un usage propre aux Israëlites, il est plus ancien qu'eux, il n'étoit pour eux qu'un joug d'obéissance, mais dans son origine & chez d'autres nations, il pouvoit avoir eu d'autres principes, peut-être plus dangereux que l'usage même, & que Moyse a jugé convenable de supprimer & de taire. Ce n'est donc point aux Hébreux, mais aux Chaldéens, à qui il faut demander compte des usages des Jubilés des Juifs. Au défaut des Chaldéens, il faudra s'adresser aux Mexicains, puisqu'on est si porté à reconnoître chez eux le Jubilé des Hébreux. Nous avons considéré l'usage où étoient les Mexicains de briser leurs ustensiles à la fin du siecle comme l'abus outré d'une institution qui dans son origine avoit eu pour objet de faire un sacrifice à Dieu de toutes ses propriétés, de lui faire un aveu de la résignation & de la soumission avec lesquelles on étoit prêt de souscrire à ce qu'il ordonneroit sur le destin de l'univers ; c'est donc avec ces mêmes principes qu'il faut expliquer les Jubilés des nations primitives, en y adaptant cet esprit apocalyptique qui se montre dans toute leur conduite, & que l'on doit sur-tout reconnoître dans les cérémonies de l'expiation durant laquelle on publioit le Jubilé chez les Hébreux.

Lors donc que les anciennes institutions faites en mémoire du passé, & pour figurer l'avenir, disoient aux hommes : *Vous briserez vos meubles à la fin des périodes, vous ne cultiverez plus la terre ; la septieme année, vous ne vivrez que de ce que le hazard vous offrira* ; elles vouloient les avertir que le période de la durée du monde étoit prêt à finir, & qu'il falloit bientôt y renoncer tout-à-fait ; *comme c'est le temps où l'Etre Suprême viendra juger l'univers, vous exercerez cette derniere année des œuvres de miséricorde ; vous remettrez les dettes de vos freres, pour que le Juge Souverain vous remette les vôtres ; vous vous détacherez de tous les biens d'ici-bas, vous abandonnerez vos commodités, vous renoncerez même à vos possessions ; vous rendrez la liberté à vos esclaves ; tous les marchés & contrats, & toutes les acquisitions que vous aurez faites jusqu'à ce jour*

jour seront nulles, parce que c'est l'année de la dissolution & du renouvellement de toutes choses. S'il plaît cependant au Seigneur de nous accorder un autre siécle ou un autre période, tout ce qui aura été dans celui qui expire sera censé oublié ; l'esclave redeviendra libre, le bien acquis retournera à ses premiers maîtres, &c. comme si nous revenions au commencement du monde, à une nouvelle création, à une nouvelle législation ; & vous ne pourrez enfin jamais vendre la terre à perpétuité, parce que la terre est à Dieu, que vous n'y êtes que des étrangers, & que le Tout-Puissant peut la détruire, ainsi qu'il a fait autrefois.

Telle est la simplicité avec laquelle les Mexicains expliqueroient aux Hébreux des usages qu'ils ne devoient pratiquer que par obéissance, & sans connoissance des raisons que leur Législateur crut devoir supprimer en en conservant les usages ; au moins une partie de ces usages pouvoit être utile & estimable, telle que la liberté des esclaves & l'égalité des patrimoines ; quoique la Loi de Moyse n'ait fait connoître aux Israëlites aucuns de ces motifs, il semble cependant que quelques Hébreux les ont entrevus en faisant l'application des usages du Jubilé aux temps de la fin du monde. On en voit un exemple dans le livre apocryphe qui a passé autrefois pour le IV d'Es-

dras (25) Ce Prophête est supposé y annoncer que la fin du monde étoit prochaine ; il s'écrie en conséquence : » Que celui qui vend
» fasse comme celui qui fuit ; celui qui ac-
» quiert, comme celui qui perd ; celui qui
» gagne au trafic, comme s'il étoit sans pro-
» fit ; celui qui se bâtit une maison, comme
» s'il n'y devoit point habiter ; celui qui
» seme, comme s'il ne devoit point recueil-
» lir ; celui qui façonne sa vigne, comme
» s'il ne devoit point la vendanger ; & celui
» qui se marie, comme s'il ne devoit point
» avoir d'enfant. Le tout, dit cet enthou-
» siaste, parce que ceux qui travailleront, tra-
» vailleront en vain. » Ce langage tiré des usages du Jubilé, & appliqué aux approches de la fin du monde, dénote sans doute que les Hébreux n'ont point totalement méconnu l'origine de ces usages, & les motifs primitifs qui y avoient donné lieu. » La fin vient, dit
» aussi Ezéchiel ; elle vient sur les quatre
» coins du monde ; c'est le jour du carnage
» des hommes, & non de la gloire des mon-
» tagnes. Celui qui vend ne rentrera point
» dans la possession de ce qu'il vend ; » & pourquoi ? c'est que ce sera le dernier de tous les périodes, ainsi que le reste du chapitre le

(25) Esdras, Liv. IV, chap. XVI. vs. 42.

fait voir. Il est étonnant qu'avec de tels passages & d'autres, on n'ait jamais pu pénétrer dans l'esprit primitif de l'institution des Jubilés; c'est qu'on a fermé les yeux sur l'esprit apocalyptique de sa haute antiquité qui se décèle chez les Hébreux comme chez les autres peuples; c'est qu'on a regardé cette doctrine ancienne comme une production nouvelle & inconnue des anciens; c'est qu'on ne la soupçonnoit point d'être entrée dans leurs systêmes religieux, tandis que cette doctrine en étoit l'unique principe & est l'unique moyen d'expliquer leurs usages.

V. S'il fut un temps, comme on ne peut actuellement en douter, où les années par sept étoient regardées comme apocalyptiques ou comme présageant quelque changement dans l'univers, il ne faut point s'étonner si les siècles & les milliers de siècles septénaires ont été regardés du même œil. Ces grands périodes n'ont été envisagés de cette manière que parce que les petits l'avoient été avant eux. Ce qu'on a vu arriver dans nos temps modernes n'étoit qu'une branche d'un tronc qui avoit sa racine dans le berceau des premieres sociétés qui repeuplerent le monde après sa destruction, & qui répandirent ces usages par toute la terre; en effet, quoique les Juifs soient les seuls qui aient observé les Jubilés septénaires, on en retrouve des traces chez une infinité de peuples. Nous avons vu qu'au Japon les cérémonies funebres des anniversaires se renouvelloient tous les sept ans. Nous avons vu pareillement que l'oracle de Memnon en Egypte n'annonçoit la présence du Dieu que tous les sept ans. Pausanias nous parle d'une fête de Béotie en l'honneur de Jupiter & de Junon, qui se célébroit tous les sept ans. Minos en Crete exigeoit le tribut de sept garçons & de sept jeunes filles d'Athenes, tous les sept ans, parce qu'il les immoloit, sans doute, dans quelque fête réglée par ce période. Les habitans de l'Isle de Téra dans l'Archipel, ne pleuroient point les enfans qui mouroient avant sept ans, ni les hommes qui mouroient après cinquante ; les uns, parce qu'ils n'avoient pas été au nombre des hommes, & les autres parce qu'ils avoient assez vécu. Un tel usage ne pouvoit être fondé que sur la connoissance du période Jubilaire. Ces mêmes peuples ayant reçu d'un oracle l'ordre de bâtir une ville en Lybie, attendirent sept ans pour l'accomplir (26).

On peut mettre encore au nombre des solemnités Jubilaires, quelques-unes des plus célébres fêtes des Grecs & des Romains, qui, se célébrant tous les cinq ans, ou plutôt

---

(26) *Pausanias*, Lib. IX. cap. 2. Mém. de l'Acad. des Insc. Tom. III. p. 407. *Herodot.* Lib. IV.

après quatre années révolues, doivent être regardées comme des Jubilés lunaires de sept fois sept, ou de 49 mois; tels étoient les Jeux Olympiques en Grece, les Jeux Capitolins à Rome, & plusieurs autres. Le calcul de ces périodes ne peut guere avoir d'autres élémens; d'ailleurs ces jeux étoient religieux dans leur principe, & destinés à rappeller le souvenir de la guerre des Dieux; ils pouvoient encore être destinés à représenter l'avenir; enfin ils faisoient cesser chez tous les peuples qui les célébroient en commun les hostilités, & sembloient ramener la paix de l'âge d'or (27). Tous ces restes d'usages doivent faire soupçonner que les Jubilés Chaldéens avoient été presqu'universellement observés.

On trouve chez les Grecs une fable qui semble faite pour la représenter sous une allégorie; c'est celle des 50 filles de Danaüs qui épouserent & tuerent les 50 fils d'Egyptus, à l'exception de Lyncée, qui fut sauvé par sa femme Hypermnestre. Une telle alliance entre deux familles si égales & si nombreuses, ne peut appartenir à l'histoire, mais à la fable, ou du moins à l'allégorie; aussi quelques auteurs ont-ils dit que les Danaïdes qui tuerent leurs maris représentoient des années qui

---

(27) *Mémoires de l'Acad. des Insc. Tom. XV.* p. 49. *Tom. XVIII.* p. 145. *Thucydid. Lib. V. §. 16. & Lib. VIII. §. 4. Pausanias Lib. V. cap. 20.*

consommoient les fruits de la terre (18). Si cette explication est juste, elle ne peut avoir de rapport qu'au grand Jubilé de 50 ans; & la cinquantième année qui ne touchoit point aux fruits de la terre, sera peut-être Hypermnestre qui sauve Lyncée son mari. Il faudroit ajouter à cela ce que signifient ces noms divers; faut-il les interpréter par les langues Orientales, alors le nom de *Danaïdes* signifiera jugement; & le rôle qu'on leur fait faire aux enfers semble confirmer cette signification; *Hypermnestre* pourroit signifier *expiation salutaire & conservatrice* (29), & *Lyncée* désignera le renouvellement du période. Mais c'est trop hazarder, quoiqu'on voye en cela quelques lueurs de rapport avec les objets de l'allégorie, si cette fable en est une. On faisoit tous les ans à Argos la commémoration de Lyncée échappé aux embûches de Danaüs, & cette fête s'appelloit la *fête des flambeaux*; tout ce qu'on peut dire de cette fête dont on sçait peu de chose, c'est que les flambeaux annoncent quelque chose de cyclique (30).

VI. J'appelle la nuit que les Mexicains passoient dans l'inquiétude & les allarmes, une

(18) *Natalis Comes*, Lib. IX.
(29) Hypermnestre pourroit venir de *Chupher*, expiation, & de *Menatser*, ce qui conserve. Lyncée pourroit encore dériver de *Lhanucah* ad *dedicationem*, ad *renovationem*.
(30) *Pausanias*; Lib. II. cap. 14.

veillée funèbre; il est aisé d'en sentir la raison; mais toutes les veillées que nous allons voir ne le seront plus pour la plûpart; consacrées, au contraire, depuis longtemps à la joie, & même à la dissolution, nous ne reconnoîtrons qu'elles ont été funebres originairement que parce que la plûpart sont jointes à des fêtes cycliques & périodiques, & par quelques restes de traditions épars chez différentes nations, mais qui étant réunies, développent l'esprit originaire de toutes les solemnités nocturnes. On ne regarde communément les fêtes du Paganisme que comme des fêtes de débauche; on s'est imaginé que les Payens n'avoient choisi la nuit pour célébrer leurs mysteres que pour voiler la licence de leur culte; mais nous avons reconnu que ce qui étoit débauche & indécence étoit l'abus de différens principes graves, sérieux & funebres, que selon l'usage on représentoit par des symboles & des allégories; tous ces symboles, tels que l'œuf, le serpent, le cercle, le phallus, &c. n'étoient, comme on a vu, que des emblèmes de la succession des êtres, & de leur renouvellement par la génération. Le lierre, le laurier, & d'autres plantes employées dans les fêtes, n'étoient que des images d'une durée ou d'une puissance qui ne finit point; les rameaux & les branches d'arbres dont on ornoit quelquefois les maisons, étoient les images des périodes qui se renouvellent, & qui ne finissent leur révolution que pour en recommencer une autre. Tous ces objets étoient autant de caracteres dont le langage & l'écriture primitifs se servoient dans la science de l'univers ; science qui, dans ce temps-là, étoit beaucoup plus morale que physique, & qui, loin d'être licentieuse, étoit infiniment triste & lugubre. En effet, la science de l'univers se réduisit à connoître son destin futur, & à en instruire perpétuellement les hommes, jusqu'aux temps où quelques Législateurs les ont privés de cette connoissance, parce qu'ils la jugerent nuisible à leur état présent.

Bacchus, entre autres épithetes, étoit surnommé *Nuctelios* (31), le Dieu nocturne ; parce que la plûpart de ses fêtes ne se célébroient que la nuit ; c'étoit pendant la nuit que les Bacchantes saisies d'enthousiasme, couroient toutes échévelées, & faisoient leurs contorsions ; elles appelloient Bacchus par mille cris barbares qui n'étoient originairement que des cris d'allarmes & de terreur. Qu'il se soit commis des désordres & des abominations dans ces fêtes, cela n'est point de notre sujet ; mais Bacchus étoit un Dieu que la religion attendoit, que le peuple cherchoit sans le connoître & sans sçavoir pourquoi ; mais cette

(31) Mythologie de Bannier, Liv. I. Chap. 16.

veillée, ce trouble, cette terreur joints à cet esprit d'attente, aux symboles cycliques qu'on portoit, aux périodes qui déterminoient la fête, tout cela n'auroit point été un mystere pour les Mexicains; ils eussent avoué de bonne foi que toutes ces cérémonies avoient rapport aux dogmes de la fin du monde, que chaque fin de période faisoit croire instante & prochaine.

Ils eussent dit la même chose des *Sabasies*, qui, consacrées à ce Dieu, l'étoient encore à Jupiter & à Mythras : on y voyoit de même une nuit turbulente ; les mêmes symboles leur auroient fait avouer que les Sabasies étoient des fêtes apocalyptiques, & leur nom dont nous avons déjà parlé, doit nous convaincre que c'étoit la fête du Dieu des temps, du maître de la durée du monde.

Les Mexicains nous feroient le même aveu à l'occasion des veillées qui accompagnoient les fêtes de Cérès, d'Osiris, d'Adonis, dont nous avons développé le caractere ; ils nous diroient que les flambeaux de ces solemnités nocturnes ne représentoient que la lumiere funébre qui devoit éclairer la nuit ou le cahos de la nature. La fête appellée *Lamptérie*, dédiée à Bacchus, amusoit les yeux du peuple par de grandes illuminations. Les *Lampadophories* qui se célébroient trois fois l'an à Athenes en l'honneur de Minerve, de Vulcain & de Prométhée, & dans lesquelles on changeoit la nuit en un beau jour, n'étoient pas pour cela dans leur principe des fêtes de réjouissance ; on y couroit les rues un flambeau à la main, sans en savoir le motif ; celui qui arrivoit le premier à un but marqué sans éteindre sa torche, demeuroit le vainqueur. Mais tous ces jeux du peuple étoient les suites de son ignorance ; si on ne lui eût point caché le vrai motif de cette fête nocturne, il se fût affligé peut-être autant que les Mexicains, & il n'eût point changé des flambeaux funèbres en des flambeaux de réjouissance (32).

(33) Les *Paganalia* de l'Italie avoient la même source que les Lampadophoties d'Athènes, sans être cependant consacrées aux mêmes Divinités. Trois fois l'an chaque bourg allumoit un feu de paille, & l'on sautoit trois fois par dessus : c'étoit une cérémonie expiatoire qui prouve que la fête étoit funèbre, & occasionnée par le déclin ou le retour des différentes saisons. Aux *Volcanalia* à Rome, le peuple jettoit des animaux dans le feu pour se racheter ; c'étoit donc une fête de fin de période (34).

(32) *Pausanias in Achaïcis.*
(33) *Dionys. Halicarnass. Lib. IV. Ovid. fast. Lib. I. & IV.*
(34) *Varro de lingua Latina. Lib. V.*

On expliquoit l'usage des torches qu'on tenoit à la main en courant la nuit aux fêtes périodiques de Cérès, en disant que c'étoit en mémoire de ce que cette Déesse avoit allumé ses torches aux flammes du mont Etna pour chercher Proserpine; on feignoit dans ces fêtes de la chercher aussi; mais cette ancienne allégorie faite pour rappeller la mémoire des anciennes révolutions de la terre, n'étoit-elle point aussi faite pour figurer l'avenir? Nous avons vû que toutes les fêtes avoient ce double caractère.

Les veillées consacrées aux saisons se trouvent en Amérique & ailleurs. Les Apalachites allument aux quatre saisons des feux nocturnes sur les montagnes (35). Cette fête est précédée de pélerinages de sur le mont Olaymi. A l'heure de midi on donne la liberté à six oiseaux; & prenant des branchages à la main on va en procession au temple qui n'est qu'une caverne, mais il n'y a que les Prêtres qui puissent en approcher. Ce cérémonial indique un renouvellement.

Les feux funebres des anciens aux saisons se sont transmis jusqu'à nous. Les Perses allumoient des feux en divers temps de l'année, & surtout à l'occasion du solstice d'hiver. En quelques Provinces d'Angleterre on allume

___
(35) Cérém. relig. Tom. VII.

des feux sur les collines la nuit de l'Epiphanie qui précede une fête de manifestation. Ce qu'on appelle en France *les chandelles des Rois* paroît être un reste d'une ancienne veillée funebre, car autrefois on jeûnoit la veille de l'Epiphanie (36). Les feux funebres du solstice d'été se trouvent placés pour nous à la nuit de la fête de S. Jean. Il fut un temps où des meres peu chrétiennes faisoient passer leurs enfans sur ces feux à l'exemple des Cananéens & des premiers Romains, ou même comme les Juifs faisoient quelquefois en l'honneur de Moloch qui n'est que Saturne ou le Dieu des périodes. Aux anciennes fêtes de ce Dieu on allumoit, suivant Macrobe, des flambeaux symboles du passage à une meilleure vie, c'est-à-dire à un autre période (37).

Le concours des fêtes de St. Jean avec les solstices semble renfermer quelque chose de mystérieux. Est-ce parce que Jesus-Christ a dit de S. Jean qu'il resteroit sur la terre jusqu'à ce qu'il revînt, & parce qu'il y a eu des gens qui, comme les Grecs, supposoient que cet Apôtre avoit été enlevé de même que le Patriarche Enoch, que le Prophête Elie, ou que l'Aly des Persans dont on attend le retour? Seroit-ce par la conformité de ce nom avec

_____
(36) Glossaire de Du Cange, *Jejunia, Epiphaniæ.* Curiosités de Gafarel, p. 23.
(37) *Macrob. Saturnal. Lib. I. cap. 7. & 8.*

celui de *Janus* qui chez les Romains préſidoit au temps? dont les Saliens prononçoient le nom *Janes*, les Grecs *Joannes*, les Hébreux *Jokhanan*, d'autres ont dit *Johnan*, d'où eſt venu *Jean*. C'eſt ſans doute quelque mauvaiſe combinaiſon de ces deux idées qui a fait naître ces opinions. Les Grecs qui commencent leur année au premier de Septembre, célebrent une fête de S. Jean le 2 de ce mois, ce qui n'empêche point qu'ils n'en célebrent encore deux autres aux jours cycliques de l'équinoxe d'automne, c'eſt-à-dire le 14 ou le 16 de Septembre où l'on fête ſon aſſomption (38).

VII. Les Romains veilloient après les Saturnales à la fin de Décembre : c'étoit chez eux une veillée cyclique ; ils n'en ſçavoient pas plus le motif que de celle qui précédoit les Jeux Séculaires, pendant laquelle Rome étoit remplie d'illuminations. Nous veillons auſſi vers le même tems, mais nous connoiſſons mieux nos motifs, ils ne ſont plus ni payens, ni apocalyptiques : cependant il eſt bon d'examiner les uſages, parce qu'en général ils n'appartiennent preſque jamais aux légiſlations nouvelles. Nous veillons la nuit de Noël, on y dit trois meſſes, & le ſurlendemain on célebre la fête de la S. Jean d'hiver : mais à la S. Jean d'été on veille encore à S. Maur près de

(38) Cérémonies Religieuſes. Tom. III.

Paris, & dans cette vigile ou veillée on difoit autrefois trois meſſes. Nous venons auſſi de voir que les feux que l'on allume en Angleterre, & qui devroient être placés à la S. Jean d'hiver, puiſqu'on en allume ailleurs à la S. Jean d'été, ſe font la veille de l'Epiphanie; mais c'eſt la nuit de l'Epiphanie que les Cophtes célebrent la meſſe de minuit que nous plaçons à Noël. On peut donc demander à laquelle de ces trois fêtes d'Epiphanie, de Noël ou de S. Jean appartiennent réellement des uſages que ces fêtes ſemblent ſe diſputer les unes aux autres. A les conſidérer ſéparément, chacune a des droits pour les révendiquer. Noël eſt dans la religion Chrétienne une fête de naiſſance & de renouvellement; le temps qui la précede annonce une arrivée dont le motif hiſtorique a rapport à cette fête: ainſi ce ſeroit à Noël où l'on veille déja & où l'on fait un triple ſacrifice, que l'on devroit allumer les feux funebres que l'on allume ailleurs à la S. Jean & ailleurs à l'Epiphanie.

A conſidérer la fête de S. Jean d'hiver d'après les motifs mythologiques & cycliques que le peuple lui donne en été, ce ſeroit auſſi à cette fête d'hiver que ſuivant cette même tradition populaire, ſuivie par le peuple ſans le ſçavoir, l'on devroit faire des feux comme on en fait à la S. Jean d'été, & que, comme à S. Maur, on devroit célébrer les vigiles & les trois sacrifices.

Si l'on considere la fête de l'Epiphanie dont le nom signifie *manifestation*, & à laquelle, comme on a vu ci-devant, le peuple a joint aussi une partie des Saturnales Romaines, cette fête semble en droit d'exiger qu'on célebre pour elle la même veillée que les Cophtes, & que l'on allume ces mêmes feux que quelques provinces d'Angleterre font en son honneur.

Voilà donc trois fêtes qui ont des cérémonies propres aux renouvellemens, & qui semblent avoir des raisons pour se disputer leurs usages. A ne considérer que les motifs religieux du Christianisme, ce n'est qu'à la fête de Noël qu'on devroit accorder le droit de préference pour ces usages; en effet à n'en juger que par les cérémonies, les autres fêtes n'en sont que des répétitions; mais à considérer la chose civilement, Noël n'y a pas plus de droit que les autres; car tous ces usages étant cycliques & n'ayant eu rapport dans leur principe qu'à la fin d'un période astronomique, ce doit être à ce qu'on appelle *premier jour de l'an* que ces usages devroient appartenir: mais ce premier jour de l'année n'est parmi nous qu'une des moindres solemnités; c'est par-tout le jour le plus célebre, & cependant ce n'est pour les Chrétiens qu'une fête obscure; la raison en est que toutes les fêtes qui le précedent & le suivent lui ont ôté l'étiquette ou le cérémonial qui lui étoit propre ; mais d'où vient cette usurpation ? C'est que chez nous le premier jour de l'an civil n'est point réellement un jour cyclique & n'est point réellement le premier jour de l'année solaire.

On suppose le solstice arrivé la nuit du 20 au 21 de Décembre, c'est au 21 de ce mois que commence la véritable année astronomique, & l'ordre civil ainsi que l'ordre religieux n'en devroient point avoir d'autre ; c'est à ce jour qu'on devroit faire remonter le premier de Janvier; le nom de ce mois (*Januarius*) signifie *celui qui ouvre la porte* ; ainsi c'est lui qui devroit ouvrir non une fausse année, mais une année véritable. Nous avons un Jeûne que l'on appelle *Quatre-temps* le 20 de Décembre, qui est le 365e jour de l'année solaire & le dernier jour de l'automne : ce jeûne est selon l'ordre cyclique & astronomique ; il a rapport à la partie funebre qui précede la fête d'un période nouveau ; mais chez nous il n'y a plus de fête le lendemain, & cependant c'est-là où l'étiquette de toutes les fêtes qui suivent devroit être placée ; Noël qui en a pris une partie est le 5e. jour de l'année solaire, & cette fête est précedée d'un jeûne qui tombe au 4e. jour de cette nouvelle année, & qui devroit être placé au 365e jour de l'année solaire précédente, & qui devroit ainsi se confondre avec celui des quatre-temps dont il n'est qu'un double emploi. La fête de la S. Jean qui a aussi un caractere cyclique, est le 7e jour de l'année solaire ; notre jour de l'an n'est que le 12e & l'Epiphanie est le 17e.

Ainsi à ne considérer dans ces fêtes que l'esprit primitif des usages qui y ont été adaptés, il semble que nous ayons 5 jours de l'an à solemniser au lieu d'un seul. Je pourrois même dire plus de cinq, car le jeûne de Noël, la fête des Innocens, qui autrefois étoit si payenne, la fête de Ste. Genevieve & le jour qu'on appelle des *Noces* sont autant de solemnités cycliques, comme je pourrois le démontrer facilement, tant par l'étiquette que par l'esprit des légendes populaires. Voilà donc au moins neuf fêtes qui devroient se confondre en une, & qui depuis le 20 Décembre jusqu'au 7 de Janvier interrompent l'ordre public sans aucune regle & sans aucun motif raisonnable. Mon sentiment n'est pas de supprimer ces fêtes ni les motifs religieux que le Christianisme leur donne ; mais il faudroit ramener les usages cycliques au seul jour à qui ils conviennent & placer les fêtes au 7e. jour consacré presqu'universellement aux exercices de la religion. Le Gouvernement qui a senti l'inconvénient de la multitude des fêtes qui remplissent nos calendriers, a déja cherché à y porter remede, on en a supprimé plusieurs; mais comme on n'a encore aucune idée de l'esprit qui a originairement présidé à l'institution des fêtes, on n'a point toujours fait ces suppressions à propos, & on les fera toujours mal tant qu'on ne connoîtra point le véritable esprit de ces usages.

VIII. Dans la partie de cet ouvrage où nous avons parlé des anciennes fêtes des Eaux ou des *Hydrophories*, nous avons fait les mêmes observations à l'égard des mêmes fêtes, aussi toutes ces remarques correspondantes sur différens usages, se servent de preuves réciproques, & doivent donner du poids à la méthode que nous suivons. C'est pourtant aux Mexicains que nous devons ces remarques; ils veilloient dans les allarmes à la fin du période de leur siecle, & nous veillons à la fin du période de notre année: il est vrai que ce n'est plus par un motif aussi extravagant que le leur, la religion n'entretient plus les peuples dans des terreurs inutiles & dangereuses; mais le peuple est possesseur, sans le sçavoir, d'une espece de tradition qui survit aux nouvelles instructions. On croyoit autrefois que la vigile de Noël avoit été instituée par S. Telesphore; on a depuis reconnu la fausseté de cette origine, & nous la confirmerons par le nom même de ce personage (τηλεσφόϱ) qui dans la langue Grecque signifie *celui qui apporte la fin*, ce qui n'est autre chose que le motif personnifié de la fête ou de l'usage, motif qui n'a certainement point été méconnu de ceux qui ont inventé cette fable (39).

Puisque nous parlons ici de la fête de Noël il est bon de faire attention à quelques autres usages qui n'appartiennent point à cette fête, & qui cependant s'y sont joints par une tradition muette dont on chercheroit vainement le canal. C'est à la nuit de Noël que le Pape bénit une épée & un chapeau pour les envoyer à quelque Prince de l'Europe que son choix veut distinguer : cet usage ne semble-t-il pas supposer l'attente de quelque personnage semblable au Muhadi des Persans : quelqu'éloignée que paroisse cette analogie, il semble que Noël présente une idée d'attente ; en effet dans quelques pays on amuse les enfans la nuit de Noël par des présens qu'on leur dit venus de l'enfant Jésus, & on leur persuade qu'ils doivent faire des provisions pour l'âne & le bœuf qui accompagnoient la crèche du Sauveur.

C'est encore la veille de Noël que le Pape ouvre la porte sainte lorsqu'il y a un Jubilé : on sçait que dans cette cérémonie on chante : *ouvrez-moi les portes de la Justice*; c'est ici la

---

(39) Cérém. relig. Tom. II.

porte de l'Eternel, les justes y entreront, voici la journée du Seigneur. On n'a point pu placer l'ouverture des Jubilés à la veille de Noël sans sçavoir qu'ils y avoient quelque analogie; en effet l'un & l'autre ont rapport à un renouvellement; ceci nous prouve encore que le mois de Janvier qui signifie *le portier* devroit commencer avec la véritable ouverture de l'année solaire.

Ceux des peuples anciens qui ont célébré une grande fête solaire au 25 de Décembre, ne la plaçoient pas mieux; nous n'avons fait que les imiter. On a en différens siecles tâché de réformer les erreurs de la partie astronomique de la religion; mais on peut dire que chaque correction n'a souvent été qu'une erreur nouvelle ajoutée aux anciennes, & n'a fait qu'augmenter la confusion. Dans les premiers temps l'année n'étoit estimée que de 360 jours, & alors la fête funebre se trouvoit placée au jour que l'on regardoit comme le dernier de l'année; lorsque par la suite on s'apperçut qu'on se trompoit de cinq jours on les ajouta à la vérité au bout de l'année, mais après la fête annuelle, parce qu'on les a regardés comme surnuméraires & hors de compte. On n'a qu'à voir le compte des Egyptiens sur ces cinq jours de l'année, & se rappeller ce qu'en pensoient aussi les Mexicains; c'est-là vraisemblablement la raison pour laquelle le premier de Janvier s'est trouvé écarté de plusieurs jours du 25 de Décembre, & pour laquelle Noël qui est notre fête solaire est le cinquieme jour de l'année solaire.

IX. On célebre au Pégu une fête annuelle qui présente la réunion de tous les usages dont nous venons de parler; c'est celle que les habitans nomment *Sapancatena*; elle est précédée d'une veillée & accompagnée de feux, d'illuminations; on se fait des présens, & l'on tient les portes des villes ouvertes. Je ne sçais à quel temps de l'année cette fête est fixée; il peut se faire qu'au Pégu comme ailleurs elle soit placée sans aucun égard à l'esprit de ses usages (40).

En Mingrélie les Ministres & les Courtisans du Prince célebrent une veillée qui précéde le jour de l'an; ils passent alors la nuit aux environs de son palais; le jour venu on attache du lierre aux portes & l'on fait des processions (41). Les Chrétiens ont eu autrefois l'usage d'orner leurs portes de laurier en pareil temps, usage que l'Eglise a défendu. Les Persans modernes ont une fête annuelle & solemnelle qu'ils appellent la *nuit des prieres*, parce qu'ils sont dans l'idée que Dieu exauce particuliérement ceux qui le prient cette nuit;

(40) Cérémonies Religieuses. Tom. VI.
(41) Histoire Génér. des Voyages, Tom. IX. p. 570.

ils la nomment aussi la *nuit lumineuse*; parce qu'ils allument des feux autour desquels ils dansent & font des festins. Quoique cette fête soit peu motivée, il est évident qu'elle doit être cyclique, & qu'elle a dû être apocalyptique dans son origine, aussi les voyageurs s'accordent à la regarder comme une fête dérivée des anciens Perses (42). Les Persans modernes n'en célebrent pas moins avec beaucoup de solemnité leur premier jour de l'an; chez eux comme chez les anciens Persans il est fixé au premier jour du printemps; ces derniers célébroient ce jour-là la fête *Orofmade*, c'est-à-dire du bon principe. Les Persans appellent ce jour *Neuruz*, ou le nouveau jour; on s'y fait des présens, on se répand de l'eau rose les uns sur les autres & l'on veille la nuit. (43) Ainsi les fêtes se sont multipliées chez eux comme ailleurs, & leur nouvelle religion, loin de simplifier les choses, n'a fait qu'y porter de la confusion.

La célebre *fête des Lanternes* à la Chine se trouve placée au renouvellement de l'année. Tous les Auteurs s'accordent à dire que cette nuit toute la Chine paroît en feu; mais personne ne nous a donné des motifs raisonna-

---

(42) Voyages de Chardin, Tom. X. p. 24. Bibl. Orient. d'Herbel. au mot *Fars*.

(43) Bibl. Orient. aux mots *Ormoz*, *Giamschid* & *Nevrouz*.

bles de cette fête. Chez les Chinois comme ailleurs les usages sont antérieurs à l'histoire, & ce peuple est obligé de les expliquer par des fables (44). Les uns disent que cette fête est destinée à féliciter l'Empereur & à donner un spectacle au peuple à l'occasion du renouvellement de l'année: on dit qu'elle fut instituée dans notre huitieme siecle par un nommé *Po-to*, & que depuis ce temps on a toujours pratiqué cet usage; d'autres disent qu'il vient d'une Impératrice qui se plaisoit à faire illuminer son palais toutes les nuits. D'autres font l'histoire que nous avons déja vue d'un Mandarin dont la fille se noya dans un fleuve & que son pere accompagné du peuple chercha avec des flambeaux. Si j'avois à choisir parmi ces trois motifs, je donnerois la préférence au dernier, & je dirois que la fable du Mandarin & de sa fille est la même que celle de Cérès & de Proserpine; c'est à ceux qui sçavent le Chinois à chercher dans la signification des noms du Mandarin & de sa fille, si notre conjecture est fondée; & si cette fête comme celle des eaux dont nous avons parlé ailleurs, n'est point une commémoration du déluge.

De toutes les fêtes antiques celle qui a le

(44) Du Halde, Hist. de la Chine, Tom. I. p. 112. Lettres Edifiantes, Tom. XXIV. & Hist. Génér. des Voyages, Tom. VI. p. 162.

plus de rapport à la fête des lanternes de la Chine, est celle des lumieres qui se célébroit à Saïs en Egypte. Hérodote nous dit que le motif des illuminations qu'on faisoit alors dans toute l'Egypte, faisoit partie des mysteres, & que le peuple devoit l'ignorer. On ne peut douter que l'on n'ait fait à la Chine un pareil secret des motifs de la fête des lanternes; une sage législation y aura converti en réjouissance une fête lugubre dans son origine, & elle en aura expliqué le motif par quelque fable. Appliquons à cette fête les découvertes que les Mexicains nous ont fait faire, & nous pourrons peut-être en reconnoître l'esprit primitif. En effet à la Chine plusieurs jours avant la fin de l'année, toutes les affaires cessent, les tribunaux sont fermés, chacun reste chez lui renfermé dans son domestique, sans recevoir d'étrangers; les jours suivans on se visite, on se félicite sur le nouvel an, on prend des habits neufs; enfin au bout de quinze jours on célebre la grande veillée, toutes les villes s'illuminent, tout le monde court les rues & se réjouit, & chacun éleve chez soi une inscription qui porte *au véritable Gouverneur du Ciel.* C'est au lecteur à appliquer ce qui a été dit jusqu'ici à ces différens usages.

On sera peut-être étonné de voir les Chinois faire leur veillée, non la nuit du premier jour de l'an, mais la quinzieme nuit;

cet usage ne leur est point particulier, l'année sacrée des Juifs commençoit au premier du mois *Nisan*, & leur Pâque ne se célébroit que la nuit du 14 au 15. Leur année civile commençoit au premier du mois *Thisri*; ce n'étoit que le quinze que l'on célébroit la fête des Tabernacles : & c'étoit dans la nuit du 15 au 16 qu'étoit l'illumination, l'effusion des eaux, & les autres usages cycliques que nous y avons reconnus. On peut rendre deux raisons de cet usage antique : la premiere est tirée du peu de facilité que les anciens avoient pour connoître précisément le jour de la nouvelle lune, ensorte qu'ils aimoient mieux placer leurs solemnités annuelles à la pleine lune, afin de ne point se tromper. La seconde pourroit être une idée semblable à celle des Lacédémoniens qui ne se mettoient point en campagne avant la pleine lune : on vouloit être sûr que le période fût renouvellé tout de bon, & qu'il montrât les mêmes phénomenes. C'étoit peut-être dans le même esprit que les Gaulois ne commençoient point leur année ni leur siécle à une nouvelle lune, mais au sixieme de la lune.

A la fin du *Rhamadan*, qui est le temps du jeûne ou du carême des Musulmans, ils ont une nuit célebre qu'ils appellent la *nuit de la puissance* ou du *décret de Dieu* (45). C'est,

---

(45) D'Herbelot, Biblioth. Orientale, au mot *Cadr*.

disent-ils, dans cette nuit que Dieu se révéla à Mahomet, & lui envoya du ciel le sublime Alcoran. Les Persans donnent au Rhamadan le nom de *fête des lumieres*, parce qu'ils sont dans l'usage d'en allumer un grand nombre toutes les nuits qu'ils passent ordinairement dans le plaisir & la débauche. Le Rhamadan est le neuvieme mois Arabe, il se termine par la fête du grand *Bairam*, qui tient lieu de Pâque aux Mahométans, & qui se célèbre le premier jour du mois qui suit celui du Rhamadan. La ressemblance qui se trouve entre cette fête & la Pâque des Juifs, & entre le carême des Chrétiens, nous engage à examiner ces usages chez les deux peuples. Les Juifs veilloient la nuit de Pâque, & il fut un temps où les Chrétiens veilloient aussi cette nuit.

X. On doit regarder la Pâque des Juifs, comme la grande fête du renouvellement de leur année Ecclésiastique ou sacrée ; dont le premier jour couroit à-peu-près avec l'équinoxe du printemps. Le motif de sa célébration chez les Juifs étoit leur délivrance d'Egypte ; mais comme les Sabiens, les Perses, les Romains, les Mexicains, &c. commençoient leur année vers le retour du printemps, sans avoir été captifs en Egypte, il faut nécessairement admettre, indépendamment du motif historique qui étoit particulier aux Juifs, un motif universel & cyclique relatif à la fin & au renouvellement des périodes. Quoique les Egyptiens eussent le renouvellement de leur année vers l'équinoxe d'automne, ils n'en célébroient pas moins l'équinoxe du printemps par une fête qu'ils appelloient la *fête du bélier*, vu que ce signe commence le printemps; mais chez ces peuples idolâtres, c'étoit le bélier, dit M. Pluche, qui avoit les honneurs de la fête: on le couronnoit de fleurs, & on le portoit en triomphe à la tête des processions; les portes étoient ornées de feuillages. Le même Auteur pense que c'est pour contraster ce culte idolâtre que les Hébreux égorgeoient l'agneau & le mangeoient. L'Ecriture semble confirmer cette conjecture, puisque Moyse dit à Pharaon : « nous ne pouvons célébrer la fête » du Seigneur que dans les déserts, parce que » nous y sacrifions ce que l'Egypte adore, » & que les Egyptiens nous lapideroient. » *Exode VIII. vs. 26.* » Tous ces usages s'expliqueront si l'on veut faire attention à ce qui se passe encore parmi nous à la fête de la S. Jean d'Eté que nous avons reconnue pour une fête cyclique. Le peuple qui ne sçait jamais les motifs de ce qu'il fait, mais qui suit toujours ses usages primitifs, place auprès du précurseur de Jésus-Christ un petit agneau; cet usage paroît visiblement avoir rapport à l'équinoxe du printemps, ou le temps du signe du bélier; cependant c'est en été que l'on célebre la fête du précurseur de Jesus-Christ ; mais il y a une raison qui a trompé le peuple, c'est que le nom de *Jean* & le nom d'*agneau* sont originairement, soit par allusion, soit radicalement, un même mot qui signifie *doux* (46).

Le mois qui précédoit la Pâque, étoit, selon les Docteurs Juifs, destiné à diverses préparations ; on nettoyoit les champs en arrachant les mauvaises herbes ; on réparoit les chemins, les marchés & les réservoirs publics ; on faisoit des réparations aux tombeaux. Il n'est point question dans la Bible de ces préparations : ce n'est que par la tradition orale & les ouvrages des Docteurs qu'on en est instruit ; mais comme on y reconnoît l'esprit cy-

---

(46) *Anah*, qui signifie être *doux & exorable*, donne *Anau*, qui signifie *un homme très-doux*. Ce dernier mot, à cause de la nasale *ajin*, s'est prononcé diversement *nanau, ganau, gnau*; & avec l'article *ha-gnau*; de-là l'*agnus* des Latins, nom d'un animal très-doux, & le mot *agneau* des François. Il en est de même du mot *Jean. Janus* présidoit aux équinoxes comme aux solstices. Chez les anciens, *Anna, Nanna, Anaitis* & *Jana janua*, sont les mêmes divinités. On dérive plus communément le nom de *Jean* de *Chanan*, être doux ; parce que ce nom en Hébreu se dit *Jo-Chanan* ; mais cette étymologie n'est point contraire à l'autre. *Anah* & *Chanan* signifient la même chose dans deux dialectes différents ; l'*Ajin* & le *Cheth* qui se confondent souvent, ont fait prononcer indifféremment *Anah, Ganah* & *Chanah*.

clique, les usages placés à la fin d'une année ne peuvent être que très-anciens.

A juger de la Pâque des Juifs par le motif historique qui leur étoit propre, & par la Pâque des Chrétiens, il semble qu'on ne peut considérer cette fête que comme une solemnité destinée à la plus grande joie ; on s'y rappelloit le fameux passage de la mer rouge, la délivrance miraculeuse du peuple Hébreu, & la défaite totale des Egyptiens ; tout devoit inspirer la gaieté dans cette commémoration, cependant nous allons y remarquer tout le contraire ; les usages étoient opposés à l'esprit de la fête, tout étoit triste, tandis que tout auroit dû être gai. Il est vrai qu'en les examinant, il faut souvent faire abstraction de tous les motifs des Hébreux, & ne juger leur fête que d'après l'esprit universel & primitif qui, comme on l'a prouvé, a présidé aux institutions de tous les peuples de la terre.

La Pâque des Juifs commençoit au coucher du soleil, alors chacun se retiroit chez soi, & tuoit l'agneau ou le chevreau Paschal ; on prenoit de son sang, & l'on en teignoit les portes que l'on refermoit ensuite ; sans qu'il fût permis de sortir que le lendemain matin ; on s'habilloit ensuite d'une façon particulière, on mettoit une ceinture à ses reins, des souliers à ses pieds, & l'on tenoit un bâton à la main, en un mot on se mettoit

C 5

dans l'équipage d'un voyageur prêt à partir. En cet état, toute la famille mangeoit l'agneau à la hâte ; on le mangeoit tout entier, car il étoit défendu d'en rien laisser que les os pour le lendemain. Avec cet agneau, on ne pouvoit manger que du pain sans levain, & des herbes ameres & sauvages : ce pain qu'on appelle *azime*, est aussi appellé le *pain d'affliction* ; on en devoit manger pendant sept jours de suite : ensorte que la Pâque qu'on appelloit aussi la *fête des pains sans levain*, pouvoit encore s'appeller une fête d'affliction. De plus, pendant ces sept jours, il n'étoit point permis de travailler ou de faire aucunes affaires ; enfin le jour de Pâque étoit celui où l'on rachetoit les premiers-nés des hommes & des bêtes (47).

A ces usages fondés sur leur loi, les Juifs en ont depuis encore joint quelques autres, qui sont fondés sur leurs traditions, & qu'on regarde comme modernes, parce que la Bible ne les prescrit point. Ils ont un grand soin avant la Pâque de faire une recherche exacte dans leurs maisons, pour qu'il n'y demeure aucun reste de pain levé, ils ne se croient pas même permis d'en réserver pour après Pâque ; de peur que leurs cuisines ou leurs meubles n'en contiennent quelques miettes ; ils lavent

(47) Exode, chap. XII. Deuteron. chap. XVI.

ces meubles & leurs ustensiles, ou les font passer par le feu. La veille de Pâque tous les aînés jeûnent en mémoire des premiers-nés d'Egypte. Sur la table paschale on sert un œuf pour une raison mystérieuse, avec des pois, des noix & quelques poissons; toute la famille, sans excepter les domestiques, se met à table, parce que, disent-ils, c'est un jour ou une nuit de liberté & de délivrance; cependant malgré ces motifs de joie, tous mangent la tête bien baissée, & comme à un repas funebre (48).

Il seroit presqu'inutile de répéter les motifs détaillés que les Hébreux donnoient de ces différens usages, leur histoire d'où ils les tiroient est assez connue; mais comme nous les expliquerons par l'esprit qui guidoit les Mexicains, il est bon de rappeller ceux-ci pour en mieux sentir l'analogie ou la différence. Cette fête s'appelloit *la Pâque*, c'est-à-dire *passage*; parce que c'étoit le passage du Seigneur sur l'Egypte; le passage de l'armée d'Israël au travers des eaux de la mer rouge; le passage d'une vie misérable à une vie plus heureuse: il falloit la célébrer de peur d'être frappé de la peste ou de l'épée. Le passage du Seigneur ou de l'Ange exterminateur avoit eu pour objet de détruire à l'heure de minuit

_____
(48) Basnage, Hist. des Juifs, Liv. VI. chap. 9.

tous les premiers-nés d'Egypte ; c'est pourquoi les portes des maisons des Hébreux étoient fermées, on ne sortoit point, & les jambages des portes étoient teints de sang. Sur quoi il faut observer que S. Epiphane nous apprend qu'en Egypte on teignoit en rouge les bestiaux & les arbres l'un des jours du printemps, parce que, disoit-on, à pareil jour l'univers avoit été en feu, & que cette cérémonie le préservoit d'un semblable malheur (49). Les Hébreux à cette fête rachetoient tous leurs premiers-nés. On ne nous dit point pourquoi il falloit manger l'agneau tout entier, mais on le mangeoit à la hâte en voyageur & en pélerin, & avec affliction, parce qu'on étoit sorti en grande hâte de l'Egypte, & dans une grande frayeur, en emportant les meubles & les joyaux des Egyptiens. Si l'on excepte quelques motifs, tous les autres auroient convenu aux Egyptiens mêmes comme aux Hébreux ; & si les Egyptiens eussent établi une fête funebre de leur désastre, ils n'auroient pu adopter des usages différens (50).

La Pâque des Hébreux étoit donc réellement une fête de tristesse, on ne s'y rappel-

(49) *S. Epiphan. adv. hæret. Lib. I.* Mém. de l'Acad. des Insc. Tom. VI. p. 85.
(50) Exode, chap. V. & chap. XII. vs. 13, 22, 29. Deuteron. XVI. vs. 3.

loir que la partie la plus lugubre de l'événement heureux qui y avoit donné lieu ; il sembleroit plutôt que l'on voulut représenter la disposition des Egyptiens que celle des Israélites ; il n'y a de contradiction que parce que chez les Chrétiens la Pâque n'a plus que des motifs d'allégresse, & n'a rien de funebre. On pourroit demander pourquoi Moyse n'a pas fait une fête d'allégresse de cette fête qui d'ailleurs avoit rapport à un renouvellement, puisqu'on l'appelloit aussi la *fête des bleds nouveaux*; on demandera pourquoi ce Législateur n'a pas donné la préférence à l'aspect heureux du grand événement qui délivra Israël ; on ne peut guere rendre raison de cela qu'en admettant ce qu'on a déjà dit au sujet des Jubilés, c'est-à-dire que les fêtes des Juifs ont été moins de nouvelles fêtes que des fêtes anciennes réformées par ce grand Législateur, qui en supprimant les motifs apocalyptiques de la religion primitive, parce qu'ils avoient conduit à une infinité d'abus, laissa néanmoins subsister les principaux usages de ces fêtes auxquels il donna seulement des motifs nouveaux pris dans l'histoire de son peuple ; or comme ces usages étoient funébres, ainsi que nous l'avons vû, & comme la fête des semailles étoit elle-même une fête de deuil, Moyse fut obligé de ne prendre que des objets tristes. Au reste rien n'étoit plus analogue aux anciens motifs des commémorations que les nouveaux que Moyse appliqua aux usages qu'il voulut conserver. Dans les fêtes anciennes, on se rappelloit par des symboles & des cérémonies les anciennes révolutions de la nature, les ténèbres, la perte de la fécondité, les ravages des eaux & des volcans, les orages, les météores, les tempêtes, en un mot tous les fléaux qui avoient détruit le genre humain; on représentoit les hommes errans, fuyans & se nourrissant d'alimens sauvages, les seuls qui leur restassent pour subsister; on rappelloit leur misere primitive. C'est ainsi que les Hébreux se rappelloient de même des usages antérieurs à leur délivrance d'Egypte, & qui étoient pratiquées par les Egyptiens comme par tous les peuples de la terre. Les campagnes désolées par les insectes, la contagion sur les hommes & sur les bêtes, les vents brûlans, les grêles, les ténebres qui couvrirent l'Egypte, la mer enfin qui engloutit ses habitans après avoir été desséchée par un vent brûlant, & les Hébreux miraculeusement sauvés au milieu de tant de dangers, sont des phénomenes si analogues à ceux qui accompagnerent l'ancienne destruction du monde, qu'ils n'ont pu être méconnus des Hébreux. Aussi tous les Apocalypsiques ont-ils perpétuellement comparé la destruction de l'Egypte avec la future destruction du monde.

XI. Mais quittons les tristes objets de la Pâque des Hébreux comme appartenans à leur Histoire, & à l'aide des Mexicains nous peserons les usages eux-mêmes en faisant abstraction de toute histoire particuliere. Ces Mexicains, en supposant qu'ils eussent eu les mêmes usages que les Juifs, nous diroient donc que la partie la plus essentielle de la fête est la veillée du renouvellement de l'année, parce que c'est le passage d'un période à un autre, que cette veillée doit être funébre parce qu'on y attend le jugement final que Dieu doit exercer sur le genre humain; ils nous diroient que c'est pour cette raison que l'on mange avec larmes & dans l'affliction tout ce qui reste de provisions, que l'on ne souffre point qu'il reste la moindre portion du pain qui sert à la nourriture ordinaire, & que l'on ne réserve rien pour le lendemain qui n'existera peut-être pas. Ils nous apprendroient que l'on demeure chez soi dans l'attente d'un Dieu exterminateur, & que cependant pour marque de résignation à ses volontés on se tient prêt à partir, comme des voyageurs & des pélerins sur la terre : enfin que pour l'appaiser on lui offre les premiers-nés pour le rachat du reste de la famille.

Ces mêmes Mexicains tiendroient le même langage sur les usages que pratiquent les Juifs modernes; ils nous diroient qu'ils brûsent leurs meubles & leurs ustensiles à la fin du siecle par le même esprit qui fait que les Juifs nettoyent & refondent les leurs au commencement de l'année. Les aînés des Juifs veillent à la fin de l'année, parce que dans le temps où les Hébreux étoient idolâtres ils les immoloient à la fin des périodes à Saturne ou à Moloch, le Dieu du temps. Les Juifs mettent un œuf sur leurs tables paschales comme un symbole de la durée des êtres & de leur génération successive : l'œuf entroit, comme on a dit, dans les cérémonies des mysteres qui étoient apocalyptiques ; & les Persans qui se donnent des œufs au nouvel an sçavent bien que l'œuf est le symbole du monde. Ce que les Juifs disent que cet œuf a rapport à l'oiseau *Ziz*, dont parle leur tradition orale, qui doit à la fin du monde servir de repas aux élus, n'est qu'une fable semblable à celle du phénix, qui étoit un emblême du renouvellement des périodes (51). Mais cette fable elle-même est très-propre à développer le sens des usages Judaïques qui ont bien moins rapport au passé qu'au futur & surtout aux derniers temps de l'univers. Les Juifs admettent la nuit de Pâque leurs esclaves & leurs domestiques à leur table, parce que, selon eux, c'est un

(51) *Ziz signifie beauté, éclat, splendeur.* V. Calmet, Dictionn. de la Bible, au mot Pâque, & Basnage, Hist. des Juifs, Liv. VI. Chap. 9. §. 7.

temps de liberté. Les Romains en faisoient autant aux Saturnales pendant lesquelles toutes les affaires cessoient, & ces fêtes terminoient leur année, parce que toute fin de période doit ramener l'égalité primitive & faire disparoître les institutions & les conventions humaines. Les Juifs mangent des herbes ameres, des laitues, du pain d'affliction; ces usages sont propres à toutes les anciennes fêtes de périodes & de saisons; soit que ces usages fussent originairement destinés à rappeller le souvenir des miseres des premiers hommes, soit qu'ils eussent pour objet de représenter les miseres futures qui doivent précéder & accompagner la fin des temps.

Cette explication va être confirmée par les usages des premiers Chrétiens & par les opinions de quelques-uns d'entre eux sur la veillée paschale qu'ils observerent longtemps à l'exemple des Juifs. Nous avons déja parlé de la solemnité tumultueuse que les Chrétiens Orientaux célebrent encore la veille de Pâque pour la cérémonie du feu nouveau; nous avons remarqué à l'occasion de ce feu que Pâque étoit une solemnité cyclique, en voici de nouvelles preuves; & l'on peut dire que les Chrétiens dont nous allons parler avoient renchéri sur les usages des Hébreux. Ils passoient toute la nuit de Pâque dans les Eglises, & veilloient dans la crainte & le tremble-

ment jusqu'à minuit ou jusqu'au chant du coq; alors la joie succédoit à la tristesse (52). Les plus éclairés le faisoient en mémoire de Jésus-Christ au sépulchre, & triomphant ensuite de la mort par sa résurrection; mais ceux qui étoient moins instruits & qui avoient cet esprit apocalyptique si commun dans cet âge, s'imaginoient que c'étoit cette même nuit que Jésus-Christ devoit reparoître dans les nuées, descendre sur la terre & exercer sur les nations ses jugemens redoutables, dont la crainte affectoit alors les esprits. ,, C'est dans la nuit
,, de Pâque (dit Lactance qui étoit lui-même
,, dans cette erreur ainsi que dans plusieurs
,, autres) que nous attendons l'arrivée de
,, nôtre Dieu & de nôtre Roi; il descendra
,, sur les feux, il ébranlera le monde &c. (53)."
En un mot, l'on voit que Lactance croyoit que cette nuit le monde alloit devenir une Egypte, & Jésus-Christ, un Ange exterminateur. S. Jérôme prétend que l'usage de cette veillée, qui a été universelle, venoit des Juifs qui croyoient que le Messie viendroit au milieu de la nuit de Pâque comme l'ancien exterminateur d'Egypte (54). S'ils ont été réellement dans cette attente elle ne pouvoit

(52) *Tertullian. ad uxor. Lib. II. Constit. Apostol. Lib. V. cap. 19.*
(53) *Lactant. Lib. VII. cap. 19.*
(54) *S. Hieronym. ad Matthæum. cap. XXV. vs. 6.*

venir que de leur tradition orale, puisque la Législation Mosaïque ne donne aucun motif de cette nature, & qu'elle ne paroît avoir tout rappellé au passé que pour écarter les dangers de ces attentes vagues & indéterminées.

Il ne manqueroit plus ici pour reconnoître dans la Pâque des Hébreux tous les caracteres du cyclisme, que d'y trouver des traces des feux qui accompagnoient les veillées funebres; mais on n'en remarque point chez eux, quoiqu'on en trouve des traces dans la Pâque des Chrétiens. Au défaut des Hébreux on retrouve ces feux dans une fête d'Hiérapolis de Syrie, qui n'étoit pas fort éloignée de Jérusalem. Dans cette fête chaque particulier présentoit un agneau à l'autel, & emportoit ensuite cette victime chez lui pour l'apprêter & la manger. On en faisoit autant à Jérusalem; ainsi la solemnité de Syrie peut être rapprochée de celle des Juifs. De même que la Pâque des Hébreux elle se célébroit au printemps; & comme à Jérusalem on voyoit à Hiérapolis un concours étonnant de toutes les Provinces voisines qui venoit chaque année s'acquitter de ce devoir religieux. Cependant cette fête n'étoit appellée ni Pâque, ni passage, mais la *fête du bucher*, parce qu'une des principales cérémonies étoit de planter de grands arbres, d'y suspendre des victimes, de promener les Dieux à l'entour, & d'y mettre ensuite le feu (55).

XII. Nous venons de parcourir les veillées des périodes séculaires, jubilaires & annuels; si nous voulons continuer nos recherches, nous les verrons appliquées à des périodes encore plus courts. La veille de la nouvelle & de la pleine lune, les Bonzes Chinois passent la nuit en prieres; les Celtibériens veilloient à toutes les pleines lunes; les habitans du Cap de bonne-Espérance passent toute la nuit debout au renouvellement de la lune, & lors de son plein; lorsqu'elle paroît ils font un grand bruit en criant & en frappant des mains, ils la regardent avec admiration & font à cette occasion mille autres extravagances (56).

En Egypte les Cophtes passent la nuit de chaque septieme jour dans leurs Eglises; ils y prennent du caffé, ils y fument, ils y dorment. Cet usage nous rappelle la lampe Sabbatique que les femmes des Hébreux allument chaque septieme jour en mémoire de l'extinction du soleil, & nous verrons clairement par là que

(55) *Lucian de Dea Syria.*
(56) Cérém. relig. Tom. III & VII. Rappellons ici le passage d'Horace, où il dit :

*Cælo supinas si tuleris manus
Nascente Luna. . . . .*

HORAT. Lib. III. Od. 17.

le septieme jour fut originairement funebre, & que si les Manichéens attendoient chaque dimanche la fin du monde & les Musulmans le vendredi, ces opinions apocalyptiques ne leur étoient point particulieres, mais découloient des erreurs communes que tout le genre humain avoit malheureusement hérité de la premiere antiquité.

Voilà donc les veillées & les feux funebres appliqués à tous les périodes, soit grands, soit petits; il est bon de remarquer aussi ces usages lorsqu'on les a pratiqués dans d'autres temps qu'à la fin des périodes. Denis d'Halicarnasse nous dit que lorsque le peuple Romain élisoit quelque citoyen à une charge de Magistrature, ce citoyen étoit obligé d'aller passer la nuit dans une tente jusqu'au point du jour (57). Il ne faut point donner à cet usage d'autre esprit dans son principe, sinon qu'on regardoit chaque état de la vie comme un période, & chaque changement d'état comme un changement de période. Lorsqu'on passoit de l'état de citoyen à celui de Magistrat, on se conformoit à l'étiquette religieuse attachée à la fin & au renouvellement des périodes; on faisoit donc la veillée funebre; il est vrai qu'on pratiquoit ces usages sans en connoître l'esprit; on en usoit à cet égard com-

---

(57) *Denis Halicarnas.* Lib. II. cap. 2. §. 7.

me quelques Orientaux qui changent de nom en passant à de nouvelles dignités, & qui par l'imagination deviennent des hommes régénérés & renouvellés. La veille des armes de notre ancienne Chevalerie, n'a point eu, selon toute apparence, d'autre origine; on sçait combien l'esprit de cette Chevalerie tenoit à celui de la religion, & même à des idées mystiques (58). Quelquefois la superstition faisoit regarder cette nuit comme fort dangereuse; elle devoit en effet paroître telle suivant les idées primitives. On a trouvé ces mêmes usages établis au Mexique & parmi les nobles de la Côte d'Or (59).

Les anciens s'imaginoient que ces veillées étoient établies pour examiner les signes du ciel & pour y chercher l'approbation des Dieux; c'étoit-là, selon Denis d'Halicarnasse, l'idée des Romains. A la veillée du période de neuf ans les Ephores de Sparte passoient la nuit en pleine campagne, pour examiner s'il n'y avoit point quelque nouveau phénomène au ciel, & suivant la nature de ce qu'ils avoient vû ils confirmoient ou annulloient la dignité royale. C'est le sort de presque tous les faits que nous avons à examiner de les trouver partout sous des formes diver-

(58) Mém. de l'Acad. des Insc. Tom. XX. p. 615. & 720.
(59) Hist. Génér. des Voyages, Tom. XII.

tes; l'erreur & la vérité sont au centre de toutes les actions humaines, & lorsqu'on a le bonheur de tomber dans les routes qui y aboutissent de toutes parts, on les apperçoit partout l'une & l'autre, ce qui n'arrive point lorsqu'on se jette dans les sentiers tortueux qui approchent ou qui écartent sans qu'on le sçache de ce centre, ou qui ne permettent de le voir que sous un seul aspect.

On a fait encore des veillées & des feux pour les dédicaces des Villes & des Temples; cela vient de ce qu'une dédicace suppose un commencement ou un renouvellement, & par conséquent un période terminé qu'on laisse derriere soi. Dans ces occasions ces feux, ces veillées, ces illuminations, ces feux d'artifice ne sont plus aujourd'hui que des signes de joye, parce que les usages n'ont plus leur esprit primitif. A la fondation de Rome Romulus fit faire des feux devant toutes les tentes des Soldats; c'étoit pour les purifier, selon Denis d'Halicarnasse; c'étoit donc une cérémonie expiatoire qui est toujours une cérémonie funebre (60).

Les Juifs ont en mémoire de l'autel & du culte rétabli à Jérusalem par Judas Macchabée; une fête annuelle appellée *hanucah* ou la dédicace; ils l'appellent aussi la *fête des lumie-*

---

(60) *Dionys. Halicarn. Lib. I. cap. 1.*

res , parce que les maisons, les Synagogues & les rues sont illuminées pendant huit jours ; ils la nomment encore fête des Tabernacles, parce qu'ils tiennent alors quelques branchages à la main. Cette fête est toute consacrée à la joie, mais par quelques usages qu'ils y ont joints on pourroit douter qu'elle ait réellement du rapport à leur histoire, d'autant plus qu'elle commence le 25 de *Cisleu*, & que les huit jours de la fête précedent de peu le solstice d'hiver (61).

On faisoit autrefois des illuminations au baptême des Princes ; c'étoit, dit Grégoire de Tours, une image de la vive lumiere dans laquelle ils entroient par la foi (62). Paul-Emile après la conquête de la Macédoine fit allumer un feu magnifique en présence des Grecs, pour annoncer qu'il mettoit fin à leur esclavage & que le période de leur liberté alloit recommencer (63). Ainsi l'on voit que les usages funebres de la fin des périodes se sont changés en plaisirs ; c'est leur motif actuel parmi nous. Les feux funebres & de destruction se sont changés en feu de joie, en feux nouveaux. Les législations ont depuis long-temps détourné les regards des peuples des objets primitifs dont leur mélancolie se nour-

---

(61) Macchabées, Liv. II. chap. I. vs. 9.
(62) Grég. de Tours, Liv. V. chap. II.
(63) *Tit. Liv. Decad. V. Lib. V.*

rissoit autrefois, pour les occuper d'objets plus agréables & plus gais. D'un autre côté il est aisé de sentir que presque tous les usages se sont peu à peu déplacés : les Jubilés nous en fournissent un exemple. On les publie aujourd'hui parmi les Catholiques Romains au renouvellement d'un Pape ; mais un Jubilé, comme on a vu, est une fête funebre & préparatoire à la fin des temps ; ainsi si l'on suivoit l'esprit de leur institution primitive il faudroit les placer à la mort des Papes, c'est-à-dire à un temps de deuil, de vacance & de cessation. On connoît le Jubilé par l'ouverture de la porte sainte, on la ferme après : c'est tout le contraire que l'on devroit faire, puisque le Jubilé est un temps où on se prépare à l'ouverture mystique ou politique d'une nouvelle vie ou d'un nouveau regne. C'étoit le lendemain du Sabbat que les Juifs chantoient *attollite portas*, & non le jour du Sabbat qui étoit, comme on a vu, un jour lugubre, le dernier de la semaine, où l'on se préparoit à une nouvelle semaine.

Nous voyons le même contre-sens dans l'usage où étoient les Romains de fermer le temple de Janus en temps de paix & de l'ouvrir en temps de guerre. Dans cette cérémonie Mars étoit le vrai Dieu des Romains, & Janus n'étoit plus qu'un Dieu chronique. Pour expliquer cette bizarrerie on a dit que cette cérémonie étoit fondée sur ce que pendant la paix on n'avoit rien à demander à un Dieu paisible; cela peut être, mais ces Romains si belliqueux trouvoient sans doute que la guerre étoit leur véritable élément, & ils ne regardoient point la paix comme un bienfait; ainsi l'on pourroit soupçonner que c'étoit à Mars qu'ils ouvroient les portes du temple de Janus, parce que son tour ou sa période étoit arrivé.

Voilà ce que j'ai trouvé de plus remarquable sur les veillées pratiquées par toutes les nations: cela suffit pour prouver qu'elles ont eu comme celles des Mexicains un ton lugubre & funebre & que leur principe étoit fondé sur la terreur. Pour achever d'appuyer ma conjecture j'ajouterai que *veiller* & *pleurer* s'exprimoient par un seul & même mot dans les anciennes langues Orientales; *Lun* signifie également *il veille* & *il pleure*, signe certain que les premiers peuples ne veilloient que pour la tristesse & non pour les réjouissances.

XIII. Nous avons suivi les trois principaux usages de la fête séculaire des Mexicains; nous avons reconnu le rapport soupçonné entre cette fête & le Jubilé des Hébreux; on a encore trouvé du rapport entre elle & les Jeux Séculaires des Romains, dont jusqu'ici nous n'avons dit que peu de chose, nous allons examiner avec plus de détail cette solemnité Romaine, elle est assez importante pour attirer nos regards. En effet ces Jeux destinés à n'être célébrés que tous les cent ans, étoient accompagnés de la plus grande solemnité. Toutes les villes d'Italie invitées par des hérauts, accouroient à Rome; dès que le temps de leur célébration arrivoit, les Consuls & les Décemvirs, gardes des Livres Sybillins, & par la suite les Empereurs eux-mêmes alloient dans différens temples offrir des sacrifices, & faisoient distribuer au peuple les choses nécessaires aux expiations préparatoires, comme des torches, du souphre, du bitume : tout le monde à l'exception des esclaves, étoit obligé de faire ces expiations. Le peuple muni de ces matieres alloit en foule au temple de Diane sur le mont Aventin, & chacun donnoit à ses enfans de l'orge, du bled & des féves pour les offrir aux Parques afin de les fléchir. Lorsque la nuit arrivoit les Consuls accompagnés des Décemvirs, présidens nés de cette solemnité, alloient sur le bord du Tibre où ils trouvoient trois autels préparés; ces autels y restoient toujours, mais on les couvroit de terre après la fête; ils immoloient un agneau sur chacun de ces autels, & après les avoir arrosés du sang de ces victimes ils en brûloient le reste. Cette cérémonie étoit éclairée d'un grand nombre de lampes; on chantoit des hymnes en l'honneur des Dieux & l'on finissoit par immoler plusieurs victimes noires à Pluton, à Cérès & à Proserpine. Au commencement du jour on alloit au Capitole sacrifier à Jupiter, & l'on revenoit au bord du Tibre célébrer sur des échafauds & des théâtres préparés des jeux en l'honneur d'Apollon & de Diane.

Le second jour c'étoient les Dames Romaines qui alloient au Capitole sacrifier à Junon, & l'Empereur accompagné des Décemvirs alloit offrir à Jupiter, à Neptune, à Vulcain, à Mars à, Saturne, à Vesta & aux autres Dieux célestes & infernaux les victimes qui leur convenoient.

Le troisieme jour vingt-sept jeunes hommes des premieres familles & autant de jeunes filles alloient au temple d'Apollon chanter des hymnes & des cantiques pour rendre les Dieux favorables au Peuple Romain. Chacun de ces deux jours avoit aussi sa veillée comme le premier, pendant lesquelles on alloit au bord du Tibre répéter sur trois autels le triple sacrifice aux Dieux infernaux. La ville étoit tellement illuminée pendant ces trois nuits qu'il n'y avoit plus d'obscurité dans Rome, & pendant le jour cette Capitale étoit remplie de jeux, de spectacles, de courses, de luttes, de combats des gladiateurs, &c. ensorte que le
peuple

peuple partageoit son temps entre la joie & la dévotion.

Mais il ne faut point oublier qu'une des principales cérémonies de cette fête étoit l'ouverture de la porte du temple, qui représentoit l'entrée du siécle. On a des médailles sur lesquelles on voit un Empereur frappant cette porte d'une verge ou baguette.

Tels étoient les Jeux Séculaires des Romains. Si nous n'avions encore ici que ce peuple célèbre à consulter sur l'origine & les motifs de cette grande solemnité, nous n'en tirerions que très-peu de lumieres ; on nous diroit qu'un particulier nommé *Valerius Volusius*, citoyen d'Erete dans le territoire des Sabins, voyant ses trois enfans guéris de la peste par un miracle des Dieux, opéré avec l'eau du Tibre, en un lieu appellé *Terente*, où il passa pour aller à Ostie, les remercia de ce bienfait signalé en offrant des victimes noires aux divinités infernales pendant trois nuits consécutives, sur un autel qu'il trouva enfoui dans la terre de ce lieu même ; & que c'est ce même sacrifice que l'on a renouvellé tous les cent ans, & toutes les fois que l'Etat étoit menacé de quelque calamité (64). Il n'est pas difficile de remarquer que ce parti-

(64). *Valer. Max. Lib. II. cap. 4. §. 5. Zosim. Lib. II.*

culier, & ce motif obscur ne répondent guere à la dignité des Jeux Séculaires : cette fable ressemble à celle du Mandarin Chinois à qui l'on attribue l'origine de la grande fête des lanternes. Nous n'avons pu expliquer la fable des Chinois, faute de sçavoir la signification du nom des acteurs; mais tentons de ramener la fable Romaine à son véritable sens.

Les Jeux Séculaires des Romains avoient pour objet le renouvellement d'un période de cent ans, c'est ce que leur nom annonce; ces jeux étant périodiques devoient naturellement s'appeller les jeux du retour, & en un seul mot les jeux *Volusiens*, de la racine *volvere* tourner, retourner; le nom de la fête s'étant personnifié a donné vraisemblablement naissance à ce *Volusius*, qui pourroit bien n'avoir jamais existé que dans la légende. La propriété de toutes les fêtes chroniques & cycliques ayant été, suivant les idées des anciens, de chasser & d'écarter les maux & les calamités, & de ramener un état plus heureux, ces jeux auront été surnommés *Valentes*, & ce *Volusius* aura été nommé *Valerius* de la racine *Valere*, se bien porter, être heureux; & les autres opinions & cérémonies de la fête ayant été personnifiées de même, ont donné la patrie, la ville de ce *Valerius Volusius*, & le lieu de son sacrifice. Il étoit Sabin, mais *saba* signifie retour; il étoit de la ville d'*Erety*, mais *par ses Usages. L. IV. Ch. IV.*

Erets signifie la terre ; il veut aller à Ostie, mais *Ostium* signifie porte ; il s'arrête à Terente, mais *Tharan* en Chaldéen signifie porte ; & ceux qui ont nommé ces jeux *Ludi Tarentini*, ne nous désignent que des jeux qui font l'ouverture (65).

Il ne faut point être surpris de voir des noms Romains expliqués en partie par des mots Orientaux, la langue Latine en est remplie, & d'ailleurs est-il plus étonnant de voir entre les Chaldéens & les Romains des noms communs, que de voir entre les Romains & les Chinois des fables communes ? On en est surpris, parce qu'on ignore les sources de ces étranges communications, mais c'est une preuve que les plus anciennes nations qui ne peuvent nous en rendre raison, avoient déjà oublié leur histoire. Les Hébreux sont les seuls qui nous parlent d'une ancienne dispersion du genre humain, mais ils ne nous disent point que les fables soient plus anciennes que cette dispersion ; on auroit cependant tout lieu de le conjecturer d'après cette uniformité que nous voyons sans cesse dans tous les lieux comme dans tous les temps. La fable de ce *Volusius*, ainsi que les Jeux Tarentins, *No-*

---

(65) *Varro apud Censorinum de die natali, cap. XXVII. Teren en Sabin signifioit mol, tendre. Macrob. Saturn. Lib. III. cap. 18.*

Juliens, Sabasiens ou Séculaires, avoient donc rapport au renouvellement du siécle, & pour en connoître les motifs, il ne faut qu'examiner les principaux détails de la solemnité. C'étoient les gardiens des livres Sybillins qui y présidoient ; ces livres, que l'on regardoit comme le dépôt sacré du destin de Rome, étoient apocalyptiques : ainsi la célébration de la fête Séculaire avoit aussi pour objet le destin de Rome, & par conséquent étoit apocalyptique & relative au sort futur du genre humain. On y veilloit comme chez les Mexicains, & sans doute dans les mêmes idées funebres, puisqu'on invoquoit particuliérement les Divinités Infernales telles que Pluton, Cérès, Proserpine, & ces Parques de qui dépendoient la vie & les destins des mortels (66). Les victimes étoient noires ; on y voyoit un triple autel & un triple sacrifice ; les illuminations étoient brillantes, mais elles avoient eu un principe funebre & lugubre.

Les jeux Séculaires avoient donc encore rapport à la fin du monde & à son renouvellement, c'est pour cela qu'ils commençoient par la tristesse, & finissoient par la joie ; cependant le vulgaire n'en connoissoit point

---

(66) Le mot *Parque* semble venir de *paraq*, déchirer, ou de *pharag*.

les motifs, mais les gens éclairés les connoissoient, au moins en partie ; on le voit par le Poëme Séculaire d'Horace qui commence par des vers sublimes, qu'un de nos Poëtes a traduits d'une façon également grande :

Les Rois sont les maîtres du monde,
Les Dieux sont les maîtres des Rois. (67).

C'est le grand Jupiter que l'on annonce, c'est lui qui, par la force de son bras, a vaincu les Géans ; c'est lui qui fait trembler l'univers. Quoi de plus capable d'instruire les Rois & les Sujets que cet avertissement qui faisoit attendre avec frayeur un Dieu, maître des destins de l'univers ? Le Poëte invoque ensuite Apollon & Diane pour obéir, dit-il, aux ordres de la Sybille, & pour se préparer à des temps redoutables qu'elle avoit annoncés. » Soleil, toi qui nous donnes la lumiere, & » qui nous en prives quand il te plaît, puisses-» tu ne rien voir dans ta course de plus grand » que Rome ! Puissante Lucine, fais que la » race Romaine se perpétue ; & vous, Parques, » qui tenez les destins, faites que nos ora-» cles immuables s'accomplissent, accordez à

(67) *Regum timendorum in proprios greges*
Reges in ipsos imperium est Jovis.

« Rome le fort sublime qui lui est promis. »
Ces grands destins, comme nous avons vu, n'étoient que l'attente de cette vie heureuse, de cet âge d'or promis aux justes, & de ce Juge Souverain que Rome corrompit & personnifia. C'est en conséquence de cette erreur que les Romains & d'autres peuples se sont emparés du monde ou des terres de leurs voisins comme d'un bien qui leur étoit adjugé par les Dieux. Le Poëte supplie ensuite le soleil de s'appaiser, d'écouter favorablement les prieres que lui adresse la jeunesse Romaine. On doit remarquer là-dessus ce que nous avons déja vu ailleurs, que les enfans, ou les jeunes gens étoient toujours consacrés pour les fêtes des périodes. Ce sont chez les Juifs les aînés des familles qui jeûnent la veille de Pâque. Nos enfans de chœur nous montrent des restes de ces usages. Aux Apollonies, c'étoit par de jeunes garçons & de jeunes filles qu'on faisoit chercher Apollon. Ainsi, comme le dit Horace, des vierges choisies, des enfans chastes & purs chantoient les hymnes aux fêtes Séculaires, parce qu'on supposoit que leurs hommages devoient être plus agréables aux Dieux, & méritoient plus d'indulgence de leur part ; la fin des périodes, & la destruction du monde étoient plus à craindre pour une jeunesse qui alloit être

moissonnée dès le commencement de sa carriere, & qui devenoit par-là un objet de pitié pour les Dieux.

Enfin le poëte finit son poëme par anoncer le retour de l'âge d'or; il y déploye un enthousiasme poëtique fondé sur l'attente de la vie future que ramenoit chaque fin de période. A l'ouverture de nos Jubilés nous chantons, *voici la porte de la justice, & les justes y entreront;* c'est dans le même esprit que les Romains chantoient aux Jeux Séculaires : " Déjà " la paix, la bonne foi, l'honneur & l'an- " tique pudeur paroissent; déjà les vertus si " négligées ont le courage de se remontrer; " la félicité & l'abondance reviennent sur la " terre. " Ce langage poëtique & notre langage mystique n'ont qu'une même origine. Voilà quel étoit le motif de la joie que les Romains faisoient éclater dans la seconde partie de la fête; elle étoit fondée sur l'attente où l'on étoit du bonheur réservé pour les justes dans un avenir heureux, mais que l'on confondoit avec l'âge d'or ou la félicité primitive dont on supposoit que les hommes avoient joui. C'est-là ce qui a donné naissance à toutes les fables sur l'âge d'or futur dont les payens se formoient des idées matérielles & terrestres, tandis que les Chrétiens plus éclairés n'attendent un bonheur permament que dans une éternité bienheureuse dans le sein de la Divinité.

Quoique les Romains ignorassent les vrais motifs de leur fête Séculaire, ainsi que le temps où elle avoit été instituée, ils crurent en général que son effet devoit être d'écarter tout grand désastre. On auroit donc cru s'exposer aux plus grands malheurs, si on eût manqué à les célébrer; c'étoit comme un préservatif, c'étoit un remede propre à changer le cours des choses, parce qu'il changeoit les périodes. En conséquence on célébroit des fêtes séculaires non-seulement tous les cent ans, mais encore dans toutes les occasions extraordinaires, où l'on vouloit écarter quelque grande calamité : usage aussi frivole que celui du clou sacré qui, institué d'abord pour indiquer les années, devint dans la suite un préservatif idéal contre tous les maux.

Quelques-uns ont prétendu que les Jeux Séculaires avoient été célébrés pour la premiere fois par le Consul Valerius Publicola, l'an 245 de Rome, & 508 ans avant Jésus-Christ. Mais il n'y a point d'apparence que ce fût pour la premiere fois; la circonstance où les Romains se trouvoient alors semble le prouver; ils venoient de chasser les Tarquins l'année précédente. Rome, d'une Monarchie, se changeoit en République, on changeoit de gouvernement, & il falloit célébrer ce renouvellement comme si l'on fût entré dans un nouveau siécle, sans s'embarrasser si le siecle véritable étoit fini : dès-lors, les Romains abuserent de cette solemnité ; & par la nature de l'abus, il est à présumer qu'il étoit déja fort ancien parmi eux, puisque cet abus tient aux idées répandues chez tous les peuples de la terre qui en ont également abusé.

XIV. Le *Lustre* chez les Romains doit encore être mis au nombre des usages cycliques & périodiques. Ce mot vient de *lustre*, expier. Tous les cinq ans à Rome, après avoir fait la revue & le dénombrement des citoyens dans le champ de Mars, on purifioit la ville, on sacrifioit un taureau, & l'on prioit les Dieux pour le salut de la République. Ces cérémonies s'appelloient fermer le lustre (*lustrum condere*). Les citoyens s'assembloient tous armés, tant à pied qu'à cheval, & prêts à combattre. On immoloit à Mars des victimes à qui l'on faisoit faire trois fois le tour du champ. C'étoient les Pontifes & les Censeurs qui présidoient à cette cérémonie. C'étoit alors que l'on renouvelloit les baux publics, de-là le mot *lustre* étoit un synonyme de *bail*. Chaque citoyen donnoit la déclaration de ses biens ; & étoit imposé en conséquence. Enfin, c'étoit alors qu'on s'occupoit de la réforme des mœurs (68). On purifioit aussi tous les ans, au mois d'Octobre les soldats, ce qui s'appelloit *Armilustre*; la fête de la purification des trompettes consacrées à Vulcain se nommoit *Tubilustre* (69).

Chez les Hébreux, les dénombremens doivent être pareillement regardés comme des usages cycliques & liés à la Religion. Il est dit dans l'Exode, Chap. XXX, vs. 12. » Lorsque vous ferez le dénombrement d'Is-
» raël, chacun, le pauvre comme le riche,
» donnera un demi-sicle pour racheter sa
» vie, afin qu'il ne leur arrive point de cala-
» mité après le dénombrement. » Le demi-sicle se levoit annuellement quinze jours avant la Pâque, à la fête appellée *Purim*, qui étoit une vraie Bacchanale. Les Rabbins nous prouvent que le dénombrement étoit une chose sacrée chez les Hébreux; & ils prétendent qu'il ne convient à personne de faire le dénombrement des hommes sans un ordre de Dieu; c'est sans doute la raison qui irrita le Seigneur contre David, & qui attira de son temps la peste sur Israël. Josephe dit que dans le dénombrement fait par David,

(68) *Val. Max. Lib. IV. cap.* 1. §. 10. *Dion. Halic. Lib. IV. cap.* 3. *Tit. Liv. Decad. I. Lib. I.*
(69) *Ovid. Fastor. V.*

on omit de payer le demi-sicle ; dans les Paralipomènes il est dit que ce fut Satan qui s'éleva contre Israël, & qui engagea David à le dénombrer (70).

Chez les Grecs, nous voyons une foule de fêtes & d'usages cycliques. Les Jeux Olympiques doivent être mis dans ce nombre, ainsi que les autres solemnités périodiques dont nous avons parlé plus haut. Nous y joindrons encore les *Asclépies* qui se célébroient à Epidaure tous les quatre ans dans un bois sacré ; les fêtes *Déliennes* que l'on célébroit en l'honneur d'Apollon tous les cinq ans, ainsi que les *Actiaques*, les *Dédalies* que l'on célébroit à Platée tous les sept ans ; les grandes *Panathénées* se célébroient tous les cinq ans.

Les Mexicains avoient tous les quatre ans un Jubilé qui duroit neuf jours, consacrés aux pleurs, à la pénitence & aux macérations ; la fête se terminoit par immoler un esclave que jusques-là on avoit traité en Dieu. On trouve les mêmes cérémonies lugubres & la même tristesse dans une fête d'expiation que ces peuples célébroient annuellement, & qui duroit neuf jours. On n'entendoit alors que des cris de terreur, & des hurlemens af-

___
(70) *Maimonid. ad cap. 2. Joma & Gemar.* Les Rois, Liv. II. chap. 24. Paralip. Liv. I. Ch. 12. vs. 1. & 27. vs. 23. *Joseph Antiquit. Judaic. Lib. VII. cap. 13.*

freux : tout le monde donnoit des signes de la plus grande consternation, & l'on appaisoit le ciel par le sacrifice d'un homme (71).

(71) Histoire Générale des Voyages, Tom. XII. p. 540. 548.

Fin du quatrieme Livre.

L'ANTIQUITÉ DÉVOILÉE PAR SES USAGES.

LIVRE CINQUIEME.

De l'Esprit liturgique de l'Antiquité, Des Fêtes Solaires & des Fêtes Lunaires, &c.

CHAPITRE I.

Des Fêtes Solaires chez les Romains. De la confusion que produisirent leurs deux années. Des défauts de notre Calendrier Grégorien.

I. LE nom de Fêtes Solaires convient à toutes les fêtes qui ne sont point mobiles, mais qui sont réglées par le cours du Soleil.

Je n'entreprendrai point d'examiner toutes les fêtes des anciens qui pouvoient être dans ce cas ; je me bornerai ici à examiner les fêtes par lesquelles ils finissoient & commençoient leurs années & leurs saisons. Nous avons déja parlé dans le chapitre précédent des fêtes du nouvel an chez différens peuples ; mais nous entrerons ici dans un plus grand détail à leur sujet, soit afin d'observer de nouveaux usages, soit afin de justifier par de nouvelles preuves ce que nous avons dit de l'esprit apocalyptique & cyclique de toute l'antiquité. Dans cette vue, nous allons jetter un coup d'œil sur les usages des principaux peuples de la terre, qui nous ont été conservés dans l'histoire ; commençons par ceux des Romains.

Les Romains ont eu en différens temps deux années. Suivant Ovide (1), celle qui commençoit aux Calendes de Janvier étoit leur ancienne année ; il y a lieu de le croire, vu que le nom de *Janvier* est tellement lié à celui de *Janus*, & avec la mythologie de ce Dieu qui ne peut être que très-ancienne, que tout semble nous prouver que les peuples du Latium ou de l'Italie ont ouvert leur année par le mois de Janvier : cela dura jusqu'au temps où elle s'ouvrit au mois de Mars, ce qui, dit-on, se fit par les ordres de Romulus ; ce

(1) *Ovid. Fastor. Lib. II.*

Prince le voulut ainsi à cause du Dieu Mars qui passoit pour son pere. Cette antériorité de l'année *Januale* sur l'année *Martiale* n'a point empêché que l'on n'ait dit & écrit que la premiere étoit de l'inſtitution de Numa ; cela nous montre combien les Romains ont été peu soigneux de conserver les monumens de leur ancienne histoire ; d'ailleurs, quelles que soient les raisons historiques que les Romains, ainsi que les autres peuples, ont données de la position de leur nouvelle année, on peut à coup sûr les regarder comme des fables.

L'année commence en Janvier chez certains peuples, par la raison naturelle que le soleil commence alors à remonter sur l'horison, & que les jours augmentent. Les premiers qui ont mis leur nouvelle année en Mars, l'ont fait aussi pour une raison naturelle ; c'est que ce mois est celui de l'équinoxe, c'est qu'il amene le printemps & les premiers beaux jours, qui annoncent pour ainsi dire la renaissance & le développement de la nature. Enfin d'autres ont placé le commencement de l'année vers le solstice d'été, d'autres à l'équinoxe d'automne ; en cela, ils ont été guidés par des raisons simples & naturelles tirées de l'ordre du ciel, de l'état de la terre, & de la température de l'air. Cependant il faut convenir que de toutes ces raisons, la plus naturelle est celle qui place l'année en Janvier, c'est-à-dire, près du solstice d'hyver, parce que c'est alors que le soleil semble relativement à nous recommencer sa carriere.

Si beaucoup d'anciens peuples, & sur-tout les Orientaux, ont placé leur année en Septembre, c'est-à-dire vers l'équinoxe d'automne, je soupçonne qu'ils n'ont point eu d'autre raison que celle qui leur a fait commencer le jour à six heures du soir; aussi a-t-on une tradition qui assure que le monde fut créé au mois de Septembre; on vouloit que la partie la plus sombre de l'année, comme la partie la plus sombre du jour, ramenât toujours à des idées religieuses.

Je ne me bornerai point ici à examiner simplement ce que les Romains faisoient au premier jour de Janvier ou au premier de Mars. Pour bien connoître l'objet de la solemnité de ce jour, il faut considérer non-seulement le mois entier, mais encore le mois qui l'avoit précédé, parce que c'est un usage que tous les peuples du monde ont observé de finir l'année par des fêtes ou des cérémonies funebres avant que de passer aux réjouissances du renouvellement qui suivoit. Il en étoit du période annuel comme du période journalier; on pleuroit le soir, c'est-à-dire au dernier mois, & l'on se réjouissoit le matin, c'est-à-dire au premier mois : ainsi c'est dans les solemnités diverses des mois de Décembre & de Janvier que l'on doit chercher les traces de cet ancien esprit ; car il ne faut pas s'attendre à trouver l'ancienne méthode bien exactement suivie par les Romains ; il nous suffira d'en appercevoir l'esprit dans les usages ou dans le caractere de la légende, ou de la fable de chaque fête.

II. Nous avons déja parlé des fêtes Romaines du mois de Décembre, à l'occasion des Saturnales ; nous ne ferons que rappeller en peu de mots ce que nous en avons dit, & nous y ajouterons ce que nous n'avons point encore eu occasion d'en dire.

Vesta étoit chez les Romains la Divinité qui présidoit au mois de Décembre : on ne nous en donne point de raison valable, mais comme elle présidoit au feu sacré, symbole de la durée des êtres, il y a tout lieu de croire qu'il fut un temps où, soit les Romains, soit les anciens Latins, faisoient en ce mois la cérémonie d'éteindre le feu sacré, & de le rallumer ensuite. En effet, comme nous l'avons dit ailleurs, ce n'est point en Janvier qu'est le véritable commencement de l'année solaire, c'est aux jours du solstice d'hiver qui tombe en Décembre : c'est ce que les anciens n'ont pas méconnu, ainsi que nous le verrons par le caractere de leurs usages. On avoit donc mis le mois de Décembre sous la protection de Vesta, à cause de la cérémonie principale que l'on y faisoit ; Rome, dans le temps de la République, ne faisoit plus cette grande cérémonie qu'au premier de Mars. Vesta étoit une Divinité si importante que quiconque ne lui sacrifioit point passoit pour un impie : on commençoit, & l'on terminoit tous les sacrifices en rendant des honneurs à Vesta. De plus elle présidoit aux portes & aux entrées des maisons ; c'est de-là qu'est venu le mot *vestibule*. Tout désigne chez elle une Divinité cyclique & apocalyptique ; & tout indique que les peuples d'Italie ont eu une année qui avoit commencé au mois de Décembre. Enfin Vesta étoit l'emblême du monde, & son temple étoit de forme ronde (2).

La première fête remarquable du mois de Décembre étoit celle des *Faunales*, que l'on célébroit le jour des Nones, c'est-à-dire le cinq. C'étoient des fêtes champêtres & joyeuses que les villageois célébroient dans les prairies en sacrifiant un chevreuil au Dieu *Faune*, qui est le même que le Dieu *Pan* des Grecs. Nous avons déja remarqué que dans ce mois on s'imaginoit que ce Dieu quittoit l'Italie pour retourner en Arcadie ; & l'objet du sacrifice étoit d'empêcher que son passage ne fût nuisible aux troupeaux. On est peut-être surpris

___
(2) *Ovid. Fastor.* . . . .

de voir joindre à ces motifs de terreur la gayeté & la danse dont Horace nous parle (3), mais c'est que le dogme du passage de l'exterminateur n'étoit plus regardé que comme une fable ridicule sous le nom de *Faune* ou de *Pan*. L'ancienne crainte que le Dieu destructeur avoit inspirée aux premiers hommes s'étoit affoiblie à mesure qu'on en avoit oublié les motifs, & enfin cette crainte étoit devenue puérile. De-là les *terreurs paniques*, nom que l'on peut donner à toutes les fausses craintes, que l'on avoit eu de la fin du monde, & de la descente du Juge de l'univers, à qui l'on avoit donné le nom de *Faune*, fils de Mars & de Picus, & que l'on avoit confondu avec Saturne. Ce même être sous le nom de *Pan* étoit fils de Mercure, le conducteur des morts, ou selon d'autres de Jupiter : voilà tout ce qu'il conserva de plus analogue à son ancien titre de Dieu de la fin des temps ; son nom peut venir de *Phanah*, regarder, se retourner, revenir sur ses pas, ou de *Phan*, visage, face. Les traits sous lesquels on le peignoit répondoient assez à la crainte qu'on en avoit ; on le représentoit sous la forme d'un Satyre qui effrayoit toutes les Nymphes dont il étoit pourtant sans cesse amoureux. Le *Phanès* d'Egypte, le *Pan* des Grecs, le *Faune* & le *Sylvain*

___
(3) *Horat. Lib. III. Od.* 13.

des Latins n'étoient qu'un même être; au reste ce Dieu étoit connu des Egyptiens & des Arcadiens, peuples très-anciens; il étoit un des huit grands Dieux, l'un des compagnons de l'Osiris Egyptien; on disoit que dans la guerre des Géans il s'étoit métamorphosé en bouc. Ces deux peuples le reconnoissoient pour le Dieu universel (4).

On voit donc par la nature de ce Dieu que la fête que l'on célébroit en son honneur a dû être commémorative, instructive & relative aux révolutions de la nature, & que par conséquent elle étoit funebre de son origine. Ce Dieu pourroit sous ce point de vue être encore regardé comme un Bacchus, appellé quelquefois *Phanès*, ou comme un Saturne, appellé quelquefois *Phainon*; dans ce cas il ne seroit point étonnant que dans l'origine sa fête eût eu les caracteres de celles de ces Dieux redoutés.

III. (5) Les Saturnales ont subi chez les Romains des variations pour le jour du mois de Décembre où on les commençoit & pour la quantité de jours qu'elles duroient. Dans les plus anciens temps elles avoient duré sept jours; on les réduisit à trois, à un, & elles revinrent enfin à sept. Lorsqu'elles n'étoient

(4) *Macrob. Saturnal. Lib. I. cap.* 22.
(5) *Idem. Lib. I. cap.* 10 & 11.

que d'un jour elles se célébroient le 19 de Décembre, c'est-à-dire un jour ou deux avant le solstice d'hiver. Lorsqu'elles revinrent à sept jours elles commencerent le 17 & finirent le 23. Les Saturnales étoient une suite de différentes fêtes réunies, comprises sous les noms de *Saturnalia* & *Sigillaria*. Les trois premiers jours étoient proprement les *Saturnalia*; les quatre derniers étoient les *Sigillaria*.

Nous avons assez parlé de Saturne, ce Dieu redoutable de la fin des temps, dont la statue se délioit à la fin de l'année; nous avons assez fait connoître l'esprit funebre qui caractérisoit ses fêtes, malgré la dissolution dont l'oubli de leurs anciens motifs les remplit par la suite. Nous avons dit que ces fêtes étoient mises au rang des jours funestes & malheureux pendant lesquels on n'osoit rien entreprendre: toutes ces choses étoient relatives au caractere du Dieu des temps qui mettoit fin aux périodes, qui devoit détruire le monde & régner dans une autre vie : ce Dieu armé d'une faulx devoit moissonner l'univers, & par conséquent il devoit être plus redoutable qu'aimable.

Le troisieme jour des Saturnales étoit nommé *Opalia*. La Déesse *Opa* avoit donné le nom à cette fête; elle étoit la même que *Rhéa* & que *Cybele*; c'étoit la terre personnifiée dont on avoit fait la femme de Saturne; leur culte étoit inséparable ; & cette union de la terre avec le Dieu du temps prouve bien que leurs fêtes avoient rapport à la durée de l'univers. (6).

Les quatre jours suivans portoient le nom de *Sigillaria* & tomboient aux 20, 21, 22 & 23 de Décembre ; chacun de ces jours avoit un nom particulier à l'exception du premier qui ne nous est point parvenu ; le 21 étoit les *Feriæ Angeroniæ* ; le 22 les *Feriæ Laribus* ; & le 23 les *Feriæ Jovis dictæ Larentinalia*. Les Sigillaires étoient chez les Romains un monument de l'ancienne cruauté des fêtes de Saturne ; en effet les anciens peuples du Latium lui offroient des victimes humaines qu'ils précipitoient dans le Tibre. On prétend qu'Hercule supprima cet usage cruel en substituant à ces victimes de petites figures de terre cuite ; il établit qu'on ne mettroit ces jours-là que des cierges allumés sur les autels de Saturne, & que l'on s'en enverroit réciproquement en présent. On alloit porter les petites figures dans la chapelle de Pluton qui étoit à côté de l'autel de Saturne ; elles étoient destinées, suivant Macrobe, à satisfaire le Dieu des enfers, c'étoit le prix avec lequel les Romains rachetoient leurs têtes dans un temps réputé funebre & malheureux (7).

(6) *Macrob. Saturnal. Lib. I. cap.* 10.
(7) *Idem. Lib. I. cap.* 7, 10 & 11.

Le second jour des Sigillaires, tomboit au 21; c'étoit la fête de la Déesse *Angeronia* ou *Ageronia*, qui chassoit, dit-on, de l'esprit, les chagrins & les inquiétudes: c'étoit aussi la Déesse du silence & des mysteres, représentée avec un doigt ou un cachet sur la bouche. Comme la législation privoit le peuple des connoissances de ses peres sur les usages qu'elle laissoit subsister, il étoit aussi naturel qu'on lui peignît la Déesse du silence & qu'on le pénétrât de respect pour des cérémonies dont on lui cachoit les vrais motifs. En joignant aux Saturnales la fête de cette Déesse du secret, ne vouloit-on pas indiquer que le motif originaire qui avoit fait instituer ces fêtes devoit être caché au vulgaire? On donnoit aussi à cette Déesse le nom de *Strenua*; sous ce titre elle étoit la Déesse du courage, & quelquefois du plaisir: peut-être vouloit-on indiquer par-là que le temps critique où le Dieu des temps devoit mettre fin au monde s'étant passé sans accident, l'on pouvoit reprendre courage & se livrer au plaisir; en conséquence on se faisoit des visites en se disant *strenue* bon courage, & l'on se faisoit des présens qui encore parmi nous s'appellent des *Etrennes*.

Le lendemain 22 de Décembre on célébroit les *Laria* ou la fête de *Lares* & de la Déesse *Mania* leur mere. Ce culte paroît avoir été le même que celui que les Chinois rendent à leurs ancêtres : il étoit funebre puisqu'il avoit la mort pour objet ; chaque peuple, chaque ville & chaque famille avoit ses *Lares* qui étoient honorés d'un culte public & d'un culte particulier. En général il faut convenir que les anciens ne sçavoient pas trop quelle idée attacher à ces Lares & aux Manes, ni la nature du culte dont ils les honoroient. Alexandre-Sévere avoit parmi ses Lares les statues de plusieurs grands hommes, & entre autres celles d'Abraham, d'Achille, d'Alexandre, de Cicéron, de Virgile, de Jésus-Christ & d'Apollonius de Thyane ; Marc-Aurele avoit placé parmi les siens les statues de ses précepteurs ; & ces Princes honoroient ces Lares comme les Chinois honorent Confucius. Dans les anciens temps de Rome on sacrifioit des enfans à *Mania* pour le rachat du reste de la famille : Junius Brutus, premier Consul, substitua des têtes d'ail & de pavots à ces têtes innocentes, pour éluder la loi qui vouloit que ce jour-là on immolât des têtes.

Comme c'étoit l'ancien usage d'ensévelir les morts le long des chemins & près des carrefours, cette fête avoit aussi pris le nom de *Compitalia*, parce qu'en ce jour le peuple se répandoit sur les chemins, afin de visiter les tombeaux & de porter des offrandes aux morts. Ce sont sans doute ces commémorations funebres

nebres qui faisoient passer ces jours pour noirs & malheureux.

Le dernier jour des Sigillaires & de toutes les Saturnales étoit le 23 de Décembre; il étoit consacré à Jupiter sous le nom de *Larentinalia* ou *Laurentalia*: on célébroit cette fête hors de Rome sur les bords du Tibre. Nous n'avons que des fables sur son origine; selon les uns c'étoit l'anniversaire d'*Acca Larentia*, nourrice de Romulus & de Rémus; selon d'autres c'étoit celui d'une fameuse courtisanne qui avoit institué le peuple Romain son héritier. Mais il y a lieu de croire que cette fête avoit eu dans son origine un objet plus noble puisqu'elle étoit appellée *Férie de Jupiter*; ce n'en étoit pas moins une fête lugubre, puisque le *Flamen* sacrifioit encore aux Dieux Manes en invoquant Jupiter, comme le maître de la vie & de la mort. Une circonstance qui peut faire ramener cette fête à son ancienne origine, c'est qu'elle s'étoit confondue avec la fête des saisons, au moins dans les Jeux Floraux du printemps, dans lesquels Flore & cette Acca Larentia étoient confondues comme motifs ou comme objets de la fête.

Il ne faut point être étonné de voir qu'une fête des saisons soit funebre; toutes les fêtes des saisons portoient ce caractere. Celle du printemps & du temps des fleurs se célébroit en Avril la nuit à la lueur des flambeaux ; mais par la suite comme ces fêtes nocturnes donnerent lieu à des débauches, on a pu croire que la Déesse qui y présidoit avoit été une courtisanne. Il falloit que les Jeux Floraux eussent été funebres & expiatoires dans leur origine, puisque quelquefois dans les temps de calamité & de stérilité les livres Sybillins ordonnoient des Jeux Floraux extraordinaires pour appaiser la colere des Dieux. Mais chez les Romains les fêtes & les usages s'étoient singulièrement corrompus.

C'est ce que nous donne à penser la fête de la Jeunesse que les Romains célébroient après les sept jours des Saturnales, c'est-à-dire le 24 de Décembre. On invoquoit alors la *Déesse Juventa*; c'étoit sans doute parce qu'on regardoit l'année comme renouvellée, & elle l'étoit en effet en réglant l'année sur le solstice. Toutes les cérémonies funebres & les usages qui avoient précédé avoient eu pour objet de se préparer à ce renouvellement; cependant les Romains attendoient encore plusieurs jours à se féliciter à cette occasion : tous les derniers jours de Décembre se passoient sans aucune solemnité ; ce qui avoit produit cette bizarrerie, c'est que, quoique l'on sçût que l'année finissoit au solstice d'hiver, on ne vouloit néanmoins en recommencer une autre qu'après que la lune se setoit aussi renouvellée; accord difficile qui porta toujours le désordre dans les fêtes des anciens. Cette interruption de fêtes entre la fin de l'année solsticiale & l'entrée de l'année Januale étoit de sept jours entiers chez les Romains, & leur donna lieu par la suite d'adopter une des fêtes solaires des Orientaux.

IV. C'étoit la fête de la naissance de Mithras qu'ils emprunterent des Asiatiques & qu'ils placerent au 25 de Décembre, parce que le vrai jour qui auroit convenu à cette fête étant occupé par la fête d'*Angeronia*, & les deux jours suivans par celles qui viennent d'être décrites, il ne leur restoit que le 25 à donner à la naissance du soleil ou de Mithras. Au reste ce Dieu n'étoit point regardé par les Asiatiques du même œil que les Grecs & les Romains regardoient tous leurs Dieux, qui après avoir été dans leur origine des êtres purement allégoriques, finirent enfin par être regardés comme des êtres réels auxquels on avoit fait des légendes & des généalogies. Mithras pour les Orientaux n'étoit que le soleil, & la fête de sa naissance étoit celle du retour du soleil qui au solstice d'hiver commence à remonter sur l'horison pour réchauffer & rendre de nouvelles forces à la nature. Ils ne célébroient ainsi qu'une naissance astronomique qui ne devint vicieuse que par l'abus des idées mystiques qu'on joignit à cette solemnité. On abusa des préceptes religieux qui avoient ordonné aux hommes de se renouveller à cette occasion, par l'expiation de leurs fautes; & peu à peu l'on s'accoutuma à regarder le Dieu Mithras comme le Dieu des régénérés, comme le réconciliateur & le médiateur entre les hommes & les Dieux. Voilà quel étoit l'objet des mysteres de Mithras; on vouloit renouveller les hommes avec le soleil nouveau. Cette morale n'auroit eu rien de vicieux sans les sacrifices humains que l'on y pratiquoit pour expier les crimes des hommes; sans la cruauté des épreuves que l'on faisoit subir à ceux qui vouloient participer aux mysteres; & sans les extravagances astrologiques qui devinrent la partie essentielle de ce culte Asiatique. C'est toujours par des cruautés & des folies que les hommes ont cru se rendre agréables à la Divinité.

Les Chrétiens à Noël, comme nous l'avons déja remarqué, ont conservé longtemps l'usage de se tourner vers le soleil levant & de le saluer en s'inclinant avant que d'entrer dans l'Eglise de S. Pierre. Cet usage dérivé du Paganisme fut l'objet des plaintes du Pape S. Léon (8).

(8) *S. Léon Sermo VII. Nativitate Christi. Hyde de relig. Persarum*, cap. IV. Il ne faut pas confondre la fête de Mithras qui se célébroit à Rome le 25 de Décembre, avec celle qui s'y célébroit à l'équinoxe du printemps. *Voyez les Mém. de l'Acad. des Inscr. Tom. XVI. p. 283.*

Au reste cette fête de Mithras chez les Romains ne pouvoit être encore qu'un double emploi de la fête du solstice solemnisée d'une autre maniere, mais pourtant dans le même esprit que les Saturnales & les Sigillaires; l'ensemble de ces fêtes suffisoit pour contenir toutes les solemnités de la fin du renouvellement de l'année; cependant nous allons les voir encore réitérées dans le mois de Janvier, parce que ce mois étoit le premier d'une année qui, ayant été dans son origine vraisemblablement la même que l'année solsticiale, s'en étoit écartée de 10 à 11 jours par la nouvelle forme du Calendrier. Cette réforme auroit dû sans doute s'étendre aussi jusqu'aux fêtes de ces jours & leur faire suivre la nouvelle façon de compter, mais elle ne le fit pas; les solemnités religieuses demeurerent attachées à l'année astronomique, & le peuple n'en solemnisa pas moins la nouvelle année qu'on lui donna: chaque nouveau Calendrier a toujours augmenté les fêtes, parce qu'on n'a jamais fait à cet égard de réforme générale faute d'en connoître l'esprit.

V. (9) C'est Numa, qui dit-on, fixa le commencement de l'année au premier de Janvier. Junon présidoit à ce mois; cependant les plus grands honneurs étoient rendus à Janus, com-

(9) Ovid. Fastor. Lib. I. & II.

me au conservateur de l'univers. ,, C'est lui, » dit Ovide, qui regle le sort du ciel, » de la mer, de la terre & de l'air, & qui a » le pouvoir de faire circuler les astres & les » temps, qui est la source de la tranquilli- » té & de la paix lorsqu'elle réside sur la » terre ». C'est ce Dieu puissant que l'on re- présentoit avec une verge, une clef & deux visages : il étoit devenu le Dieu des temps parce qu'il avoit été un symbole chronique & instructif qui par la suite se confondit avec le temps lui-même & avec le fabuleux chaos d'où la matiere & tous les élémens étoient sortis. On peut conclure de cette mythologie que la fête de ce Dieu avoit été originaire- ment un jour d'instruction sur l'ancien état du monde & sur son renouvellement, & que les jours qui ouvroient la nouvelle année ayant été nommés *la porte* ou *le portier*, ce nom personnifié est par cette seule raison de- venu le Dieu de la fête, & l'objet de l'ins- truction est devenu sa légende. L'abus des noms est un fond intarissable qui a peuplé le ciel poëtique.

On invoquoit donc à Janus au premier de Janvier, parce qu'on croyoit que c'étoit ce Dieu qui avoit accordé aux hommes une nouvelle année. Dès le matin on lui offroit de l'encens ; les médailles qui représentent cette cérémonie nous montrent un coq, emblême de l'heure à laquelle se faisoit ce sacrifice. On invoquoit Janus pour la République, pour le Sénat, pour le peuple & pour l'Empereur; chacun le prioit pour soi & pour sa famille; on lui demandoit de rendre l'année heureuse & paisible; tous les temples étoient ouverts & illuminés. Le peuple en habits neufs & conduit par ses nouveaux Consuls, alloit assister aux grands sacrifices qui se faisoient au Capitole. On renouvelloit ses habits, on se paroit plus qu'à l'ordinaire; les faisceaux des Consuls étoient aussi renouvellés. Les Saturnales avoient présenté le coup d'œil d'une espèce d'Anarchie & de dissolution de la société; mais les cérémonies de la nouvelle année sembloient peindre une nouvelle Législation & une société renouvellée; chacun se félicitoit & s'embrassoit, & l'on se faisoit des souhaits réciproques. On ne devoit tenir que des propos gracieux & s'abstenir de médisance & de querelles. Enfin il ne faut pas demander si un tel jour étoit réputé heureux, on crioit *Prospera lux oritur.* OVID. FASTOR I. Cela nous explique pourquoi les Saturnales étoient regardées comme des jours malheureux, ils appartenoient à la fin du période qui dans l'esprit de l'antiquité n'annonçoit jamais que des calamités. Le nouvel an au contraire ne rappelloit que des idées joyeuses; on témoignoit son contentement par des présens & des visites qu'on se faisoit, usage qui s'est perpétué jusqu'à nous. Chez les Romains cette joie dégénéra bientôt en dissolution, en mascarades ou déguisemens, en courses nocturnes & en réjouissances qui duroient plusieurs jours. La plûpart de ces folies adoptées ensuite par les peuples soumis aux Romains, devinrent sous le Christianisme l'objet des censures de l'Eglise : elle proscrivit perpétuellement les Calendes de Janvier comme célébrées par des indécences indignes des Chrétiens (10). De tous ces abus que la police Ecclésiastique eut tant de peine à déraciner, il ne nous reste plus que les *étrennes* & le *gâteau des Rois*.

VI. Nous aurions tout dit sur ce qui concerne la nouvelle année des Romains, si ce peuple n'en eût eu qu'une ; mais après avoir parlé du renouvellement de leur année *Januale*, il faut encore examiner celui de leur année *Martiale*, auquel le mois de Février servoit de préparation. Dans les fêtes de Février & de Mars nous retrouverons des usages fort

_____
(10) Ces usages des Romains doivent être regardés comme la source de plusieurs fêtes extravagantes qui se sont perpétuées jusqu'au XV & XVI Siécles. Telle fut la fameuse *fête des foux* que les uns célébroient à Noël, d'autres le jour de la Circoncision, d'autres à l'Epiphanie. On y élisoit un Roi, un Pape, des Evêques, des Abbés, &c. pour représenter la législation nouvelle, ce qui ne pouvoit qu'avilir le culte religieux & la législation ancienne.

analogues à ceux de Décembre & de Janvier, & surtout le même esprit ; c'est ainsi que les fêtes d'un seul renouvellement qui n'auroient dû occuper que trois ou quatre jours au plus, occupoient une durée de quatre mois. Dans un tel abus comment les Romains n'auroient-ils pas mêlé des fables à leurs usages ? L'esprit qui les avoit fait établir ne pouvoit se conserver qu'autant qu'on n'en eût point dérangé l'ordre & l'à propos.

Le mois de Février préparoit au retour de l'année Martiale : le nom de ce mois signifie *purification*, parce que c'étoit un mois funebre consacré aux expiations, aux morts, aux visites des tombeaux & à la commémoration des choses tristes & lugubres. Neptune présidoit à ce mois, peut-être parce qu'il étoit regardé comme l'auteur des révolutions & des changemens de la terre qui à la fin des périodes avoient été primitivement l'objet des inquiétudes (11). Peut-être aussi étoit-ce parce que le Dieu des eaux étoit le Dieu de l'élément qui sert aux expiations. C'étoit pour cela sans doute que dès le premier jour de Février on alloit solemnellement se rendre dans

---

(11) *Athénée*, Lib. III. cap. 29. dit que les expiations du mois de Février étoient pour chasser les terreurs souterraines. V. *Ovid. Fastor.* Lib. II. Pluton s'appelloit *februus* ; il devoit donc aussi avoir sa part dans les usages de Février.

un bois sacré sur les bords du Tibre. On célébroit aussi ce jour-là dans le sanctuaire de Numa, & l'on montoit au Capitole, où l'on sacrifioit une brebis à Jupiter. Le cinquieme jour des Nones, dites *sacrées*, on purifioit la ville de Rome par la cérémonie nommée *Amburbale*; on faisoit des processions autour de la ville avec les victimes qu'on devoit immoler pour le salut public. On se servoit dans ces expiations de l'eau de la mer préférablement à celle des rivieres. C'étoit ce jour-là que tous les cinq ans on faisoit le *lustre*; ce qui indique que l'année Martiale étoit plus ancienne que l'année Januale chez les Romains. Le jour des Ides, c'est-à-dire le 13, on alloit encore à la pointe de l'Isle du Tibre sacrifier au Dieu *Faune*; ce jour étoit réputé malheureux à cause de la défaite des anciens Fabiens; mais il y a lieu de croire que c'étoit la nature des cérémonies religieuses de ce jour qui le rendoit funebre.

On célébroit le 15 une des plus grandes fêtes de ce mois; c'étoit celle des *Lupercales*: elle étoit une des plus anciennes qu'eussent les Grecs, les Latins & les Romains; on alloit ce jour-là sur les bords du Tibre en mémoire, disoit-on, de Romulus qui y avoit été exposé: on faisoit le sacrifice d'un chien à Faune; on lui sacrifioit aussi des boucs & des béliers; on y faisoit des expiations & des purifications;

entr'autres on y amenoit deux jeunes hommes des familles les plus distinguées; & une partie des assistans leur touchoit le front avec un couteau sanglant, les autres les essuyoient avec de la laine trempée dans du lait. Cette cérémonie tenoit lieu peut-être des victimes humaines qu'une législation sensée avoit abolies. Après cette cérémonie la jeunesse Romaine se répandoit dans les champs, sans autres vêtemens qu'une ceinture faite avec la peau des animaux égorgés; d'une main ces forcenés tenoient un couteau dont ils frappoient tout ce qu'ils rencontroient, & surtout les femmes; celles-ci loin de fuir venoient s'offrir à leurs coups dans l'idée que cela devoit les rendre fécondes. Les Arcadiens, suivant Ovide, avoient institué ces usages en mémoire de la vie grossiere, sauvage & vagabonde de leurs peres; dans ce cas cette commémoration étoit funebre; aussi le jour des Lupercales étoit réputé le plus malheureux de tout le mois; Faune n'étoit donc que l'emblême personnifié des premieres miseres du genre humain. (13).

Le 17 de Février sous le nom de *Quirinalia*, étoit consacré à Romulus, ou peut-être au Dieu de la guerre qui étoit le *Quirinus* des

_____
(13) *Valer. Max. Lib. II. Cap. 2. §. 9. Plutarch. in Romulo & in Antonio.*

Sabins qu'ils honorerent sous la forme d'une lance. Ovide rappelle à l'occasion de cette fête l'enlèvement de Romulus arrivé pendant un grand orage au milieu des feux, des éclairs, & lors d'une éclipse de soleil. Je croirois plutôt que cette fête avoit rapport à l'extinction du période.

A compter de ce jour, le reste du mois étoit consacré à rendre des honneurs funèbres aux morts & à porter des offrandes sur les tombeaux : c'est de-là qu'est venu le mot *feralia* & celui de *feria*. Ces offrandes consistoient en quelques couronnes qu'on mettoit sur une tuile, accompagnées de gâteaux couverts d'un peu de sel, que l'on arrosoit de vin & que l'on ornoit de violettes : on plaçoit ces tuiles au milieu des chemins ; en faisant des présens aux morts on y joignoit des prieres, des paroles expiatoires, & l'on allumoit des cierges. Sans doute que ces usages se pratiquoient dans l'origine en mémoire des ancêtres ; puisque Ovide appelle ces jours *dies parentales*; mais par la suite ces fêtes eurent pour objet d'appaiser les morts que l'on croyoit irrités & sortis de leurs tombeaux pour errer sur la terre ; on vouloit les empêcher de faire du mal. On ne cessoit de faire des expiations pendant tous ces jours funèbres ; les noces y étoient proscrites ; les gens mariés devoient garder la continence ; & l'on croyoit que les morts & toutes les Divinités souterraines étoient irrités & soulevés contre le repos des vivans. Les portes des temples demeuroient fermées; on n'encensoit plus les autels; le feu étoit éteint dans les brasiers sacrés. Dans l'incertitude de ce qu'ils avoient à craindre, les Romains invoquoient la Déesse *Tacita* ou la Déesse du silence, afin qu'elle voulût lier la langue de leurs ennemis & de leurs envieux. On faisoit de cette Déesse une Nymphe du Styx, qui étoit la mere des Lares, c'est-à-dire des morts, dont Mercure étoit le pere.

Le 22 on célébroit les *Caristies*, fête qui n'étoit célébrée que par ceux qui étoient unis par les liens du sang; l'on n'y admettoit point d'étrangers. On se rassembloit auprès des Pénates ou Dieux domestiques de la famille, à qui l'on offroit de l'encens; de-là on alloit visiter les tombeaux de la parenté; ensuite on se rendoit des visites en se faisant des présens, comme pour compter les vivans, dit Ovide, après avoir compté les morts. La fête finissoit par un repas en famille où devoit régner l'union & la concorde; il étoit accompagné de libations & de vœux pour le salut de l'Etat & pour la prospérité de chacun des convives.

Le lendemain 23 du mois étoit la fête du Dieu *Terme* ou de *Jupiter Terminalis*; sous ce nom les Romains désignoient le Dieu qui présidoit aux bornes des champs & des territoires, & ils le repréfentoient par une groſſe pierre. Ce jour-là les poſſeſſeurs des terres ſe rendoient au lieu de leurs bornes communes, ils ornoient ces bornes de guirlandes ; ils leur offroient des gâteaux ; on allumoit après un feu en pyramide, & trois fois on y jettoit du grain. Les enfans du laboureur préſentoient les uns des rayons de miel, tandis que d'autres faiſoient des libations de vin ſur le feu. Par la ſuite on ajouta à ces offrandes le ſacrifice d'un agneau & d'un cochon de lait ; c'étoit une fête champêtre qui commençoit avec une gravité religieuſe, & qui ſe terminoit par des chants, des danſes & des feſtins que les laboureurs voiſins ſe donnoient. Les villes ne célébroient pas moins cette fête parce que chacune d'entre elles avoit ſon territoire ; Rome alloit ſacrifier à *Termus* à ſix mille de la ville, parce que c'étoit-là qu'étoient, ſuivant Ovide, les anciennes limites du Royaume d'Enée.

Cette fête placée dans les jours funebres des *feralia* & à la fin de l'année Martiale, donne lieu naturellement de faire une réflexion ſur le Dieu *Terme* & ſur ſon nom. Quoique ce Dieu fût généralement conſidéré des Romains comme le Dieu des bornes des champs, ne pourroit-on pas ſoupçonner qu'il avoit été plus anciennement le Dieu qui préſide aux termes chroniques, c'est-à-dire à la fin des temps? En effet la cérémonie de cette fête étoit, suivant Ovide, la derniere de l'année sacrée; on attendoit alors le Dieu de la fin des temps qui dans l'esprit primitif étoit, comme on a vu, l'objet que la religion mettoit sous les yeux à toutes les fins de périodes (13).

Lorsque Tarquin voulut bâtir le Capitole & que pour cet effet il fit abbattre les temples & enlever les statues des autres Dieux qui occupoient l'emplacement choisi, la tradition rapporte que tous ces Dieux céderent la place de bonne grace; il n'y eut que le Dieu Terme & la Déesse de la Jeunesse qui ne voulurent jamais céder la leur; d'où l'on augura que Rome conserveroit à jamais sa force & sa jeunesse. Joignons à cette tradition l'idée où l'on étoit, suivant Lactance, que la pierre du Dieu Terme qui étoit restée au Capitole & qu'on y conservoit religieusement, étoit la fameuse pierre que Saturne avoit dévorée au lieu de Jupiter; & nous aurons raison de soupçonner que le Dieu Terme dans son origine devoit avoir été toute autre chose que le Dieu des bornes des champs (14). Sa-

(13) Ovide dit : *Tu quoque sacrorum Termine finis eras.* Fastor. Lib. II. Varro de Lingua Latina, Lib. V.

(14) Lactant. Instit. divin. Lib. I. Cap. 20.

turne qui dévore ses enfans & les pierres, a toujours été l'emblême du temps qui se dévore lui-même, qui engloutit les jours, les années, les siecles qui ne sont que ses enfans; ainsi *Jupiter Terminalis* pourroit bien n'être qu'un Saturne. Peut-être qu'une législation sage pour détourner les esprits du peuple des idées fâcheuses que présentoit dans l'origine le Dieu des temps, l'a changé en un Dieu champêtre moins effrayant ou moins apocalyptique.

Le jour suivant qui étoit le 24, étoit le *Regifuge*. Suivant Ovide & Plutarque, cette fête avoit pour objet la mémoire de l'expulsion des Tarquins & de la suppression de la dignité Royale. C'étoit, dit-on, pour retracer le souvenir que ce jour-là le Roi des sacrifices sacrifioit en public & s'enfuyoit aussitôt. Mais cette cérémonie placée à la fin du période ne pouvoit-elle pas signifier primitivement la dissolution de la société & la fin de toute législation & de tout pouvoir?

Enfin la derniere fête de ce mois se nommoit *Equiries*, elle se célébroit par des courses de chevaux que l'on faisoit dans le champ de Mars. C'est ainsi que se terminoit l'ancienne année Martiale des Romains.

VII. Les Calendes de Mars étoient bien plus solemnisées que les Calendes de Janvier. On renouvelloit alors les couronnes de laurier attachées toute l'année aux portes des Pontifes, des Flamens & du Roi des sacrifices. Le temple de Vesta étoit alors orné de feuillages. L'autel du feu sacré étoit aussi décoré de nouveaux lauriers ; & comme on avoit éteint ce feu dans les purifications funebres de Janvier, on le rallumoit ce jour-là. Il paroît que cette cérémonie se faisoit avec un secret mystérieux, puisqu'Ovide dit :

Adde quod arcana fieri novus Ignis in ade Dicitur.

Lib. III, FASTOR, vers 143.

Ce feu sacré passoit chez les Romains pour une partie des choses sacrées qu'Enée avoit apportées ; aussi l'appelloit-on *feu Troyen*. Il étoit gardé dans le sanctuaire de Vesta avec le *Palladium* & d'autres Divinités Troyennes que le public ne connoissoit pas. Ce feu étoit regardé comme le gage de la durée de l'Etat. On célébroit le même jour de la fête des *Anciles* ou boucliers sacrés, en mémoire d'un bouclier d'airain qui du temps de Numa étoit tombé du ciel, à la conservation duquel le sort de Rome étoit attaché. Numa fit faire onze boucliers semblables, de peur que le véritable ne fût volé ; les Saliens ou Prêtres de Mars en étoient les gardiens ; ils couroient ce jour-là en formant des danses guerrieres

& en chantant des hymnes à leur Dieu. Ces courses des Saliens duroient pendant tout le commencement du mois & finissoient le 14e. jour; alors on recommençoit à faire des courses de chevaux en l'honneur de Mars, comme aux Equiries. Peut-être qu'en examinant les détails de ces fêtes nous y trouverons encore l'esprit d'attente d'un Dieu exterminateur peint sous les traits de Mars.

Nous observerons au sujet des boucliers *Anciles*, que dans les traditions des Orientaux il est question d'un bouclier fameux qui rendoit invincible; une longue suite de Rois antérieurs à Adam, s'étoient transmis ce bouclier merveilleux de pere en fils; il fut remis à Adam, de qui il passa à Noë & ensuite aux Rois de Perse (15). Cette rêverie des Orientaux est d'autant plus remarquable que Salomon fils de David fit faire 200 boucliers d'un or très-pur qui ne servoient que lorsque ce Prince alloit adorer dans le Temple, & que l'on remettoit ensuite dans le dépôt (16). Numa, ce Roi pacifique des Romains, successeur d'un Roi exterminateur & guerrier, ne seroit peut-être que le Salomon de Rome,

(15) D'Herbelot, Bibl. Orient. aux mots *Gian* & *Soliman ben Daoud*.

(16) Les Rois, Liv. III. chap. 10. vs. 16. & chap. 14. vs. 28.

si l'on examinoit les détails de son histoire comparée à celle du Monarque Juif.

Les Calendes de Mars voyoient aussi renouveller les Saturnales sous le nom de *Matronalia*. Ce jour les Dames Romaines régaloient leurs esclaves & les servoient à table, de même que leurs maris avoient fait au solstice d'hiver; elles invoquoient aussi Junon Lucine qui présidoit aux accouchemens, parce que, disoit-on, c'étoit le jour de la naissance de Romulus & de Rémus (17).

VIII. Tous les usages que nous venons de parcourir, soit au premier de Mars, soit pendant les jours Saliens, ne sont au fond que des usages funebres & préparatoires au renouvellement de l'année; aussi allons-nous voir qu'au jour de la pleine lune, c'est-à-dire le 15 de Mars, les Romains faisoient la véritable fête du renouvellement de leur année: *Anna Perenna* étoit la Déesse du jour; tout le peuple sortoit de Rome & se répandoit dans les prairies situées le long des bords du Tibre, & passoit la journée à se divertir sur l'herbe & sous des ramées que l'on formoit avec des branches, on buvoit largement en demandant à la Déesse une année favorable suivie de beaucoup d'autres; les convives se

(17) Ovid. Fastor. Lib. III. Macrob. Saturnal. Lib. I. cap. 12.

faisoient réciproquement les mêmes souhaits ; on se livroit au plaisir & même à la licence ; les filles oublioient leur modestie en ce jour ; en un mot cette fête ressembloit à notre *Carnaval* & à nos jours gras où le peuple se croit souvent autorisé à la débauche, à l'intempérance & à la licence dans les propos.

Le nom de la Déesse *Anna Perenna* signifie visiblement *l'année sans fin* que l'on se souhaitoit dans cette fête ; ainsi cette Déesse n'est autre chose qu'un souhait personnifié. Malgré la simplicité de cette explication, les anciens ont eu recours à des fables ; ils ont fait une légende de cette prétendue Déesse. L'imagination des hommes semble toujours répugner à ce qui est simple & vrai, il lui faut du merveilleux. Nous ne devons pourtant point négliger ces fables parce qu'il y en a peu qui ne soient sorties du fond du sujet ; malgré le penchant que l'homme a pour les fables, il en a beaucoup moins fait qu'il n'en a orné, de toutes faites, sans en prévoir les conséquences : peut-être a-t-on voulu dans l'origine ôter le ridicule des fables primitives qui, ainsi que les monstres, n'ont été dans leurs principes que des productions du hazard. On disoit que cette *Anna Perenna* étoit la sœur de Didon qui s'étoit retirée en Italie pour vivre auprès d'Enée, mais que persécutée par la jalouse Lavinie, elle s'étoit noyée en voulant se soustraire à sa fureur ; le peuple s'étant mis en devoir de la chercher, on lui apprit que les Dieux l'avoient changée en Nymphe. Cette histoire doit nous rappeller celle du Mandarin Chinois dont la fille fut pareillement noyée, & qui donna lieu à la fête des lanternes ; elle semble nous prouver l'existence d'une mythologie universelle qui ne varie que dans ses expressions, & qui part d'une source commune qui doit nécessairement remonter à la plus haute antiquité.

S'il est permis de hazarder mes conjectures, je dirai que je crois entrevoir dans ces fables, non une fille noyée, mais la terre submergée, & ensuite sauvée des eaux. C'est à l'usage de représenter les anciennes révolutions de la terre par des personnes allégoriques, que j'attribue ces anecdotes communes à l'histoire de presque tous les premiers personnages de l'antiquité mythologique ; la plûpart d'entre eux ont été condamnés dès leur naissance à périr dans les eaux ; ils y ont été exposés, & en ont été miraculeusement sauvés pour jouer ensuite un grand rôle ; & enfin ils sont disparus. L'histoire de la nature & de la terre ayant pour ainsi dire pris un corps par ces représentations, est devenue une espece de formule générale qui, chez tous les peuples, a servi à composer les légendes de leurs héros. C'est la connoissance de cette formule & des élémens qui la composent, qui doit nous expliquer cette monotonie qu'on apperçoit dans les anecdotes fabuleuses de tous les peuples du monde ; tous les Dieux, les grands personnages, les Héros & les Législateurs se ressemblent par tant de côtés ; que jusqu'ici l'on a soupçonné que quelque personnage réel & historique en avoit été le premier modele ; mais j'ai lieu de croire & même d'être convaincu que le premier modéle de toutes les fables a été l'histoire de la nature représentée sous des noms allégoriques, que l'ignorance & les temps ont personnifiée par toute la terre.

On a encore prétendu que cette *Anna Perenna* étoit une vieille femme ou une vieille Déesse qui, dans une intrigue amoureuse, avoit supplanté Minerve, s'étoit mise en sa place, avoit surpris les embrassemens de Mars. Peut-être que cette vieille n'étoit dans l'origine que l'allégorie de l'année ancienne ; peut-être encore que la fête d'*Anna Perenna* avoit été anciennement celle de Minerve, qui par-là s'étoit trouvée supplantée ; ce qui confirme cette conjecture, c'est que quatre jours après on célébroit les fêtes de Minerve dont nous parlerons tout-à-l'heure. Cette *Anna Perenna* pouvoit encore être une *Themis*, une *Io* ou *Isis*, ou la lune qui renouvelle les mois dont l'année est composée.

Le 17 de Mars, on célébroit les *Libérales* ; c'étoit le jour où l'on donnoit la robe virile aux jeunes gens. La fête de Bacchus étoit unie à cette cérémonie ; on honoroit ce Dieu comme l'instituteur de la religion, comme le législateur des nations, & comme l'inventeur des arts ; on l'invoquoit aussi comme l'auteur de la fécondité, & l'on promenoit alors l'indécent *Phallus* autour des champs & dans les villes ; lorsqu'il étoit dans la place publique, la Dame la plus recommandable alloit le couronner (18).

IX. Les *Quinquatries*, ou les fêtes de Minerve, commençoient le 19, & duroient pendant cinq jours. Le premier, qui étoit celui de la naissance de la Déesse, ne devoit être souillé par aucun combat, il n'étoit point permis d'y répandre du sang ; il n'en étoit pas de même des autres jours qui se passoient en réjouissances, en spectacles & en combats de gladiateurs. C'étoit particuliérement la fête des jeunes hommes & des jeunes filles. Enfin le dernier jour, on purifioit le peuple au son des trompettes ; on faisoit un grand sacrifice à la Déesse, & on la prioit que son Egide protégeât toujours les Généraux de Rome (19).

(18) *S. Augustin. de Civitate Dei. Lib. VII. Cap. 21.*

(19) *Ovid. Fastor. Lib. III. vers 809 & 848.*

Pour connoître l'esprit de cette solemnité chez les Romains, il faut la considérer un peu plus en détail chez les Grecs qui la célébroient sous le nom de *Panathénées*. Les Athéniens attribuoient l'origine de cette fête les uns à Erichtonius, d'autres à Orphée, d'autres à Thésée ; cette incertitude est la preuve de son antiquité ; c'étoit une fête particuliere aux Athéniens, à tous les peuples de l'Attique & à leurs colonies, qui la célébroient en commun depuis que Thésée avoit rassemblé les anciens habitans de cette contrée pour les faire demeurer en cité ; en sorte que tous ces peuples se faisoient un point de religion de s'y trouver, & d'y assister vêtus de blanc.

On distinguoit les *grandes* & les *petites* Panathénées ; les petites se célébroient tous les ans au mois *Thargelion*, & les grandes se célébroient tous les cinq ans, c'est-à-dire, après quatre années révolues ; elles consistoient en jeux & en exercices publics, en sacrifices & en processions ; elles commençoient d'abord par des courses de gens à pied qui tenoient chacun un flambeau à la main ; celui qui arrivoit au but sans éteindre son flambeau étoit couronné ; ensuite venoient des courses à cheval. La premiere nuit étoit une veillée solemnelle dans laquelle on couroit avec des torches ; le second jour étoit destiné à des combats d'athletes sur les bords de la riviere d'Ilissus.

lissus. Le troisieme jour, les musiciens se faisoient entendre pour faire preuve de leurs talens. Dans tous ces Jeux, celui qui l'emportoit sur les autres étoit couronné d'olivier, recevoit des prix, & régaloit ses confreres. Ces exercices étoient suivis de danses Pyrrhiques, c'est-à-dire guerrieres, que la jeunesse faisoit toute armée. Les Romains adopterent tous ces exercices, mais ils y joignirent leurs barbares combats de gladiateurs; ce dernier peuple ne rendoit aucune raison de ces exercices & de ces combats; mais à Athenes, on disoit que la danse Pyrrhique se faisoit en mémoire de celle que Minerve avoit dansé après avoir vaincu les Titans; d'où l'on voit qu'elle se faisoit en mémoire des anciennes révolutions de la nature exprimées, comme on a dit ailleurs, par la guerre des Titans contre les Dieux. On retrouve le même esprit dans une procession religieuse & guerriere que l'on faisoit dans ces jours depuis la citadelle d'Athenes jusqu'au temple de Cérès Eleusine; tous ceux qui assistoient à cette procession tenoient des branches d'olivier à la main, & des vierges choisies portoient dans des corbeilles les choses saintes destinées aux mysteres. Les étrangers établis à Athenes y assistoient avec un hoyau ou quelque autre instrument propre à travailler la terre; leurs femmes portoient des vases propres à puiser de l'eau. On portoit ce jour-là en triomphe le voile de Minerve, sur lequel, comme on a déja dit ailleurs, étoit brodée toute l'histoire de la guerre des Géans foudroyés par les Dieux. Les Athéniens y portoient encore les portraits de leurs grands hommes, ce qui étoit le plus grand des honneurs : en cela les Grecs sembloient avoir le même esprit que les anciens Scandinaves qui, persuadés qu'à la fin des temps leurs Dieux auroient encore de cruelles guerres à soutenir, vouloient exciter au coura ; afin de former des coopérateurs vaillans aux Dieux pour le temps de leurs combats futurs, contre les ennemis formidables de la nature. Cependant le véritable esprit de ces combats s'étoit obscurci, il étoit devenu un mystere pour le peuple, & la législation avoit donné plus d'ordre & de régularité à des cérémonies tumultueuses dans l'origine, & faites pour représenter le désordre primitif de la nature.

Je ne dois pas négliger de remarquer ici que dans la grande procession des Panathénées, on traînoit sur la terre, par le jeu de quelques machines, un vaisseau auquel le voile de Minerve étoit attaché ; ce vaisseau paroît avoir été l'emblème du temps, d'autant plus qu'on voit toujours un vaisseau sur les médailles de Saturne & de Janus. Le vaisseau est un emblème presque toujours joint aux êtres cycliques, tels qu'Isis, Osiris, le Soleil, &c. (20)

Cet amas confus de fêtes solaires des Romains que nous venons d'examiner, vient de ce qu'ayant eu deux années, l'une Martiale & l'autre Januale, ils conserverent non-seulement les fêtes & les usages des autres nations, sans en connoître les motifs, mais

---

(20) On voit des médailles sur lesquelles Isis & Osiris sont représentés avec sept pilotes, emblêmes des sept jours de la semaine. Les navires étoient dédiés à Isis comme la Déesse tutélaire de la navigation; les Sueves l'adoroient sous la forme d'un navire. Les Egyptiens célébroient une fête du *vaisseau d'Isis*, que les Romains adopterent sous le nom de *navigium Isidis*. Les Manichéens honoroient le soleil & la lune sous la forme de deux navires. Joignons à ces remarques que la ville de Paris est appellée Λευκοτοκια *Lucotocia*; dans la langue Hébraïque, *Lukhotaïm* signifie des bateaux faits de planches. *Leucothoë* étoit une Déesse de la mer. Isis étoit la Déesse tutélaire des anciens Parisiens; les armes de la ville de Paris ont encore un vaisseau; son nom actuel vient visiblement de Παρα Ισις. Clovis, fondateur de l'Eglise qui porte aujourd'hui le nom de Ste. *Genevieve*, lui donna une portion des biens des Prêtres d'Isis, ou du territoire situé entre Paris & le village d'Issi, qui comprend aujourd'hui Vanvres, Grenelle, & Vaugirard; le reste fut donné par Childebert à l'Abbaye qui porte aujourd'hui le nom de S. *Germain des Prés*. On voyoit encore en l'an 1514, la figure de la Déesse Isis dans l'Eglise de cette Abbaye; mais le Cardinal Briçonnet la brisa parce que le peuple lui rendoit encore des hommages. Ainsi les Chanoines de Ste. Genevieve & les Bénédictins jouissent des dépouilles de cette Déesse Egyptienne. *V. Du Breuil, Antiquités de Paris.*

aussi, en célébrant des fêtes appartenantes à l'année solsticiale, ils ont conservé celles de l'année Martiale, & toutes ces fêtes cycliques occupoient chez eux quatre mois de l'année, tandis qu'elles n'auroient dû occuper qu'un seul jour, puisque toutes n'avoient qu'un objet commun. Mais les Romains n'étoient pas les seuls plongés dans ce cahos, tous les autres peuples anciens s'y trouvoient pareillement, & les modernes n'ont rien à leur reprocher là-dessus.

Pour derniere observation sur les Romains, nous dirons qu'ils ne prenoient point les Augures ni à la fin du jour, ni à la fin du mois; les Pontifes & les personnes instruites des anciens usages, estimoient qu'on ne les devoit point prendre non plus à la fin de l'année, parce que tous les déclins & les fins des périodes étoient regardés comme funestes. Le déclin de l'année commençoit après le mois d'Août, c'est-à-dire, après la moitié de l'année. Ces idées n'étoient point particulieres aux Romains; suivant Plutarque, les Phrygiens jeûnoient l'hiver, dans l'idée que les Dieux dormoient pendant cette saison. Le même Auteur dit ailleurs que pendant les neuf premiers mois de l'année, on chantoit à Apollon des hymnes apppellés *Paan*, mais dans les trois derniers mois, on chantoit le Dithyrambe, les premieres de ces poësies étoient sages, mesurées & raisonnables; les dernieres étoient variées, fougueuses & bizarres, à cause du déclin des choses que l'Auteur appelle *l'embrasement* & le *renouvellement du monde*. Voilà, ajoute-t-il, pourquoi le culte de Bacchus ne parle que de renaissances & de résurrections, énigmes qui représentent les mutations de la nature (21).

X. Les hommes des premiers temps, sans calculs & sans observations, n'ont jamais pu néanmoins se méprendre sur la succession des années & des saisons. Quoiqu'ils ne connussent pas avec précision la durée véritable de l'année, ils ne pouvoient se tromper lorsqu'ils disoient qu'un tel homme avoit vu trente hivers, ou que l'on avoit fait trente moissons depuis un tel événement. Ce n'est que depuis qu'il y a eu des observateurs & des calculateurs; & cela n'est pas étonnant; l'art d'observer & de calculer ayant été longtemps dans l'enfance, ce n'est que par le travail d'un grand nombre de siécles qu'on est parvenu à connoître la grandeur véritable de l'année, & le rapport des périodes solaires avec les périodes lunaires. Ces derniers ont été les premiers connus, parce qu'ils sont bien plus fréquens, & que l'on peut faire 12 observations sur la lune, lorsqu'on n'en peut faire qu'une

_____
(21) *Plutarch. Quæst. Rom.* §. 28.

seule sur le soleil. C'est-là pourquoi chez tous les anciens peuples les actes publics étoient réglés par le cours de la lune ; il a donc fallu bien du temps pour apprécier le cours du soleil, & ce n'est que lorsqu'on a cru être arrivé à un certain dégré de précision que l'on a pu combiner ensemble le cours des deux astres, & donner des formules pour diriger la multitude, & pour régler les opérations de la société. Ces formules que l'on appelle *cycles*, ont été d'un grand secours aux nations ; chacun, sans être astronome, a pu décider d'années en années les époques précises des phases solaires, lunaires, & des saisons. Ce sont cependant ces formules qui ont plongé dans le désordre, & qui ont infiniment retardé les progrès de l'art. Les thêmes qui ont été donnés pour les siécles à venir, ont fait négliger les observations chez la plûpart des peuples ; on a suivi aveuglément des formules qu'on croyoit justes, & que l'événement a démontré fausses. Les actes civils & religieux indiqués pour la saison de l'été ou de l'automne se sont insensiblement trouvés dans l'hiver ou dans le printemps ; les erreurs sont devenues si grossieres & la négligence des observations si grande, qu'après avoir fait diverses tentatives pour y remédier, il a fallu retourner aux observations, rechercher les formules, les corriger ; & comme dans le fait il n'y a pas de formule, ni de cycle parfait, il est arrivé que toutes les corrections n'ont fait ou qu'ajouter de nouvelles erreurs aux anciennes, ou que leur en substituer d'autres ; peut-être se trompa-t-on moins grossièrement, mais on fut toujours inexact.

De plus, toutes les fois qu'il a été question de ces réformes pour lesquelles il ne falloit que des astronomes, les Prêtres sont toujours intervenus, & ils les ont gênés par des regles & des usages de caprice, ou en leur fixant des points mal pris. Dès les premiers temps l'astronomie avoit fait partie de la science sacerdotale ; nous en avons donné la raison. Une autre cause d'erreurs, c'est que les premiers peuples ayant tous réglé leurs fêtes par les lunes, ont voulu continuer de le faire, même tandis qu'ils se servoient de l'année solaire : cette fantaisie a exigé de la part des astronomes des calculs infinis, & des formules recherchées, peine que l'on auroit bien pu leur épargner. Un peuple éclairé ne doit régler ses actes que sur une seule année, & mettre de la simplicité dans son astronomie civile, quoique la nature n'en ait point mis dans la science ; & quoique son harmonie se démente quelquefois.

XI. Du temps de Jules César, 45 ans avant Jesus-Christ, les formules dont les Romains se servoient depuis plusieurs siècles étoient si imparfaites, que l'équinoxe du printemps se trouva indiqué vers le solstice d'hiver ; tous les actes civils & religieux étoient rétrogradés de trois mois ; la moisson arrivoit en Mai. Ce Romain devenu souverain Pontife, fit abandonner les anciennes formules, & voulut qu'on adoptât pour l'avenir le cycle de Méton ; il régla que le premier jour de sa première année *Julienne* arriveroit au jour de la nouvelle lune d'après le solstice d'hiver, qui tomba pour lors au huitieme jour d'après ledit solstice. Ainsi ce solstice fut alors fixé au 24 de Décembre, & l'équinoxe vernal au 24 de Mars. César fit cet arrangement pour concilier l'ordre ordinaire des fêtes, & pour ne point déranger les usages ; mais puisque ces usages étoient eux-mêmes mal placés, c'étoit eux que le législateur auroit dû transposer ; il étoit tout simple en plaçant le premier jour de l'année solaire au premier de Janvier, de placer le premier de Janvier au jour même du solstice ; on seroit par-là rentré dans l'esprit de la dénomination de ce mois, qui annonce que le soleil r'ouvre alors sa carriere. Le premier jour du mois d'Avril, (qui signifie de même ouvrir (22), parce que dans son

_____
(22) En Phénicien, *Ha-prael* ou *Ha-priel* signifient le *Dieu qui ouvre*, le *Dieu portier*. La racine est

origine il avoit été l'ouverture de l'année vernale) auroit pareillement ouvert le printemps dans un jour vrai & astronomique, & César auroit véritablement rétabli l'ordre de l'année & du mois, tel qu'il avoit dû se trouver dans le XI siecle avant notre Ere, sous les Rois Latins, (c'est-à-dire depuis l'an 975 avant Jesus-Christ jusqu'en 1105 avant Jesus-Christ) où l'équinoxe arrivoit le premier Avril, & le solstice le premier de Janvier. Ainsi en supprimant les anciennes erreurs, César agit encore sur de faux principes, il ne saisit point l'esprit de l'antiquité, & ne donna qu'une année mal raisonnée, & prescrivant une nouvelle formule, au lieu d'ordonner des observations, il prépara de nouvelles erreurs pour l'avenir. En effet, on ne fut pas plutôt dans le second siecle de notre Ere, que l'erreur de la nouvelle formule devint sensible ; & dans le siecle du Concile de Nicée tenu en 325, l'équinoxe fixé par la formule au 24 de Mars, arrivoit réellement le 21 ; il fallut donc encore réformer. Constantin & les Peres du Concile y firent travailler, mais ils n'eurent point encore pour objet de ramener l'équinoxe à son jour vrai ; c'est-à-dire

---

paar & *pier* ouvrir, d'où sont venus l'Ἀνοιγω des Grecs, & l'*aperio* des Latins. La construction du mot *Aprilis* est plus Orientale que Latine.

au premier d'Avril, ni même de le ramener au point où il étoit sous Jules César ; on laissa l'équinoxe au jour où le cours naturel du soleil combiné avec les méprises du Calendrier Julien l'avoient amené, c'est-à-dire au 21 Mars ; & l'on ne songea qu'à remédier à l'ordre des fêtes ; pour cet effet, l'on raisonna d'après de nouveaux préjugés ou de nouvelles opinions.

Il s'agissoit alors sur-tout de régler le temps de la célébration de la Pâque ; c'étoit une fête empruntée des Juifs qui la célébroient à la pleine lune du mois Nisan & un Samedi, jour de Sabbat, qui tomboit toujours vers la fin de Mars, ou dans les premiers jours d'Avril ; mais en voulant, comme les Hébreux, se régler sur la pleine lune, on ne vouloit pas la célébrer le même jour qu'eux, on vouloit que ce fût un Dimanche qui est une fête mobile dans le mois lunaire, & on vouloit en même temps la déterminer par l'équinoxe, à l'égard duquel les jours de la lune sont toujours mobiles. Il fallut, pour concilier toutes ces difficultés où l'on se jettoit de plein gré, imaginer des formules qui furent elles-mêmes très-embrouillées, & l'on épuisa l'industrie pour faire une formule qui, quand elle auroit été très-juste, auroit toujours eu le défaut de n'être utile que par la bizarrerie qui vouloit concilier l'année solaire avec l'année lunaire ; ce qui est exactement impossible, & avec les préjugés ou les opinions, ce qui est ridicule.

Malgré le plus grand travail, on ne remédia nullement à la précession des équinoxes qui, d'âges en âges, s'écarta de plus en plus, du 21 de Mars où l'équinoxe étoit du temps de cette seconde réforme du Calendrier Julien ; les siécles de barbarie & d'ignorance intervinrent, & l'on ne fut plus en état de remédier à rien : on ne l'entreprit enfin que lorsqu'au seizieme siécle l'équinoxe rétrogradé jusqu'au 11 de Mars, fit appercevoir que si l'on n'y mettoit ordre, la Pâque se célébreroit en hiver, puis en automne, &c. Ce fut le Pape Grégoire XIII. qui entreprit la réforme du Calendrier en 1582 ; mais il n'y porta pas plus de connoissance que les réformateurs précédens ; au lieu de ramener l'équinoxe au premier d'Avril, comme il l'avoit été dans le onzieme siecle avant notre Ere, ou au 24 de Mars, comme avoit fait Jules César, ou de porter la Pâque, qui est la fête de l'ouverture du printemps, aux premiers jours d'Avril comme les Juifs, il se fit un glorieux préjugé de ramener les choses au même état où elles étoient lors du Concile de Nicée, c'est-à-dire au 21 de Mars, & il corrigea seulement l'ancienne formule pour l'y maintenir à perpétuité, c'est-à-dire pour éternifer l'abus : auffi la Pâque n'en fut pas moins une fête très mobile qui continua de porter dans la plupart des fêtes annuelles qui en dépendent, toutes les variations déraifonnées qui déshonorent notre Calendrier; il eft encore celui d'un peuple barbare. C'eft une fuite de l'ignorance de la Ritologie qui eft fi peu connue, au moins depuis 4000 ans, que l'on ne fe doute point qu'il y ait eu une fcience de cette efpece fondée fur des principes fimples, naturels & raifonnés. Ce qui a, fans doute, beaucoup fervi à plonger dans l'ignorance ; ce font toutes les différentes formules qu'on a dû imaginer dès les premiers temps pour maintenir les fêtes dans l'ordre établi ; d'une part, l'imperfection de ces formules, & l'efpece d'efprit machinal qu'elles ont donné, ont fait perdre de vue le premier état des chofes, & en oublier totalement les anciens principes fur lefquels ces formules avoient été établies. Dans les dernieres réformations, on auroit dû s'en tenir aux vœux de plufieurs aftronomes qui vouloient qu'à l'avenir on ne fe fervît plus d'aucun cycle, & qu'on fe réglât uniquement fur les obfervations aftronomiques : ce projet étoit le plus fenfé, il auroit épargné toutes les erreurs dans lefquelles on peut encore tomber ; il eût détruit cet efprit méchanique qui dirige nos fêtes ; & peu-à-peu il eût fait retrouver les vrais principes de leur position; mais il eût fallu pour cela que les astronomes eussent été, ainsi qu'il convenoit, les seuls juges de cette matiere, & non des prêtres qui ne suivent que leurs préventions; en effet, ce ne sont point les fêtes qui doivent régler le cours des astres, mais ce sont les astres qui doivent régler le cours des fêtes.

Gelal-eddin, Roi Tartare, réforma l'époque de Yaz-digerd, Roi de Perse, à cause du vice des intercalations qu'on étoit forcé d'y employer. Il institua l'époque *Gelaléenne*, dans laquelle le commencement de l'année est constamment le jour de l'équinoxe du printemps. On la suit en Perse depuis l'an 1078 de notre Ere Chrétienne. On ne peut nier que cette réforme ne vaille beaucoup mieux que celle qu'a introduite notre Calendrier Grégorien.

CHAPITRE II.

Continuation du même sujet; des Fêtes Solaires chez les autres peuples anciens & modernes.

I. JE craindrois de trop m'appesantir sur cette partie de mon ouvrage si je faisois sur les fêtes Grecques le même examen qui vient d'être fait sur les fêtes solaires des Romains; d'ailleurs chez les Grecs les détails seroient immenses & plus difficiles à traiter. L'ordre astronomique avoit été plus interverti chez eux que chez les Romains; leur année a été sujette à une infinité de variations & de désordres, ensorte que dans la multitude des Solemnités & des fêtes qu'on leur connoît, il est impossible de dire laquelle étoit pour eux celle du renouvellement de l'année; il y a toute apparence qu'ils n'en avoient pas pour une seule; ils ont eu le commencement de leur année tantôt vers le solstice d'hiver, tantôt vers le solstice d'été. D'ailleurs la Grece originairement composée de plusieurs petites nations dont chacune avoit des usages particuliers, avoit, ainsi que Rome, une multitude de fêtes solaires qui n'étoient, selon toute apparence, que de doubles emplois, les unes des autres, & qui devoient être aussi mal placées qu'ailleurs. Dans leur Calendrier je remarque que les Athéniens dans leur premier mois où ils célébroient les grandes Panathénées, célébroient encore leurs *Chronies*. Dans le troisieme ils célébroient les grands mysteres d'Eleusis; dans le cinquieme ils célébroient les *Pyanepsies*, les *Thesmophories*, les *Apaturies*; dans le huitieme ils célébroient les *Antistheries*, les anciennes Bacchanales, la mémoire du déluge de Deucalion, la fête des morts, & les petites Eleusines; enfin dans le onzieme ils célébroient les *Thargelies* & les petites Panathénées. Ainsi dans tous ces mois l'on retrouve des caracteres qui indiquent les usages de la fin & du renouvellement du période annuel. Je quitte donc ce chaos dont nous avons sçu tirer en différens endroits quelques traits de lumiere, & je passe chez les Hébreux.

II. Les Hébreux ont eu deux années; l'une Ecclésiastique qui commençoit au mois de *Nisan* ou de Mars, dont Pâque étoit la grande solemnité: nous en avons déja suffisamment parlé. L'année civile commençoit au mois *Thisri*, septieme mois de l'année Ecclésiastique, qui répond à Septembre & à Octobre, & dans son principe à l'équinoxe d'automne.

comme la première répondoit à l'equinoxe du printemps. Le mois Thifri étoit chargé de plusieurs fêtes célebres. Le premier étoit consacré à la fête des trompettes; le dix étoit le jour des expiations, & le quinze étoit la fête des tabernacles.

La fête des trompettes ou du premier jour de l'année civile étoit fort recommandée aux Juifs par leur loi; mais on ne voit point que cette loi en ait donné le motif: on pourroit considérer cette fête comme étant tout à la fois une fête de déclin & de renouvellement de période. C'étoit une fête de déclin par rapport à l'année Ecclésiastique, parce que le mois Thifri étoit le septieme mois de cette année; c'étoit une fête de renouvellement, parce que ce mois étoit le premier de l'année civile. Il sembleroit que ce seroit sous le premier aspect qu'on devroit la considérer; car l'Ecriture ne dit point : Vous célébrerez le premier jour du premier mois de l'année civile; mais elle dit: *Au premier jour du septiemé mois vous célébrerez par le son des trompettes un Sabbat de commémoration, & il sera appellé saint* (1). Ailleurs le

___

(1) Lévitique, chap. XXIII. vs. 24. Nombres XXIX. vs. 1. Dans le Texte *Thernah* signifie *par un grand bruit*. Ce mot peut encore signifier de grands pleurs comme une grande joie; souvent il désigne tout simplement une assemblée religieuse. M. Pluche, croit que c'est de là que vient le mot triomphe.

premier jour du septieme mois est appellé une *assemblée sainte*; *Vous ne ferez en ce jour aucun travail parce que c'est le jour du grand bruit des trompettes* (2). Mais de quel événement cette fête étoit-elle la commémoration? C'est ce qu'on ignore; cependant à en juger par les sacrifices qu'on faisoit ce jour-là, les motifs de cette fête devoient être très-importans, puisque ces sacrifices étoient presque doublés. Seroit-ce pour la raison que les eaux du déluge laisserent la terre à sec ce jour-là? c'est ce qu'il ne nous convient point de hazarder puisque l'Ecriture se tait là-dessus. Il faut encore moins imaginer que ce grand bruit des trompettes ait eu quelques motifs apocalyptiques puisque ces sortes de motifs sont ceux que l'on doit le moins soupçonner dans la Législation Mosaïque. On voit bien dans Ezéchiel qui nous a peint les horreurs des derniers temps sous des couleurs guerrieres, que ce Prophète s'écrie: *la fin vient, elle vient cette fin sur les quatre coins du monde. Sonnez de la trompette, & que tous se préparent au combat* (3). On voit encore dans les expressions de ce Prophète qu'il fait allusion aux usages des Jubilés qui commençoient toujours le premier jour de l'année civile. Mais ce se-

(2) Genese VIII. vs. 13.
(3) Ezéchiel, chap VII.

roit encore trop hazarder de conclurre de-là que la fin des temps & le jugement dernier ayent été les objets de l'inſtitution de cette bruyante ſolemnité ; il vaut mieux penſer que le Prophète ſe conformoit en cet endroit aux idées communes de ſes compatriotes qui regardoient & qui regardent encore réellement cette fête comme une inſtruction ſur la fin des temps & ſur le renouvellement futur. En examinant cette ſolemnité ſous ce point de vue, ce ſera donc le motif que les Hébreux ont donné à cette fête que nous examinerons, car pour ceux de leur Légiſlateur il faut avouer qu'on les ignore.

III. Les Juifs ont ſur le premier jour de leur année civile diverſes traditions qui indiquent que tantôt ils ont regardé ce jour comme funebre, & tantôt comme un jour de renouvellement & de joie. Ils prétendent que c'eſt ce jour-là qu'Abraham fut ſur le point de ſacrifier ſon fils Iſaac, & que Joſué eſt mort ; que ce jour-là quatre femmes âgées & ſtériles ſont devenues fécondes, peut-être veulent ils déſigner par là *Sara*, *Rebecca*, *Rachel* & *Anne*, mere de Samuel. Ils prétendent que c'eſt ce jour-là qu'Abraham, Iſaac & Jacob ſont venus au monde ; enfin que c'eſt à pareil jour que le monde fut créé. Cette derniere tradition eſt fondée chez eux ſur ce que dans le texte original de la Bible le premier mot de la Génèse *Berefith*, au commencement, étant anagrammé par art cabalistique, donne *à Bethirfi*, ce qui signifie le *premier de Thirfi* ou du mois de Septembre (4). Malgré la futilité de cette observation, cette tradition est presque devenue un dogme religieux, & tous les Juifs comptent de ce mois les années de la création du monde & des cycles Jubilaires & Sabbatiques. D'après cette opinion ce jour devroit être pour eux une fête d'allégresse; cependant on n'y remarque point de joie extraordinaire; on y bénit Dieu d'avoir été conservé jusqu'à ce jour; on le prie de se souvenir de son alliance; on se souhaite réciproquement la bonne année; on sert sur les tables du miel & d'autres douceurs pour donner un bon augure à l'année; mais tout le reste est triste & funebre : une des lectures que la tradition a consacrée dans la Synagogue est celle de l'histoire de la stérilité & de la tristesse d'Anne, mere de Samuel, & du Cantique qu'elle fit alors. Tous les Juifs sont persuadés que ce jour-là Dieu exerce son jugement sur tous les hommes, ce qui doit le rendre un jour de pénitence, & c'est leur opinion que la trompette n'a pour objet que d'avertir les hommes de se tenir prêts & d'é-

---

(4) *J. Leufden Philolog. Hebraïc.* pag. 172. Basnage, Liv. VI, Chap. 16. §. 9. & Chap. 29. §. 2, & seq.

loigner le diable qui pourroit les accuser au tribunal de Dieu. Dans cette idée en plusieurs endroits un mois d'avance on sonne la trompette soir & matin, ensorte que tout le dernier mois de l'année civile est un temps de pénitence, de purification & de prieres, qu'ils prolongent jusqu'au dix du premier mois qu'ils appellent *jour des pardons*: ce qui fait une préparation de 40 jours (5). Il est vrai que cet usage n'est point général, mais chez tous les Juifs la préparation accompagnée de jeûnes, de macérations & d'aumônes dure un mois & sept jours. Si au jour de l'an on voit des Juifs vêtus de blanc, d'autres sont enveloppés dans leurs draps mortuaires; ainsi la tristesse & la joie se trouvent confondues; cependant c'est le lugubre qui domine. La trompette est pour eux un instrument terrible; on la sonne lorsqu'on les excommunie, dans les temps de calamités; elle sonnera, disent-ils, lorsque le Messie paroîtra. Tous ces usages & ces opinions sont si peu conformes à l'esprit de la législation Mosaïque, qu'il est aisé de voir qu'ils tiennent à cette Législation primitive dont nous trouvons à chaque instant les débris chez tous les peuples du monde. La trompette est

(5) Léon de Modene, Liv. III. chap. 5. Basnage, Liv. V. chap. 12. §. 7.

partout le signal de la terreur & l'annonce de la destruction de l'univers.

IV. L'Ecriture est aussi réservée sur la fête des expiations ; néanmoins le motif en est un peu plus apparent ; puisque cette fête avoit pour objet d'expier le peuple d'Israël à la fin de chaque année. Mais pourquoi cette solemnité étoit-elle placée au 10 du premier mois de l'année, & non avant le premier jour du mois, comme elle devroit l'être naturellement ? C'est qu'il y a tout lieu de croire que quoique la fête des trompettes fût regardée comme le premier jour de l'an, cependant la fête des Tabernacles qui se célébroit le 15, étoit considérée comme la véritable fête du renouvellement ; en effet d'après cette façon de l'envisager tout devient régulier dans les motifs religieux de cette fête ; la fête des trompettes & celle des expiations ne sont plus alors que des fêtes préparatoires ; voilà pourquoi elles étoient funebres, & voilà pourquoi ce n'étoit que le 15 du mois que la joie paroissoit. La disposition des fêtes Romaines pour le renouvellement de l'année Martiale, étoit la même. Depuis le 1 de Février jusqu'au 15 de Mars tout étoit préparatoire, comme chez les Juifs, depuis le premier jour d'Elul jusqu'au 15 de Thisri pour l'année Automnale. On peut même remarquer comme un usage presque général, que les nations ont mieux aimé placer les solemnités cycliques de renouvellemens aux pleines lunes qu'aux nouvelles, quoique l'on datât de la nouvelle: nous en chercherons ailleurs les raisons.

La loi de Moyse ordonnoit aux Juifs d'affliger leurs ames le 10 du premier mois à commencer dès le 9 au soleil couchant. *Tout homme*, dit cette loi, *qui ne se sera point affligé ce jour-là périra du milieu d'Israël* (6). Ce jour étoit appellé *saint & propitiatoire*, c'est-à-dire consacré aux expiations ; on le nommoit encore le *Sabbat du repos*, sans qu'on puisse deviner l'origine de cette dénomination particuliere, puisque tous les Sabbats étoient des jours de repos. L'usage le plus solemnel de ce jour étoit, comme on l'a dit ailleurs, l'entrée du grand Prêtre dans le sanctuaire redoutable, c'est alors que Dieu se manifestoit dans le saint des saints, & de peur que son éclat ne fît mourir le Pontife, il falloit que ce lieu fût obscurci par une épaisse fumée d'encens. Cette effrayante cérémonie étoit précédée de sacrifices que le grand Prêtre offroit d'abord pour lui-même, pour sa famille & pour le peuple d'Israël : & faisant une confession publique de ses fautes & de celles du peuple, il les expioit par diverses cérémonies ; & après

(6) Lévit. Chap. XVI. vs. 2, 13, 29. & Chap. XXIII. vs. 29. Nomb. chap. XXIX. vs. 7.

avoir tiré au sort pour deux boucs, l'un étoit sacrifié à Dieu, & l'autre chargé des iniquités de la nation étoit traîné au désert & précipité (7).

Voilà tout ce que l'Ecriture ordonne & dit sur la fête des expiations, elle s'étend beaucoup plus sur ses rites que sur ses motifs ; le surplus ne nous est connu que par les traditions Judaïques & par les usages que les Juifs ont conservés ou ajoutés. Ils parlent de l'entrée du grand Prêtre dans le saint des saints comme d'une cérémonie qui remplissoit tout Israël & le Pontife lui-même de terreur ; toutes les cérémonies de ce jour étoient capitales, & la moindre négligence attiroit les plus grandes calamités sur la nation. Dans cette idée le grand Prêtre se préparoit, dit-on, sept jours d'avance en répétant les paroles qu'il avoit à dire & en se purifiant perpétuellement ; la veille on lui faisoit une députation pour le prier qu'il ne changeât rien aux rites ordonnés ; & les députés le quittoient ensuite en pleurant sur le danger qu'il alloit courir. On empêchoit aussi qu'il ne mangeât trop dans ce jour préparatoire de peur

---

(7) Ce dernier bouc s'appelloit *Azazel*, le bouc lâché ; nous l'appellons *bouc émissaire*. Il est bon de se rappeller ici que le Dieu Faune ou *Pan*, honoré & craint par les Romains qui redoutoient son passage, étoit représenté avec les pieds d'un bouc.

qu'il ne s'endormît la nuit, car il falloit qu'il veillât exactement; pour cet effet de jeunes prêtres ne le quittoient point de toute la nuit; ils jouoient de quelque instrument, ils le poussoient ou le faisoient marcher pour le tenir éveillé jusqu'à l'heure du sacrifice. Cependant l'autel étoit préparé dès l'heure de minuit ce jour-là, au lieu que tout autre jour il ne l'étoit qu'à l'aurore. Dès qu'une sentinelle appercevoit que le ciel étoit illuminé jusqu'à Hébron, elle en donnoit le signal; alors on conduisoit le grand Prêtre au lavoir où il faisoit ses dernieres purifications; puis il s'acquittoit des différens sacrifices ordonnés pour l'expiation de ses péchés & de ceux du peuple; il entroit ensuite dans le sanctuaire rempli de fumée d'encens; il aspergeoit sept fois l'Orient avec le sang d'une victime; il prioit pour Israël, il demandoit une année favorable, il prononçoit à voix basse le nom de *Jehovah*, & pendant ce temps on faisoit un grand bruit pour que le peuple ne l'entendît point; mais toutes ses prieres étoient courtes; il restoit peu dans ce lieu terrible, parce que le peuple inquiet en eût été effrayé pour lui. Tout ce jour on observoit un jeûne rigoureux; mais après la cérémonie le grand Prêtre faisoit un grand repas en réjouissance du danger dont il venoit d'échapper. La fête expirée, tout le peuple dans la persuasion que ses péchés étoient remis, se livroit à la joie (8).

Les Juifs ne pratiquent plus aujourd'hui toutes ces grandes & redoutables cérémonies qui annonçoient bien les idées funebres qui en avoient été la source primitive; la fête des expiations est pour eux comme une suite de celle des trompettes; les jeûnes & les pénitences de cette derniere se prolongent jusqu'à celled ont on vient de parler, qu'ils regardent comme le jour où le jugement de Dieu doit être prononcé. En certains lieux on se prépare dès la veille en se frappant trois fois la tête avec un coq en vie en disant, *qu'il soit immolé pour moi* (9). Partout les Juifs vont visiter les tombeaux en ce jour & y faire des prieres; ils se lavent & se purifient, ils se flagellent & se confessent; les ennemis se réconcilient, les voleurs restituent lorsqu'ils ont quelque crainte de Dieu. Le soir on s'habille de blanc ou de draps mortuaires & l'on

---

(8) Basnage, Liv. VI. chap. 16. Maïmonid, *jom ha appur.* chap. 1 & 2. Lévitique, chap. XVI. vs. 13. Léon de Modene, Liv. III. chap. 6.

(9) Les anciens Perses & les Guebres modernes réverent le coq, parce qu'il avertit du retour du soleil. Hyde, chap. I. p. 23. Le coq étoit honoré chez les Romains. Ovide en donne la raison, *quòd tepidum vigili provocat ore diem*, *fastor.* Lib. I. Le coq étoit un des emblêmes de Janus, & il l'est encore de S. Pierre. Dans l'Edda, il est dit que le coq avertira les Dieux de l'approche des Géans. V. Edda, fable XX, dans la note.

Tome III.

va à la Synagogue où le plus grand nombre passe la nuit à veiller & à prier. Les Synagogues sont illuminées, chacun y tient sa lumière à la main. Le jour de la fête se passe encore en prieres, en humiliations & en jeûnes; & lorsque le cor sonne le jeûne finit, tout change de face, chacun se félicite & s'embrasse, & l'on bénit le créateur de la lune. D'où l'on voit que ce jour porte tous les caracteres d'une fête cyclique : aussi est-ce de ce jour-là que commencent les années Jubilaires & Sabbatiques.

V. En parlant des Hydrophories j'ai déja décrit la fête des Tabernacles; il ne me reste que peu de chose à ajouter. Cette fête commençoit le 15 du mois & duroit pendant sept jours. Indépendamment des ramées sous lesquelles les Juifs étoient obligés de se tenir, ils avoient toujours à la main des branches d'arbres avec leur fruit. La nuit qui suivoit le premier jour étoit une veillée solemnelle; on veilloit encore les autres nuits mais dans la vue de se réjouir; ce qui a fait que Plutarque a comparé cette fête aux Bacchanales. Il paroît que cet auteur regarde cette fête comme une suite de celle des expiations & comme un temps de jeûne & de tristesse suivi de licence & de dissolution (10). On a

___

(10) Plutarch. Propos de table, Liv. IV. §. 6.

accusé Plutarque d'avoir calomnié les Juifs. Cette accusation seroit fondée si les Juifs n'avoient souvent violé ou outré leurs loix, & s'ils n'y eussent jamais joint des usages étrangers; on veut toujours juger les Juifs d'après leur Législation, la pratique par la théorie, c'est le moyen de toujours juger mal. Plutarque ne connoissoit point leur loi, mais il pouvoit connoître leurs pratiques; d'ailleurs on ne peut lui faire un crime d'avoir comparé aux Bacchanales une fête qui tomboit dans la saison des vendanges, & il a dû juger que cette fête étoit la plus solemnelle des Juifs par la quantité de victimes qu'on sacrifioit & par les divertissemens dont elle étoit accompagnée (11). La fête d'Ombes chez les Egyptiens étoit à la fois une Bacchanale & une fête des Tabernacles; les tables étoient dressées dans les temples & dans les rues sous des feuillages où l'on demeuroit pendant sept jours & sept nuits à chanter, à danser & à se battre. Les Juifs indépendamment des usages prescrits par leur loi, en ont ajouté d'autres; c'est ce que nous avons déja prouvé en parlant de l'effusion des eaux de Siloë, usage commémoratif du déluge, qui n'étoit point d'institution Mosaïque, & qui étoit déplacé aux fêtes des ta-

---

(11) Juvenal, Satyre XV. vs. 41.

bernacles, puisque cette cérémonie expiatoire eût mieux convenu au jour des expiations. Nous ne répéterons point ici ce qui a été dit du cri funèbre d'*Hosanna*, qui nous prouve que la fête des tabernacles étoit devenue un mélange confus de réjouissances & de tristesse, par l'oubli où on étoit tombé de l'esprit primitif qui avoit présidé à l'institution de toutes les fêtes, & qui malgré le soin des Législateurs perçoit toujours quelque part. La partie lugubre de la fête avoit pour objet les malheurs passés & futurs du monde; la partie gaye telle que les ramées & les berceaux de verdure indiquoient le renouvellement de la nature; les festins comme dans les Saturnales, représentoient le genre de vie des ancêtres & le regne du Dieu futur attendu par toutes les nations.

La Pentecôte qui arrivoit à la moitié de Mai, ne peut être regardée que comme une fête cyclique, elle venoit sept fois sept jours après la Pâque.

Les Juifs avoient encore au 25 de Kasleu une fête de verdure, semblable à celle des tabernacles; elle duroit huit jours, nous avons dit ailleurs qu'elle se nommoit aussi la *fête de la dédicace*, parce qu'on la célébroit en mémoire du rétablissement du temple par Judas Macchabée, & du feu sacré rallumé. La saison de cette fête qui tombe vers les solsti-

-se d'hiver & par conséquent vers le renouvellement de l'année naturelle, pourroit en faire soupçonner les vrais motifs, qui paroissent plutôt astronomiques qu'historiques.

Au mois de Mai appellé par les Grecs *Scirophorion* on célébroit une fête appellée *Scirophorie* ou fête des pavillons, parce qu'à Athenes on portoit solemnellement des tentes ou pavillons sur les statues des Dieux. On dit que cette fête avoit assez de rapport à celle des tabernacles chez les Juifs (12). Sparte avoit une fête des tentes dite *Episcenie*. Nous avons parlé ailleurs de la fête de Delphes que l'on célébroit tous les neuf ans en mémoire de la victoire d'Apollon sur Python, dans laquelle on élevoit un berceau de verdure que l'on détruisoit ensuite. La grande fête de *Pyanepsie* célébrée chez les Grecs à la fin d'Octobre en l'honneur d'Apollon, étoit aussi une fête de verdure, ainsi que les *Thargelies* célébrées six mois après en l'honneur du même Dieu au mois d'Avril. Je ne répete point ici ce qui a été déja dit des bocages que les Romains élevoient sur les bords du Tibre en l'honneur d'*Anna Perenna*. Je dirai seulement que ces verdures & ces berceaux ont été originairement un usage cyclique & un sujet de réjouissances. C'est de-là qu'est venu l'usage

(12) Dictionn. Mythologique.

de planter le Mai, & de donner des fleurs & des bouquets aux anniversaires des naissances.

Je ne ferai plus qu'une réflexion sur la fête des tabernacles des Juifs ; elle étoit précédée de six semaines de préparation de même que celle d'*Anna Perenna* à Rome ; il paroît de-là que les usages de l'année Paschale des Chrétiens & du temps de Carême qui précede cette fête sont un mélange des usages de ces deux anciens peuples, car les Juifs ne se préparoient point pour leur Pâque comme pour la fête des tabernacles.

VI. Jettons maintenant la vue sur les fêtes solaires de quelques anciens peuples, & commençons par les Egyptiens. En Egypte, en Syrie & en Phrygie nous voyons que le déclin des saisons se célébroit par des usages lugubres, & que le retour du soleil donnoit lieu à des réjouissances. Les Osiris, les Adonis, les Atys que l'on pleuroit n'étoient que le soleil placé dans la moitié inférieure des douze signes du Zodiaque, & c'étoit ce soleil renaissant, ressuscité, rentré dans les signes supérieurs & se rapprochant de l'hémisphère Septentrional, qui faisoit qu'on se livroit à la joie ; en Egypte, en Phénicie, en Phrygie les fêtes de réjouissance étoient pour le printemps, & les fêtes de tristesse pour l'hiver (13).

---

(13) *Macrob. Saturnal. Lib. I. cap.* 21.

par ses Usages. Liv. V. Ch. II. 151

Voici l'ordre des mois chez les Egyptiens, *Tybi* répondoit à Janvier, *Melchir* à Février, *Phamenoth* à Mars, *Pharmuthi* à Avril, *Pachon* à Mai, *Payni* à Juin, *Epiphi* à Juillet, *Missori* à Août, *Thot* à Septembre, *Paophi* à Octobre, *Athyr* à Novembre, & *Choiac* à Décembre.

Le 28 de *Paophi* qui répond au 19 d'Octobre, on célébroit en Egypte la fête des *bâtons du soleil*, parce qu'il commence à perdre sa force après l'équinoxe d'automne. Le 17 d'*Athyr*, qui répond au 13 de Novembre, on célébroit une fête qui duroit quatre jours, à l'occasion des vents Etésiens qui étoient cessés & du Nil qui s'étoit retiré ; on disoit alors qu'Osiris disparoissoit. Les Prêtres passoient ce temps à pleurer ; toutes leur cérémonies étoient tristes & lugubres, ils exposoient alors le bœuf Apis, couvert d'un tapis noir à la dévotion du peuple ; on donnoit encore pour motif de ces usages que le jour étoit alors plus court que la nuit, que les arbres perdoient leurs feuilles & que la terre étoit nue & dépouillée. La nuit du 19 au 20 tout le monde alloit en cérémonie à la mer pour y puiser avec un vase d'or de l'eau que l'on répandoit dans le cercueil d'Osiris, après quoi il s'élevoit un cri subit que ce Dieu étoit retrouvé. Au jour du solstice d'hiver on célébroit la fête des couches

G 4

d'Isis & de la naissance d'*Harpocrate*, on offroit des fèves à ces deux Divinités (14). Le lendemain de l'équinoxe du printemps on célébroit la fête d'Isis relevée de ses couches. A la nouvelle lune de *Phamenoth* ou de Mars on célébroit l'entrée d'Osiris dans la lune, c'est-à-dire on se réjouissoit des signes de fécondité que la terre commençoit alors à donner.

Chez les anciens Perses le nouvel an s'appelloit le grand *Neuruz* que l'on place à l'équinoxe du printemps; cette fête duroit six jours que l'on passoit en réjouissances. Le Roi recevoit alors les présens & les hommages de tous les ordres de l'Etat; il distribuoit des graces & faisoit ouvrir les prisons. Le Monarque entre autres cérémonies disoit: *Voici le nouveau jour du nouveau mois, de la nouvelle année d'un nouveau temps; il faut que tout se renouvelle*; ensuite il bénissoit les grands & distribuoit les présens qu'il avoit reçus. Cette fête étoit celle d'*Orosmade* ou du bon principe. Le 17 du premier mois les Mages commençoient à réciter leur *Zemzemma*, ou liturgie devant le feu sacré. Le petit *Neuruz* se célébroit à l'équinoxe d'automne; il duroit aussi six jours : c'étoit la fête de Mithras, elle commençoit au 16 de *Mehir*, qui est le

(14) *Plutarch. in Iside & Osiride.*

nom de l'ange qui préſidera au jugement dernier (15).

Quoique chez les Perſans modernes, ainſi que chez les Arabes & les Turcs, l'année ſoit lunaire depuis Mahomet, les Perſans ne laiſſent pas de célébrer un nouvel an ſolaire, placé au temps où le ſoleil entre dans le bélier, premier des ſignes du Zodiaque; c'eſt un uſage que le Mahométiſme n'a jamais pu déraciner.

L'année des Bramines Indiens commence à la nouvelle lune d'Avril, mais le jour du nouvel an eſt la fête du ſoleil, il eſt placé au 9 de Janvier. Dans le Royaume de Calicut, au mois de Décembre les Bramines donnent une abſolution générale au peuple. A la Chine on célèbre par des viſites les dix derniers jours du dernier mois de l'année & les vingt premiers du nouvel an : c'eſt un temps de vacance, toute affaire ceſſe, & les tribunaux ſont fermés. On commence l'année à la nouvelle lune, la plus proche du quinzième dégré du Verſeau, ce qui répond au commencement de Février, c'eſt alors que le printemps arrive pour les Chinois; auſſi le ſigne du Verſeau s'appelle dans leur langue *réſuri*

---

(15) *Hyde de religione Perſarum*, cap. XIX. Mémoires de l'Académie des Inſcript. Tom. XVI. p. 233. Biblioth. Orient. d'Herbelot, aux mots *Ormoz & Giamſchid*.

rection du printemps. C'est au nouvel an que l'Empereur fait un sacrifice solemnel au Souverain du ciel. Le premier jour de l'année est sérieux pour les Chinois, ils ne reçoivent personne chez eux de peur qu'on n'emporte leur bonheur, mais le lendemain est remarquable par le bruit que l'on y fait, l'air retentit du son des cloches, des trompettes & de l'artillerie. C'est le 15e. jour après celui du nouvel an que l'on célèbre la fameuse fête des lanternes, c'est-à-dire à la premiere lune (16).

Au Japon l'année se renouvelle entre le solstice d'hiver & l'équinoxe du printemps; elle commence à la nouvelle lune qui suit le 5 de Février; ainsi ce jour varie comme celui de Pâque parmi nous. Le premier jour de l'an est la fête la plus solemnelle des Japonois: on s'y fait des visites, des présens & des complimens; cette solemnité dure pendant trois jours (17).

A Siam on célèbre les 15 premiers jours de l'année; pendant les trois premiers les tribunaux sont fermés, & l'on ne se donne pas même la peine de mener paître les bestiaux. Les Siamois commencent leur année à la nou-

_____
(16) Du Halde, Hist. de la Chine, Tom. III, p. 242. Hist. Génér. des Voyages, Tom. VI, p. 162, 394. Tom. V. p. 514.
(17) Kempfer. Liv. III. Chap. 3.

velle lune la plus proche de l'équinoxe du printemps; les trois derniers jours de l'année on tire des coups de canon dans le palais du Roi pour en faire sortir le diable, afin qu'il n'empêche point l'année de commencer heureusement (18).

Au Tonquin le nouvel an commence à la nouvelle lune la plus proche de la fin de Janvier. Il est solemnisé pendant 12 jours, dont le premier, comme à la Chine, est consacré à la tristesse & à la retraite, les autres sont destinés à la joie, aux visites & aux plaisirs. Les affaires cessent, les débiteurs sont à l'abri des poursuites, & les malfaiteurs eux mêmes sont impunis (19).

Chez les Gaulois c'étoit au mois de Décembre qu'ils appelloient *sacré*, que les Druides alloient avec beaucoup de solemnité cueillir le guy de chêne; le Prince des Druides vêtu de blanc, le détachoit avec une serpe d'or, les autres Druides le recevoient avec respect à cause des vertus merveilleuses & divines qu'on lui attribuoit. Au jour de l'an on le distribuoit au peuple en Etrennes comme une chose sacrée en criant *à Guy l'an neuf*, pour annoncer la nouvelle année. Au solstice d'hiver toutes les nations Celtiques célébroient

―――――――

(18) Hist. des peup. modern. Tom. III. p. 295. Mém. de l'Acad. des Scien. Tom. VII. p. 769.
(19) Tavernier, Voyages, Tome V.

le retour du soleil. Pline dit que les Druides cueilloient le guy au sixieme jour de la lune de Décembre (20).

VII. Nous ne pousserons pas plus loin nos recherches; les usages de tous les peuples du monde expliqués les uns par les autres, ramenent constamment les fêtes solaires à l'esprit primitif; chaque déclin d'année devoit rappeller aux hommes que le monde avoit été autrefois détruit & bouleversé, qu'il devoit encore être détruit de nouveau, que cette fin seroit peut-être là même que celle du période qui alloit se terminer, & qu'il falloit s'y préparer en appaisant la Divinité. Ce plan étoit conforme aux idées religieuses des hommes échappés aux malheurs de la terre; mais l'abus qu'on en fit tant en bien qu'en mal l'avoit enséveli chez tous les peuples sous un amas monstrueux de fables & de chimeres; malgré les précautions des Législateurs, malgré le secret des mysteres cet esprit conservé par les usages se décela toujours. C'est ainsi que les religions modernes ont réveillé & pour ainsi dire ressuscité cet esprit primitif proscrit par la police des anciens; elles ont parlé à découvert du sort de l'univers qu'on avoit

(20) Mémoires de l'Acad. des Insc. Tom. XIX. p. 487. Pline, Liv. XVI, Chap. 44. Dictionn. Mythol. au mot *Guy*. Dictionn. de langue Bretonne *Eginat*.

pris tant de soin de cacher aux nations. Le Christianisme en particulier nous en offre un exemple dans les leçons utiles qu'il nous donne annuellement en nous préfentant le tableau de la fin des temps à la fin de chaque année; l'Avent est un temps de tristesse qui nous prépare à un temps de joie, en mémoire de la naiſſance du Sauveur. Les instructions fages que l'Eglife donne en ce temps & qui accompagnent la perfpective funebre de la fin du monde, rendent ces peintures de l'avenir moins dangereuſes à nos fociétés modernes qu'elles ne l'étoient pour les nations anciennes. Cependant il faut avouer qu'il est encore un grand nombre d'efprits, ou trop foibles, ou trop exaltés, pour qui ces tableaux devroient être voilés. Ils infpirent à quelques cerveaux plus d'idées noires & mifantropiques que d'idées religieuſes, & leur fanatiſme les rend fouvent nuifibles à eux-mêmes & aux autres; c'est de-là que font venus les égaremens fi communs dans pluſieurs fiecles de l'Eglife & inconnus des anciens. L'homme est tellement fait pour fuivre fa religion & pour l'aimer qu'il plie fon humeur & fon caractere à tout ce qu'elle ordonne; il fera gai avec une religion gaie, il fera triste avec une religion triste; il lui fubordonne fon bonheur, & s'en rapporte à elle fur ce qui l'intéreſſe le plus. La religion est faite pour rendre les hommes heureux, elle le peut; c'est à ses ministres à sentir qu'ils sont responsables envers Dieu non seulement du bonheur futur, mais encore du bonheur présent des peuples dont ils ont la confiance. Ils doivent songer que si les anciens ont été trompés sur leur bonheur présent, il seroit aussi vicieux de tromper les modernes sur leur état actuel & sur leur état futur. Chacun de ces deux états doit avoir ses justes bornes; ce seroit un crime contre le genre humain que de troubler & inquiéter sans cause le bonheur dont il doit jouir sur la terre.

VIII. Avant de terminer ce chapitre il faut encore dire quelque chose des fêtes des saisons. Les nations ont toutes célébré la fin & le renouvellement de l'année; mais l'année, ainsi que le jour & le mois, a des phases. Le période annuel se divise naturellement en quatre autres périodes que l'on nomme saisons; voilà l'origine des fêtes des saisons. Chaque différente position de la terre à l'égard du soleil a donné lieu à une instruction sur les vicissitudes de la nature; d'ailleurs on a regardé le printemps comme la naissance & l'enfance de l'année, l'été comme sa jeunesse, l'automne comme son âge mûr, l'hiver enfin comme sa vieillesse. Le printemps & l'été ont été regardés comme le jour de l'année, l'automne & l'hiver comme sa nuit ; c'est relativement à cette derniere façon d'envisager les choses que tant de nations guidées par un esprit funebre, ont commencé leur année ainsi que leur jour au déclin du soleil, c'est-à-dire vers l'équinoxe d'automne.

» Comme c'est avec le progrès des saisons, que s'avancent les fruits de l'agriculture, chaque commencement de saison devenoit pour les hommes un motif de prier & de louer la Divinité selon la position des climats, & les offrandes suivirent la saison. Au printemps on offroit les prémices, en été on offroit des gerbes, en automne des fruits : en hiver on prioit pour le succès des semences & l'on demandoit le retour du soleil. Chez des hommes inquiets & troublés par la terreur, comme nous avons vu partout les anciens habitans de la terre, ces usages étoient accompagnés d'idées lugubres & de craintes. Plutarque nous dit qu'en Egypte à chaque renouvellement de saison on pleuroit sur les fruits de la terre. » On ensévelit Osiris, dit-il, quand on cou- » vre la semence ; quand elle germe, Osi- » ris ressuscite » (21). Ce langage ainsi que les exemples que nous avons rapportés ailleurs, prouve que les fêtes d'agriculture & des saisons rappelloient des idées funebres.

(21) *Plutarch. in Iside & Osiride.*

La plûpart de ces fêtes avoient des motifs tristes que l'on expliquoit par les fables & les allégories d'Osiris, d'Adonis, d'Atys, de Bacchus, de Cérès, de Proserpine, &c. Les opérations de la nature exprimées dans un langage figuré, étoient la source de ces fables; le déclin d'une saison faisoit célébrer la mort d'Adonis; & le lendemain on célébroit son retour à la vie; c'est dans le même esprit qu'on célébroit la naissance de quelque Dieu & l'enfantement de quelque Déesse comme Isis ou Latone, &c.

Les anciens ont eu une multitude de fêtes sorties de l'usage de solemniser la fin & le retour des saisons; elles se sont multipliées chez eux sous différentes formes & sous différens noms, par les variations arrivées dans leurs années, & surtout par l'oubli où ils sont tombés des motifs primitifs; mais je laisserai à d'autres le soin de parcourir ce champ si vaste & d'examiner ces fêtes en détail. Il suffit de rappeller ici que toutes ces solemnités avoient un ton lugubre dans quelqu'une de leurs parties; c'étoit, suivant Varron, en mémoire de ce que la terre avoit été frappée de stérilité que l'on invoquoit dans ces fêtes Isis, Cybele ou Cérès (22). Ho-

_____
(22) *Apud Augustinum, de Civitate Dei, Lib. VII. Cap. 20.*

race nous montre que le sacrifice qu'on faisoit à la terre, à Sylvain & aux Génies après la moisson, étoit fait pour rappeller la brièveté de la vie (23). Chez les Siciliens les fêtes d'agriculture & des saisons avoient pour objet de représenter la vie simple & primitive des anciens habitans de la terre. Enfin chez un peuple moderne que l'antiquité de ses usages doit faire placer au rang des anciens, l'Empereur de la Chine sacrifie au temps vrai des deux solstices & des deux équinoxes; ces fêtes sont précédées dans tout l'Empire de trois jours de jeûne pendant lesquels on ne mange ni viande, ni poisson; les tribunaux sont fermés, & toutes les affaires sont suspendues (24).

IX. C'est de ces anciens usages & de cet esprit lugubre qui les a fait naître, que procedent chez les Chrétiens Grecs & Ethiopiens les quatre Carêmes qu'ils observent rigoureusement chaque année. Il est vrai que ces longs jeûnes ne sont plus placés aux temps astronomiques, mais comme ils ont pour objet de se préparer aux quatre grandes solemnités an-

---

(23) *Memorem brevis avi.* V. Horatii Epistol. Lib. II, vs. 144.
(24) Du Halde, Hist. de la Chine, Tom. III, p. 7. Hist. Génér. des Voyages, Tom. VI, p. 34 & 322.

nuelles, cela doit suffire pour nous faire découvrir leur origine.

Nos *Quatre-temps* que quelques-uns regardent comme un usage nouveau & particulier à l'Eglise Romaine, ne sont qu'un usage renouvellé. Ces jours de jeûne, dans l'esprit de leur institution, devroient tomber exactement aux veilles des solstices & des équinoxes. Autrefois l'Eglise fixoit les Quatre-temps à la premiere semaine de Mars, à la seconde de Juin, à la troisieme de Septembre, & à la quatrieme de Décembre (25). Cette distribution est remarquable par la singularité du système ; il semble qu'il eût été plus naturel de suivre le système astronomique : nous nous sommes plus rapprochés de la nature par les Quatre-temps d'automne & d'hiver, qui sont actuellement fixés près de l'équinoxe & près du solstice ; mais nous nous en écartons pour les Quatre-temps du printemps & de l'été ; car au lieu de les célébrer en Mars & Juin d'une maniere invariable, ces jeûnes sont mobiles, & souvent placés vers le milieu de Février & de Mai. Je ne devine point quelle peut être la cause de cette bizarrerie qui seroit très-facile à corriger. Les Quatre-temps placés en Mai ne sont qu'un double emploi du jeûne qui précede la fête cy-

―――――――――――
(25). Glossaire de Du Cange, au mot *Jejunium*.

clique de la S. Jean d'été ; les Quatre-temps placés en Février devroient se perdre dans le carême, qui n'est lui-même qu'un des Quatre-temps, plus long que les autres à la vérité, parce qu'il prépare au retour du printemps & à celui de l'année Paschale, ainsi les Quatre-temps ne sont que des carêmes ; aussi les Ethiopiens & les Grecs en font quatre. Notre carême est précédé d'un temps que l'on nomme *Carnaval* ; c'est une solemnité célébrée à la maniere dont les Payens célébroient leurs Bacchanales, & qui, comme elles, a eu dans son origine des motifs tristes & lugubres, comme nous l'avons fait voir en beaucoup d'endroits, & qui peu-à-peu s'est changée en licence & en dissolution. Quoique le peuple n'ait jamais entendu parler ni d'Osiris, ni de Bacchus, ni d'Adonis, il ne laisse pas encore de faire les funérailles du *Mardi-gras*.

CHAPITRE III.

Des Fêtes Lunaires ou du mois, ou des Fêtes qui dépendent du cours de la Lune. Des Néoménies, ou Fêtes de la nouvelle Lune, du Sabbat, &c.

I. Chez presque tous les anciens peuples, le cours de la lune a d'abord servi à régler l'ordre des fêtes, & dans ce sens toutes les fêtes de l'année étoient lunaires. J'appelle ici *fêtes lunaires* les quatre solemnités du mois primitivement indiquées par les phases de la lune. L'année primitive a toujours été composée de douze mois, on avoit seulement soin d'en intercaler un treizieme, tantôt à la troisieme, tantôt à la cinquieme année, afin de maintenir l'ordre des mois & des fêtes dans les saisons auxquelles ils avoient rapport, & dont ils se seroient écartés sans cela, par ce moyen on faisoit toujours ensorte que l'année recommençât avec une nouvelle & une pleine lune; il en étoit de même des saisons autant que la chose étoit praticable. L'année Ecclésiastique & l'année civile des Hébreux étoient fixées par les nouvelles lunes; cependant il falloit que l'une commençât avec le printemps, & l'autre avec l'automne. On voit de même dans Plutarque, les fêtes d'Osiris, d'Isis & d'Horus, quoique fêtes annuelles & solaires, déterminées par les apparitions, les conjonctions & les oppositions de la lune. Les Chinois commencent leur année à la nouvelle lune la plus proche du quinzieme dégré du Verseau ; dès les plus anciens temps c'étoit à la nouvelle lune la plus proche du solstice d'hiver (1). Les Japonnois commencent leur année à la nouvelle lune qui précede ou suit le 5 de Février. Avant Mahomet, les années & les mois des Arabes étoient solaires, & les mois tomboient toujours dans les mêmes saisons ; depuis ce législateur, leurs années & leurs mois sont devenus lunaires, & parcourent toutes les saisons. Ils supposent la fuite de Mahomet, ou ce qu'ils nomment l'*Hégire*, arrivée le premier du mois de Moharram, quoiqu'elle soit arrivée le premier du mois Rabi. L'année actuelle des Mahométans est de 354 jours.

Je ne parle point ici de tous les autres peuples. On voit que chez les anciens, la lune est toujours entrée dans le plan de leur année solaire ; il leur étoit sans doute difficile de concilier les mouvemens de ces deux astres ; aussi les peuples qui avoient des connoissances

(1) Mémoires de l'Académie, Tom. XVIII, p. 183.

astronomiques, étoient perpétuellement occupés à travailler pour maintenir l'ordre solaire des fêtes lunaires; & les peuples qui n'eurent que peu ou point d'astronomie, comme les Grecs & les Romains pendant un certain tems, tomberent dans la confusion que nous avons fait remarquer, & leurs fêtes furent dans le plus grand désordre. C'est au peu d'expérience des Occidentaux anciens dans l'astronomie qu'il faut attribuer la non-observation de la semaine, non que ces peuples ne l'ayent eue originairement, mais parce que vraisemblablement s'étant longtemps servis de ce cycle incomplet sans précaution, & leurs fêtes s'étant par conséquent à la fin écartées, & du cours de la lune & du cours du soleil, ils auront suppléé à ce défaut par quelques observations particulieres & grossieres, qui, sans remédier à l'ancienne confusion, ne firent pas moins perdre de vue l'ancien usage. On peut remarquer que chez les peuples astronomes qui ont conservé le mieux l'ordre de la semaine, cette semaine, conservée comme un ancien usage, n'entroit plus pour rien dans leurs calculs. Les Chinois chez qui l'on a trouvé une semaine dont les jours étoient, comme en Egypte, nommés d'après les sept planetes, n'en font presqu'aucun usage, mais ils se servent du cycle de 15 & de 60 jours. Les Japonnois qui observent la semaine plus régulièrement), & qui ne donnent à leurs mois que 28 jours, sont de très-pauvres astronomes. Peut-être est-ce le respect que les Juifs ont eu pour la semaine qui a rendu ce peuple si ignorant en astronomie ; l'imperfection de ce cycle répondoit à l'ignorance des sociétés naissantes, dépourvues de toutes connoissances & de toute observation.

Des auteurs ont prétendu que tous les anciens peuples ont fait un usage régulier de la semaine ; on a fait de gros ouvrages pour le prouver, cependant la chose est encore en problême ; il y a lieu de croire que la plûpart des anciens s'étoient déjà fort écartés de cet antique usage, & que si depuis la captivité les Juifs en ont été rigides observateurs, il n'en avoit peut-être pas été de même ni sous la Théocratie, ni sous les Rois ; leur penchant pour l'idolâtrie leur fit souvent & long-temps négliger leurs Jubilés, leurs Pâques & leurs Sabbats. Il est certain que les Juifs ayant enfin été dispersés, & le Christianisme né dans leur contrée, s'étant répandu dans tout l'Empire Romain, la semaine dut insensiblement passer en usage & l'on commença à s'en servir publiquement l'an 150 de notre Ere. On a lieu de croire que la semaine étoit beaucoup mieux observée en Orient, c'est-à-dire chez les Chaldéens, les Assyriens, les Egyptiens, les Sabiens, les Arabes, les Indiens

& les Perses ; cependant on a des preuves pour & contre, ce qui indique que l'usage a varié avec les temps ; aujourd'hui nos voyageurs ont trouvé la semaine connue & plus ou moins observée chez tous les peuples d'Asie où ils ont pénétré.

II. Nous ne considérons point ici les fêtes lunaires du mois sous l'aspect vulgaire, mais sous l'aspect primitif de la religion des premiers hommes, c'est-à-dire comme des fêtes dans lesquelles à l'occasion du renouvellement de la lune, de ses déclins & de ses phases, on s'entretenoit toujours d'idées funebres & apocalyptiques, suivies de réjouissances & de jeux. Ainsi il nous importera peu que ces fêtes soient ou non espacées de sept jours en sept jours; nous examinerons l'esprit de la fête sous tel quantieme qu'elle se trouve, & par l'esprit des usages observés, nous jugerons de combien ces fêtes s'écartoient quant à leur position, du principe primitif que cet esprit lui-même nous fera découvrir.

Le mois lunaire a indiqué quatre fêtes dont la premiere a rapport à la nouvelle lune, la seconde à son premier quartier, la troisieme à son plein, & la quatrieme à son dernier quartier, ou à son déclin. Voilà l'esprit primitif qui avoit placé les fêtes de sept jours en sept jours, ordre dont on s'est plus ou moins écarté à proportion des connoissances que les

hommes

hommes ont acquises en astronomie, ou du plus ou moins de respect qu'ils ont eu pour l'usage. Mais l'occasion de ces quatre fêtes étoit tellement réglée par les phases lunaires, qu'il y a des peuples qui, sans s'embarrasser du cycle de sept jours, n'en célèbrent pas moins les phases lunaires aux jours où ces phases arrivent. Au Mexique, où l'année étoit composée de 18 mois de 20 jours chacun, chaque mois étoit divisé en quatre parties ou semaines de cinq jours, dont le premier étoit une fête réglée (2). Voilà un exemple qui nous montre comment on s'est écarté de l'esprit primitif, même en voulant le suivre. Les Siamois, au contraire, ont dans chaque mois quatre fêtes, aux quatre principales phases de la lune, celles de la nouvelle & de la pleine lune sont les plus solemnelles. Ce sont, en effet, les phases que la nature distingue d'une façon plus marquée des autres, qui ont toujours été les sujets de la plus grande solemnité chez les peuples anciens & modernes ; la nouvelle lune a même obtenu le pas sur la pleine lune, & plusieurs n'ont fait aucune attention aux quartiers ; ceux qui n'ont solemnisé que les deux phases principales n'ont eu par mois que deux fêtes espacées, tantôt de 14, & tantôt de 15 jours.

(2) Histoire Génér. des Voyages, Tom. XII. p. 530.

Ceux qui ont célébré les trois premieres phases, & qui ont négligé la derniere, les ont ordinairement célébrées de sept en sept jours, mais la méthode a dû varier pour ceux qui ayant observé de sept en sept jours les trois premieres phases, ont aussi voulu observer la quatrieme au bout de sept autres jours ; en effet, il devoit arriver de-là que la quatrieme semaine devoit être tantôt de 8 & tantôt de 6 jours, c'est-à-dire d'une semaine de sept jours intercalée d'un ou de deux jours pour atteindre la nouvelle lune suivante. Nous n'avons aucun vestige de ce dernier usage, mais il a été d'une nécessité si indispensable chez les peuples qui ont voulu se servir constamment de semaines de sept jours sans s'écarter des phases lunaires, que malgré le silence de l'histoire, il faut croire qu'ils ont eu recours à ces intercalations hebdomadaires, soit tous les mois, soit au moins toutes les saisons. C'est, sans doute, la difficulté qu'il y avoit d'ajuster cette derniere semaine, qui a fait que la plûpart des nations ont négligé la fête du dernier quartier, & que la plûpart d'entre elles n'ont eu aucune fête depuis la pleine lune jusqu'à la nouvelle. On peut remarquer dans nos Calendriers que les trois premieres phases de la lune sont presque toujours espacées de sept jours, & que la quatrieme occupe toujours 8 ou 9 jours. Selon Hyde, les anciens Perses ne faisoient point usage de la semaine; ainsi que les Grecs, ils divisoient leur mois en trois espaces; cependant cet auteur remarque chez eux les vestiges d'un autre usage que voici : chaque jour du mois portoit chez les Perses le nom d'un ange : mais on remarque qu'à certains jours le nom des Dieux étoit joint à celui de l'ange : ces jours étoient le 1, le 8, le 15 & le 23. Hyde a raison de les appeler les *sabbats des Mages*; par où l'on voit que leur mois étoit composé de deux semaines de sept jours, & de deux autres de huit jours, & que le 1, le 8, le 15 & le 23 étoient les premiers jours de chacune de ces semaines : cette division étoit digne d'un peuple éclairé qui étudioit l'astronomie, & qui ne suivoit pas en aveugle les anciens usages; parce qu'il connoissoit le principe du cycle de 7 jours, & il avoit trouvé le moyen d'empêcher que ce cycle n'anticipât sur les mois (3).

Une seconde raison s'est jointe à cette difficulté du calcul, c'est l'idée qu'il paroît qu'ont eue les peuples sur le temps du décours de la lune qu'ils ont regardé comme un temps funeste & malheureux. Cette idée tenoit au système général & à l'esprit du cyclisme apocalyptique qui avoit infecté les nations. Nous avons dit en parlant du période journalier, qu'après l'heure de midi, les Romains ne prenoient

---

(3) *Hyde de religione Persarum*, cap. XIX.

plus les augures ; ils observoient la même chose par rapport au temps qui suit la pleine lune, qui est comme le midi de cet astre ; après les Ides, ils ne prenoient plus les augures à cause du décours. La derniere semaine de chaque mois est encore réputée malheureuse à Madagascar. Les Tartares n'aiment à commencer leurs entreprises que le 1 & le 15 des lunes. Au Tonquin, on va saluer l'Empereur le 1 & 15 de la lune. Aristophane dit que le plus abominable des jours est celui de la vieille & de la nouvelle lune, ce qui doit s'entendre, non du jour de la nouvelle lune, qui de son temps étoit universellement reconnue pour une fête de joie, mais de la veille, qui est le dernier jour de la lune précédente. Les derniers jours de la lune sont encore des jours de crainte pour la plûpart des Juifs, ils jeûnent un jour ou deux avant son retour (4). Les Natchez, peuple sauvage de la Louisiane, offrent régulièrement à la lune dans son déclin, des mets délicats pour l'engager à revenir. Les Japonnois qui célèbrent le 1 & le 15 de la lune, ne célèbrent point ses quartiers, mais ils célèbrent le 28 ; cependant Kempfer nous dit qu'on fait peu de cas de cette fête, qui n'est solemnelle que pour les adorateurs d'Amida, que nous

---

(4) Cérém. Relig. Tom. IV. & VII. Basnage, Liv. IV. chap. 4. Histoire Générale des Voyages, Tom. VII. & IX.

avons dit ailleurs être un emblème chronique du Dieu de la fin des temps, & dont les sectateurs sont des fanatiques; mais nous allons voir d'une façon plus étendue les usages funèbres qui ont rapport au décours de la lune; nous examinerons la *Néoménie*, dont la solemnité mêlée d'idées funèbres & gayes comme toutes les autres fêtes, nous présente des contrariétés qu'on n'a pû comprendre jusqu'ici, faute d'avoir connu l'esprit lugubre & apocalyptique qui a fait la base de toutes les institutions de la premiere antiquité.

III. La *Néoménie*, ou fête de la nouvelle lune, étoit d'un usage presque universel chez les peuples de l'Amérique. Suivant Coréal, les Moxes, vers la nouvelle lune, sortent de leurs villages dès le point du jour, & marchent en silence vers une colline voisine; lorsqu'ils y sont arrivés, ils jettent des cris affreux sous prétexte d'attendrir le cœur de leurs Divinités; toute la journée se passe à jeûner & à crier lamentablement; mais aussi-tôt que la nuit commence, les assistans se livrent à la joie: les prêtres se coupent les cheveux, ce qui pour eux est un signe d'allégresse, & s'enivrent au son des instrumens; le peuple imite leur exemple, & passe la nuit à danser, à chanter & à boire; ces extravagances finissent souvent par des combats dans lesquels ces pauvres insensés se font des blessures cruelles, & vont jusqu'à se se tuer (5). On voit par ce récit que cette fête a deux parties, l'une triste & inquiete, l'autre joyeuse & turbulente. Les Mexicains & les Péruviens célébroient aussi la Néoménie, & les Caraïbes faisoient ce jour-là un grand bruit & des hurlemens.

En Afrique, les habitans du Cap de Bonne Espérance célèbrent par des fêtes le renouvellement & le plein de la lune ; la cérémonie dure toute la nuit avec un grand fracas ; & l'on y donne des signes de terreur & de joie. Les Negres saluent la nouvelle lune dès qu'ils la voyent paroître, & demandent au ciel que leurs richesses puissent augmenter avec les quartiers de la lune ; cependant ils cessent tout travail ce jour-là, & ne permettent point aux étrangers d'entrer chez eux, parce que c'est un jour de sang. Ceux d'Angoy, à la nouvelle lune, peignent leurs idoles en rouge, saluent la lune à genoux, & demandent que leur vie puisse se renouveller comme elle. Les Caffres se font ce jour-là une croix rouge sur le front, ce qui paroît être un signe d'expiation (6). Les femmes d'Angola tournent le dos à la lune, parce qu'elles la regardent comme la cause de leurs infirmités périodiques. Au Monomotapa, l'Empereur armé court dans

(5) Coréal. Voyages, Tom. II. p. 362.
(6) Histoire Générale des Voyages, Tom. III. IV. & V.

son Palais comme s'il vouloit combattre, ensuite il régale les Seigneurs de la Cour avec du bled d'Inde ou du Mahis.

Si nous passons en Asie, nous y trouverons divers usages assez analogues à ceux qui viennent d'être rapportés. Les Mingreliens, quoique Chrétiens, tirent l'épée lorsque la lune paroît, & mettent un genou en terre pour la saluer ; cependant ils accusent cet astre de tous les maux qui leur arrivent : c'est d'après ces idées qu'ils restent tous les lundis sans rien faire ; ils s'abstiennent même de puiser de l'eau, qu'ils croyent infectée ce jour-là. Dans l'Isle de Java, le peuple pousse des cris de joie à la nouvelle lune : à Bengale, elle est reçue par des battemens de mains, des acclamations & danses: Les Bramines Indiens aux nouvelles lunes font sortir des pagodes les statues de quelques-uns de leurs Dieux ; tantôt c'est *Vistnou* qui doit détruire le monde, tantôt c'est *Esvara* ou *Ishuren* que l'on croit être le même qu'Osiris. Au reste, aux Indes les nouvelles & les pleines lunes sont précédées d'un jeûne. A la Chine, les nouvelles & les pleines lunes sont consacrées à la mémoire des ancêtres devant les images desquels on allume des cierges : les Bonzes Chinois prient toute la nuit qui les précede. La nouvelle lune arrivée est célébrée par des illuminations & des feux, & quelques-uns courent en furieux avec des torches à la main. Au Japon, le premier jour du mois se passe en félicitations, en visites & en complimens; le peuple Japonnois n'a retenu que la partie gaye de cette fête (7).

IV. Passons maintenant aux Romains. Horace dit : « Si toutes les fois que la lune se » renouvelle vous élevez au ciel vos mains » suppliantes ; si vous offrez aux Lares de » l'encens, des fruits & un porc, vos moissons, » vos vignes & vos troupeaux ne souffriront » aucun mal. » (8). Dans le culte des Lares il est aisé de reconnoître celui que les Chinois rendent à leurs ancêtres morts; il nous montre donc que la Néoménie Romaine étoit en partie funebre; & comme aux Saturnales que nous avons fait voir être une fête lugubre & relative aux fins des périodes, on faisoit une commémoration des Lares, on est en droit de regarder ce culte comme apocalyptique. La Néoménie ne se célébroit à Rome qu'après avoir vu la lune qui ne peut être apperçue que deux jours après son véritable renouvellement; c'étoit le second Pontife qui, ayant observé son renouvellement, l'annonçoit au Roi des sacrifices, & après avoir fait ensemble le sacrifice de la Néoménie, ils appelloient le peuple au Capitole, & lui annonçoient les

---

(7) Cérém. Relig. Tom. V. Kempfer, Tom. I, Liv. III. chap. 3. Lettres édifiantes, T. XV.
(8) *Horat. Od. Lib. III. Od. 17.*

Nones suivantes. La femme du Roi Pontife faisoit de son côté le sacrifice d'une truie, ou d'une brebis à Junon, à qui toutes les Calendes étoient consacrées. La Néoménie étoit aussi un jour d'assemblée pour le Sénat; tous les Sénateurs alors à la ville étoient obligés de s'y trouver, sous peine de payer une amende. Le jour des Calendes étoit réputé malheureux, puisqu'on ne se marioit point ce jour-là; le lendemain étoit plus malheureux encore; d'où l'on voit que la Néoménie Romaine ne présentoit rien moins qu'un aspect riant (9).

Le nom de *Calendes* que les Romains ont donné au premier jour de leur mois, a donné lieu à des disputes; je crois que l'on peut s'en tenir à l'opinion de Macrobe, qui dit qu'originairement au lieu de *Kalendæ*, on disoit *Kaletæ*, qui dérive du mot Grec Καλέω, j'appelle; ce mot dérive lui-même du Phénicien *Kahal*, appeller, convoquer; c'est de ce dernier mot qu'est formé le nom de *Koheleth*, que porte un livre de la Bible, que nous appellons *Ecclésiaste*. Ainsi le mot *Calendes*, ou *Kalendes* signifie jour d'assemblée, ou de convocation.

Chez les Grecs la Néoménie étoit un jour sacré, il étoit consacré à tous les Dieux, &

(9). Macrob. Saturnal. Lib. I. cap. 15; Cicero Epist. ad Atticum Lib. IV. Epist. 12. Aul. Gell. Lib. VI cap. 17.

H 5

surtout à Apollon comme l'auteur de la lumière. On faisoit des sacrifices dans la citadelle d'Athènes accompagnés de vœux pour la félicité publique pendant le cours du mois. Les enfans imploroient les Dieux pour leurs peres ; l'on plaçoit dans les carrefours des tables couvertes de pains pour les pauvres qui les emportoient ; & l'on disoit qu'Hécate les avoit mangés. Depuis un temps immémorial la populace & surtout les femmes étoient dans l'habitude d'aller la nuit hurler dans les carrefours, d'appeller Hécate sept fois, & de chanter des chansons lugubres en mémoire des infortunes de Cérès & de Proserpine ; pour connoître l'esprit de cet usage, voyons ce que c'étoit qu'*Hécate* (10).

Cette Déesse comme toutes les Divinités du Paganisme, n'avoit pas une généalogie bien décidée ; tantôt elle étoit fille d'*Astérie* ou de la Nuit & du Tartare ou de Latone. *Astérie* est le même nom qu'*Esther* & que *Saturne* & signifie, ainsi que *Latone*, celle qui est cachée. L'obscurité de ces filiations d'Hécate ne prévient point pour elle ; & quelle que soit la signification de son nom, elle présente quelque chose de funèbre. On la représentoit ordinairement ainsi que le chien des enfers, avec

---

(10) *Meursius Græcia feriata Lib. V. Aristoph. in Pluto. Fasoldi Hierologia. Decad. 7. & 9.*

trois têtes; dans ses mains elle tenoit un flambeau, un fouet, un glaive & un serpent, ce qui la rapproche encore des trois furies & des trois parques. Cependant le flambeau, le serpent & l'opinion où l'on étoit encore qu'Hécate étoit la lune, nous fait voir que ce monstre étoit un emblême cyclique de l'astre qui porte la lumiere & qui mesure les temps; aussi disoit-on qu'Hécate présidoit à la naissance, à la vie & à la mort, au ciel, à la terre & aux enfers; j'ajouterois encore au passé, au présent & au futur. Hécate étoit donc une Divinité cyclique & dès-lors une puissance terrible qui menaçoit les hommes de destruction; aussi les Platoniciens disoient que cette Déesse, ainsi que Pluton & le chien à trois têtes, ne représentoit que le mauvais principe, que les Perses nommoient *Arimane*. Au reste, suivant les idées du Paganisme, c'étoit une Divinité vengeresse, amie des Euménides, qui tenoit, selon Hésiode, le destin de la terre & de la mer entre ses mains. Elle étoit la souveraine des Magiciens, des songes, des spectres, des phantômes & des terreurs; elle présidoit aux carrefours & aux portes par la même raison que Mercure, le conducteur des morts, présidoit aux chemins, & que tant d'autres Divinités chroniques & cycliques présidoient aux entrées des villes & des maisons; le tout fondé sur ce que la vie n'est qu'un passage, idée très-conforme au génie primitif de l'antiquité. Le vulgaire ne connoissoit cette Divinité que par sa fable, mais pour les gens d'un autre ordre Hécate avoit des mysteres, qu'on célébroit dans l'antre de Zérinthe; ces mysteres avoient, selon les apparences, les mêmes objets que les autres sur lesquels on gardoit pareillement un secret inviolable. Enfin dans le langage mythologique Hécate étoit la Reine des morts & des enfers, la même qui sous le nom de *Proserpine* étoit fille de Cérès & femme de Pluton.

C'est en considérant Hécate sous tous ces différens points de vue que l'on peut démêler l'esprit des Néoménies chez les Grecs; on voit qu'elles devoient être essentiellement lugubres; on y réunissoit la mémoire des morts ou des ancêtres, ainsi que l'indique le *souper d'Hécate*, qui n'a dû être dans l'origine qu'une offrande funéraire que l'on faisoit sur les tombes des morts, auxquels le déclin de la lune faisoit songer comme à la fin de toutes choses. Cependant, ce qui avoit rapport à la nouvelle lune ne devoit point être aussi funebre; puisque le culte s'adressoit alors à tous les Dieux, & surtout au pere du jour, cette partie de la fête devoit être consacrée à la joie; mais chez les Payens, l'ignorance des motifs faisoit confondre tous les usages des fêtes & en a fait un chaos qui est presque devenu impénétrable.

En Phénicie la Néoménie avoit été célébrée de la même manière que l'on vit ensuite en Grece. On dressoit des tables sur les terrasses des maisons, aux portes, aux vestibules & aux carrefours; il est vrai que ce n'étoit pas pour Hécate, mais en l'honneur d'*Astarté* (11), la triste épouse d'Adonis. Si les noms sont différens leur légende est également funebre, & les cérémonies de la Néoménie étoient lugubres & cruelles; s'il en faut croire les commentateurs c'étoit surtout à cette fête qu'en Phénicie on offroit des enfans à Moloch, soit en les jettant dans le feu, soit en les y faisant passer pour les purifier. En effet il y a lieu de croire que les Néoméniens comme toutes les autres fêtes de renouvellement & de déclin, avoient les feux que nous avons vu allumer aux veillées funebres; l'on se servoit de ces feux pour se purifier & se régénérer avec la nouvelle lune; c'étoit-là le motif original de ces cérémonies devenues folles ou cruelles, par l'oubli ou par l'abus des motifs. Le Concile de Constantinople *in trullo*, *Canon* 65, censure les Chrétiens qui, allumant des feux à la nouvelle lune devant leurs maisons, sautoient & passoient par dessus. Les Juifs

(11) Le nom d'*Astarté* ressemble si fort à celui d'*Astérie* mere d'*Hécate*, & à celui de *Saturne*, dont la racine est *Sathar*, cacher, qu'on doit regarder cette Déesse comme une Divinité chronique.

avoient eu cet usage qu'ils avoient empruntés des nations Payennes, & dont l'antiquité prouve assez l'universalité.

V. La Néoménie étoit une des plus grandes fêtes des Hébreux; on le voit par le sacrifice que leur loi les obligeoit de faire ce jour-là; il étoit le même que celui de la Pâque, & par conséquent plus solemnel que celui des Sabbats ordinaires. Le Pseaume 80 présente la Néoménie comme une très-grande solemnité destinée à la joie, aux actions de grace en mémoire de la délivrance de l'Egypte & des maux éprouvés dans le désert, & de l'abondance que Dieu accorda à son peuple. La loi ordonne de sonner de la trompette aux premiers jours des mois, pour que Dieu se souvienne de son peuple; & tout ce que dit le Roi Prophète annonce la gayeté & ne présente aucuns des usages lugubres que nous avons vû pratiquer aux autres peuples à la Néoménie. Les Juifs d'aujourd'hui se préparent à la nouvelle lune par le jeûne; les femmes cessent tout travail parce que cette fête les regarde plus particuliérement que les hommes qui vaquent à leurs occupations ordinaires; ceux-ci vont cependant à la Synagogue où l'on chante les Pseaumes 112 & 117 qui sont des cantiques de louange en mémoire de la sortie d'Egypte. Ils donnent aux temps de la nouvelle lune la préférence pour célébrer leurs mariages (12). La gayeté que l'on voit régner dans les Néoménies des anciens Hébreux, vient peut-être de la réforme que leur Législateur a cru devoir mettre dans les usages antérieurs dont il eut soin de cacher les motifs. Cependant dans le jeûne préparatoire des Juifs & dans les commémorations qu'ils font aux nouvelles lunes des maux dont leurs peres ont été affligés, on peut encore retrouver des traces de cet esprit de tristesse qui s'est identifié avec toutes les fêtes des nations. Les femmes Juives ne regardent la Néoménie comme leur fête, que parce qu'*Hécate* avoit été chez leurs meres la patrone des femmes, comme chez les nations payennes. D'ailleurs la commémoration que les Juifs font du Roi David en ce jour pourroit être fondée sur les mêmes motifs qui faisoient que chez les Grecs Apollon présidoit à cette fête. Dans la mythologie des Rabbins le grand Roi d'Israël tient lieu d'Apollon; ainsi que ce Dieu, David étoit berger, jeune, blond, Prophète & musicien, & avoit triomphé d'un géant & de ses ennemis.

Quoi qu'il en soit, je ne releverai point ici

___

(12) V. Nombres chap. X. vs. 10. XXVIII. vs. 11. & 19. Paralip. Liv. I. 23. vs. 31. & Liv. II. 8. vs. 13. Liv. des Rois I. 20. vs. 24. IV. chap. 4. vs. 23. Cérém. relig. Tom. I. & II. Léon de Modene Liv. III. chap. 2.

l'erreur de ceux qui prétendent que les nations payennes ont emprunté des Hébreux l'usage de célébrer la Néoménie; cet usage devoit être antérieur à la Législation de Moyse; les Néoménies des Juifs avoient même un caractere qui décele qu'elles étoient dérivées d'une Législation qui n'avoit fait que changer & réformer celle qui étoit plus ancienne & plus universelle, & qui dépendoit d'une religion primitive que son ancienneté avoit fait oublier & méconnoître même dans l'antiquité la plus reculée.

VI. La fête de la seconde phase de la lune; c'est-à-dire de son premier quartier, devoit arriver, selon l'ordre naturel, le 8 du mois, & commencer une nouvelle semaine; celle-ci finissant avec le 14e. jour, veille de la pleine lune, auroit, ainsi que la premiere, contenu un jour de fête suivi de six jours de travail. Cet ordre néanmoins a été interverti de différentes manieres, comme nous allons le remarquer, suivant que les peuples se sont plus ou moins écartés des regles primitives, soit parce qu'ils en ignoroient l'esprit, soit parce qu'ils l'ont corrompu.

(11) Romulus, suivant Macrobe, guerrier peu instruit dans l'astronomie, avoit réglé chez les Romains que le mois commenceroit

─────────
(13) *Macrob. Saturnal. Lib. I. cap. 13.*

du jour où l'on appercevoit la nouvelle lune, mais comme elle ne se découvre point dès le premier jour, & comme divers accidens peuvent même empêcher de la voir de plusieurs jours, les mois étoient tantôt plus longs, tantôt plus courts, parce qu'on les commençoit plus ou moins tard; ainsi la Néoménie étoit, pour ainsi dire, une fête mobile dans le mois, aussi bien que les Ides & les Nones qui en dépendoient. Telle a été sans doute chez les Romains, ainsi que chez bien d'autres peuples avant eux, la cause du dérangement que nous voyons dans leurs autres fêtes lunaires; en effet cette façon d'observer le retour de la lune a été presque universelle; ceux qui vouloient observer l'ordre septénaire & séparer leurs fêtes par six jours, ne voyoient plus tomber leurs solemnités aux jours des phases, mais un ou deux jours plus tard; ce fut le cas des Hébreux & de presque tous les anciens peuples de l'Orient; ceux qui voulurent remédier à cet inconvénient ne conserverent plus exactement leurs semaines, ce fut le cas de tous les anciens peuples de l'Occident.

Chez les Romains le jour des Nones qui dans son origine n'avoit pu être que le jour du premier quartier, & le premier jour de la seconde semaine du mois, c'est-à-dire qui auroit dû arriver le huitieme jour du mois lunaire, arrivoit tantôt le 5 & tantôt le 7 du mois Kalendaire, ensorte qu'ayant perdu de vue le plan du calcul primitif, on ne peut point mettre les Romains au nombre de ceux qui ont observé la semaine. Cependant si l'on fait attention que la Néomenie Kalendaire se célébroit chez les Romains plusieurs jours après la Néoménie lunaire ou véritable, les Nones étant placées tantôt au 5 & tantôt au 7 du mois Kalendaire, on doit entrevoir que l'on a originairement cherché par cette variation & par cette abréviation de la premiere semaine du mois, à les placer sous le 8 du mois lunaire, où ces noms devoient naturellement tomber selon l'esprit de leur institution. Mais il faut convenir que les Romains n'allerent point jusqu'à soupçonner que leurs ancêtres eussent eu des vues de précaution dans ce calcul; les Nones se trouvant chez eux toujours antidatées, il arriva que leur seconde semaine fut augmentée d'autant que leur premiere étoit racourcie; ils n'en regarderent pas moins les Nones comme le renouvellement d'un autre cycle, mais ce cycle, au lieu d'être de sept jours, étoit de huit, & comme par un autre abus ils y comprirent aussi le jour des Ides, ils l'appelloient cycle de neuf jours, ou *Nones*, c'est-à-dire neuvaine.

Au reste le jour des Nones étoit beaucoup

moins solemnel que celui des Kalendes ou des Ides ; ces deux jours étoient des *féries* & les Nones n'en étoient point ; on n'offroit ce jour-là aucun sacrifice aux Dieux ; c'étoit le jour où les gens de la campagne venoient à la ville pour apprendre du Roi Pontife quelles seroient les féries du reste du mois, & ce qu'ils avoient à faire ; ils se retiroient ensuite chez eux, & ne vendoient rien à Rome ce jour-là qui étoit réputé très-funeste. On pourroit cependant mettre en problème si ce jour étoit heureux ou malheureux pour les premiers Romains ; il semble dans Macrobe qu'originairement les Nones avoient été un jour de joie pour le peuple, mais par la suite ce jour présentoit un aspect assez triste, puisqu'on n'osoit ni se marier, ni tenir de marché, ni assembler le peuple ; cependant ce jour-là chez les Romains des derniers temps n'étoit point réputé malheureux, c'étoit seulement le lendemain, c'est-à-dire le 6 ou le 8 du mois qui étoit réputé noir & abominable. Il ne falloit y rien entreprendre, pas même des sacrifices ou des funérailles, ni nommer les noms de *Janus* ou de *Jupiter*. Comme on avoit la même superstition pour le lendemain des Kalendes & des Ides, il n'est pas facile de rendre raison de ces bizarreries : cependant il paroît que ces idées étoient provenues du dérangement du cycle hebdomadaire & de ses fêtes, puisqu'on ne pouvoit point dans un jour abominable nommer Janus, qui est le Dieu de l'ouverture des périodes ; c'est, suivant les apparences, que les jours réputés malheureux par la suite n'avoient été originairement que les derniers jours des cycles & des périodes, qui ayant été altérés, tronqués, allongés ou racourcis, en un mot bouleversés, le jour funebre, au lieu de se trouver la veille de la fête cyclique, aura été porté au lendemain & quelquefois au jour de la fête même. Dès que les peuples n'ont plus connu l'esprit de la disposition de leurs féries, ils n'ont pu que les déranger & les pervertir de plus en plus ; ils agissoient toujours en aveugles, & ne rencontroient juste que par une espece de hazard.

C'étoit, par exemple, une opinion reçue chez les Romains, que le septieme jour étoit noir, funebre & semblable au lendemain des Kalendes, des Nones & des Ides ; ces jours n'arrivoient cependant tantôt que le 2, le 6 & le 14 du mois, & tantôt que le 2, le 8 & le 16. D'où pouvoit venir cette opinion qui n'avoit aucun rapport à la disposition du calendrier Romain ? Il faut sans doute que cette opinion eût rapport à la disposition primitive des anciens calendriers dans lesquels les cycles des mois lunaires avoient été exactement de sept jours ; en effet alors la Néoménie avoit été le premier jour de la premiere semaine ;

& le septieme en avoit été le dernier; le huitieme jour ensuite avoit de même été la férie de la seconde semaine, & le 14 du mois, en avoit été le septieme, disposition dans laquelle ce devoit être nécessairement le 7, le 14, le 21 & le 28 qui, comme fins des périodes avoient dû être les jours funebres de la premiere & de la seconde semaine. Voilà peut-être la véritable source de toutes les idées tristes & apocalyptiques que presque toutes les nations se sont en tout temps formées du nombre *sept*. Le septieme jour étoit celui qui mettoit fin au cycle de la semaine; on s'imagina que ce seroit aussi ce nombre de sept multiplié par certains termes qui mettroit fin au monde. Ainsi le septieme jour devint un jour religieux mais triste, pendant lequel on s'inquiétoit sur la semaine suivante comme on s'étoit inquiété sur le retour de la Néoménie, & comme nous avons vu qu'on s'inquiétoit sur le retour de tous les périodes & même du période journalier. Une preuve que le septieme jour avoit été dans les premiers temps un jour de fin de période, c'est que les hommes sont presqu'unanimement convenus de donner aux sept jours de la semaine les noms des astres & des planetes; ils ont donné aux deux premiers jours le nom des deux plus grands luminaires des cieux. Le premier fut celui du Soleil, & c'est sans doute la raison pourquoi la Néoménie étoit aussi consacrée à Apollon. Le second eut le nom de la Lune; & le septieme obtint celui de Saturne qui est la plus sombre & la plus éloignée des planetes. Une nouvelle preuve encore, c'est que la fin de l'année solaire étoit aussi sous les auspices de Saturne, & l'on avoit de la derniere semaine de l'année à laquelle il présidoit, c'est-à-dire des sept jours des Saturnales, la même idée sinistre que l'on avoit du septieme & dernier jour de chaque semaine qui lui étoit consacré.

Il ne faut pas croire que ce soient les qualités astrologiques de Saturne qui toutes passoient pour fâcheuses, qui ont rendu le septieme jour si haïssable aux Romains & si redoutable à tous les apocalyptiques, c'est au contraire parce que ce jour-là étoit lui-même triste & funebre dans les premiers temps que la planete qu'on y a fait présider par la suite est devenue odieuse ; le jour avoit été odieux avant elle. L'on doit faire les mêmes raisonnements sur les vices & les vertus des autres planetes qui n'ont été dans l'origine que les vices & les vertus des jours. C'est parce qu'on faisoit la guerre le troisieme jour que la planete qui présidoit à ce jour est devenue la planete de la guerre. C'est parce qu'on faisoit des échanges le quatrieme jour que Mercure est devenu le Dieu des marchands, &c.

Le peuple Romain, malgré le dérangement arrivé dans son calendrier, & les divers changemens que la Législation y introduisit, avoit donc conservé une des opinions des premiers âges, ensorte que, soit que le lendemain funeste des Nones arrivât le 6 ou le 9, les superstitieux qui n'avoient pu oublier que le septieme jour avoit été funeste & abominable, & qui le tenoient encore pour tel, devoient être deux jours sans rien faire, lorsque les Nones étoient indiquées pour le cinq. On appelloit à Rome ce jour *ater, inominalis, inauspicatus*; aussi n'entreprenoit-on rien, & le culte des Dieux demeuroit suspendu, repos qui par la suite donna lieu à la débauche, non dans la vue de célébrer une fête, mais pour se distraire des idées lugubres que l'on croyoit y voir. Ceci peut être appliqué aux Saturnales, où l'on tenoit la même conduite relativement à la fin de l'année solaire que l'on tenoit à la fin de chaque semaine ; de-là ce contraste de dissolution dans des jours réputés malheureux & funestes.

Il résulte de l'examen que nous venons de faire des Nones chez les Romains qu'elles auroient dû toujours arriver le huit des mois, & être un jour de louanges envers les Dieux, parce qu'elles commençoient un nouveau période de jours ; ce devoit être non le lendemain des Nones, mais la veille ou le septieme jour qui devoit être sinistre, d'après l'esprit primitif qui ne s'étoit point entiérement effacé de l'esprit du peuple, malgré les changemens introduits dans le calendrier.

VII. Les Grecs avoient sur le septieme jour des idées totalement opposées à celles des Romains. *Apollon*, dit Eschyle, *a choisi les sept jours*. On prétendoit que ce Dieu étoit né le 7 de Thargelion ; c'étoit ce jour-là qu'on célébroit sa fête à Athenes, dans laquelle les jeunes gens chantoient des hymnes en son honneur en portant des branches de laurier ; c'étoit le seul jour dans l'année où ce Dieu se manifestoit aux hommes par des oracles. Le septieme de chaque mois lui étoit consacré ; d'où l'on voit que les Grecs regardoient le septieme jour du mois comme un jour heureux & consacré à la joie (14). A Sparte on faisoit aussi des sacrifices à Apollon le premier & le septieme de chaque mois. Malgré cette gayeté des Athéniens aux Thargélies ou fêtes de la naissance d'Apollon, rien dans l'origine n'avoit été plus triste & plus révoltant que la maniere dont leurs ancêtres les avoient célébrées. En effet la veille on expioit la ville en immolant un homme & une femme qu'on avoit nourris à ce dessein aux dépens du public ; ces victimes parées & ornées portoient en leurs mains du fromage, le pain appellé *maza*, & des figues seches. On les insultoit d'abord en leur jettant sept fois des oignons & des figues sauvages, & en leur don-

(14) *Æschil Thebaïd. v. 806. Fasoldi Hierologia Decad. III. sect. 9. Meursii Græcia feriata Lib. III. Herodot. Lib. VI.*

nant

nant sept fois des soufflets ; puis on les brûloit & on jettoit leurs cendres à la mer pour appaiser Neptune, comme si la ville étoit menacée de quelque grand danger ; ce fut toujours la terreur qui fit faire ces affreux sacrifices. Cette horrible cérémonie se faisoit au son des flûtes ; les enfans portoient en l'honneur du soleil & des heures des rameaux d'olivier entourés de laine, auxquels étoient suspendus différens fruits & des légumes de toute espece. La fête se terminoit par des jeux dont le vainqueur consacroit un trépied à Apollon (15).

Quoi qu'il en soit, Hésiode parlant des jours heureux & malheureux, met le 1, le 7 & le 14 au nombre des premiers, il les appelle *sacrés* ('Ιερον) titre qu'Homere a aussi donné au septieme jour. Il n'est pas difficile d'entrevoir que c'est l'institution de la semaine qui a donné lieu à l'opinion qu'Apollon présidoit au nombre sept. Mais pourquoi ce Dieu (qui de-

---

(15) *J. Meursii Græcia feriata Lib. IV. Fasoldi Hierologia. Decad. VII. fest.* 5. Les *Pyanepsies* se célébroient 7 mois après les *Thargélies*, comme chez les Juifs la fête des Tabernacles se célébroit 7 mois après celle de Pâque. Les *Pyanepsies* étoient célébrées en l'honneur d'Apollon : on y cuisoit des féves & des légumes en mémoire de Thésée & de ses compagnons, qui vécut misérablement le jour qu'il se sauva de l'Isle de Crete. On attachoit aux portes des maisons un rameau d'olivier, pour écarter la famine. V. *J. Meursii, &c. Lib. V. & Fasoldi, &c. fest.* 6.

voit préfider au renouvellement des femaines, puifqu'il avoit préfidé à la Néoménie, & puifqu'il préfidoit à l'ouverture de l'année vernale ou folfticiale, & puifqu'il préfidoit à l'ouverture du jour & de tous les périodes), pourquoi, dis-je, ce Dieu préfidoit-il chez les Grecs aux derniers jours des deux premieres femaines du mois ? En effet ce n'eft ni au 7 ni au 14, mais au 8 & au 15 qu'elles commencent avec l'apparition du premier quartier & de la pleine lune. Il y a eu certainement quelque altération dans la façon dont les anciens Grecs ont compté leurs femaines, qui leur a fait antidater d'un jour ; chez tous les peuples anciens & modernes c'eft encore Apollon ou le foleil qui préfide au feptieme jour, il donne fon nom, non pas au feptieme jour, mais au premier de la femaine qui dans l'ordre du mois n'arrive jamais que le 1, le 8 & le 15. On pourroit donner une raifon affez naturelle de cette erreur ; c'eft que les Grecs ne célébrant leurs Néoménies que lorfque la nouvelle lune étoit vifible, la célébroient un jour trop tard, enforte qu'obligés de racourcir leur premiere femaine pour que la feconde & la troifieme commençaffent au jour du premier quartier & de la pleine lune, c'eft-à-dire le 8 & le 15 du vrai mois lunaire, il arriva par-là que le jour du foleil ou le jour heureux fe trouva placé le 7 & le 14 de leur mois vulgaire, d'où l'on a imaginé enfuite qu'il présidoit au septieme jour, ce qui est contradictoire avec toutes les idées des nations.

Nous donnerons encore de cet écart des Grecs une raison plus profonde, qu'il est nécessaire de connoître à cause des erreurs de plusieurs autres peuples. C'est une chose connue que tous les anciens peuples ont commencé leur jour le soir pour le terminer à un autre soir; nous en avons vu la raison dans le caractere funebre & mélancolique des premiers hommes; ils s'affligeoient au déclin du jour & s'entretenoient alors d'idées religieuses qui ont donné lieu à toutes les solemnités cycliques & périodiques de commencer le soir par des larmes, & de le terminer le lendemain par des réjouissances, ensorte que le jour ecclésiastique commençant le soir & se terminant le jour suivant, les jours civils ont été comptés de même; ainsi les uns & les autres ont été moins un jour naturel qu'un composé de deux jours, dont la seconde partie du premier faisoit le commencement, & dont la premiere partie du second faisoit la fin. C'est par cette division des jours qu'on voit chez les Romains des fêtes qui n'occupoient plus que la moitié d'un jour & sur-tout celle du matin: cette portion de fête avoit dans son origine fait portion d'une fête complette qui avoit commencé la veille au soir, mais cette premiere partie avoit peut-être été anéantie parce qu'elle étoit funebre.

Dans les premiers temps où le caractere mélancolique & religieux des premiers hommes les disposoit bien plus aux larmes & à la tristesse qu'aux plaisirs & à la gayeté, & où chaque fin de cycle ou de jour leur faisoit desirer qu'elle fût celle de leurs maux & de leur vie, dans de telles dispositions, dis-je, il paroît que la premiere partie de la fête d'un cycle quelconque, c'est-à-dire la partie funebre, qui arrivoit la veille du véritable jour du cycle, devoit être la partie la plus remarquable de la solemnité ; il falloit commencer par pleurer, & les hommes étoient alors très-disposés à le faire, en-sorte que chez de tels hommes cette veille étant devenue la partie la plus solemnelle de la fête du cycle, aura insensiblement rétrogradé d'un jour, soit pour être toute entiere consacrée aux larmes tant que les hommes y ont été disposés, soit pour être toute entiere consacrée à la joie, lorsque le caractere des hommes fut changé à l'aide du temps qui calme les plus grands chagrins, ou à l'aide des Législations plus intelligentes qui ont mieux aimé rendre les hommes moins religieux, mais plus tranquilles, plus gais & plus heureux. Cette rétrogradation des fêtes occasionnée parce qu'elles ont été originairement composées de deux jours, est visible, & nous en avons des exemples très-frappants.

VIII. On disoit communément chez les Juifs

que la Pâque (qui est une solemnité dont le temps est déterminé par la pleine lune la plus proche de l'équinoxe vernal, c'est-à-dire par le 15 du nouveau mois) arrivoit le 14. *Le 14, disoit-on, est le jour de la Pâque ; la Pâque se fera le quatorzieme jour* ; mais comme cette Pâque ne commençoit qu'après le soleil couché, c'est-à-dire la nuit du 14 au 15, elle n'appartenoit point à ce quatorzieme jour mais au quinzieme, vû que la loi ordonnoit de célébrer les fêtes d'un soir à un autre (16). Il y avoit donc à l'occasion de cette fête une façon de parler vulgaire, qui n'étoit pas selon l'esprit de son institution, quoique la fête se célébrât suivant cet esprit, au moins chez les Juifs. Mais ce langage vulgaire a pu induire en erreur une infinité d'autres peuples qui ont parlé de même & qui ensuite ont agi en conséquence. Les Hébreux, après avoir dit que la Pâque seroit au quatorzieme jour, disoient eux-mêmes que le quinzieme suivant étoit la fête solemnelle des Azimes du Seigneur (17).

(16) Lévitique, chap. vs. 32.
(17) Ibid. vs. 6. Exod. II. vs. 18. Il est bon d'observer ici que chez les Hébreux la fête des Tabernacles fixée au 15 de Thisri, paroît avoir eu rapport à l'équinoxe d'automne, comme celle de Pâque à l'Equinoxe du printemps. Le langage de l'Ecriture au sujet de la Pâque & de la fête des Tabernacles a des différences qu'il est à propos de remarquer. On se préparoit à la Pâque le dixieme jour de Nisan, &

Ce langage feroit préfumer que cette fête étoit différente de la Pâque & occupoit un autre jour, cependant elle étoit la même ; c'étoit le quinze qu'on immoloit l'agneau, & qu'on mangeoit le pain azime que l'on devoit manger pendant fept jours. C'eft par l'abus d'un femblable langage que chez les Grecs le 7 & le 14 du mois étoient devenus des jours facrés au lieu du 8 & du 15. On doit préfumer que dès avant la Légiflation de Moyfe, les Orientaux étoient déjà tombés dans une erreur de calcul femblable à l'égard de la fête du renouvellement de la femaine, puifque dans la loi de ce Prophête, le Sabbat, qui eft la fête de la création du monde, & qui, à toutes fortes de titres, eft une fête de naiffance, de renouvellement & de joie, foit par rapport au monde,

l'on fe préparoit à la fête des Tabernacles le dixieme de Thifri ; la Bible dit que la Pâque commencera le *quatorze*, & durera fept jours ; nous avons vu que ce langage vulgaire défigne que la fête durera le 15, 16, 17, 18, 19, 20, 21 ; mais au fujet de la fête des Tabernacles, elle dit que cette fête fera le *quinze*, & durera pendant fept jours. On peut ici demander fi en cela la Bible a fuivi le langage vulgaire, & fi la fête des Tabernacles a occupé le 16, le 17, 18, 19, 20, 21 & 22, ce qui n'eft pas vraifemblable, quoique les Juifs aient dû la célébrer ainfi, s'ils ont pris à la Lettre l'ordonnance de la loi ; ou bien Moyfe auroit-il pris un autre langage dans le Lévitique que dans l'Exode ? quelque fingulier que cela fût, il paroit que c'eft pourtant la vérité. V. *Lévitique*, chap. XXIII. vf. 34.

soit par rapport au temps & à Dieu même, s'est trouvé par une espece de contre-sens, placé à la fin du cycle de la semaine, c'est-à-dire au septieme jour, au lieu d'être placé au premier des sept jours. Cette premiere rétrogradation du huitieme jour au septieme, occasionnée visiblement par l'ancien usage de commencer la fête d'un cycle nouveau dès la veille de ce cycle, a conduit ensuite à un autre usage. Comme les Hébreux & ceux des Orientaux qui, comme eux, ont célébré une fête le septieme jour de la semaine, en conservant d'ailleurs l'ancien usage de commencer leurs fêtes par le soir de leur veille, l'ont commencé le soir du sixieme jour, ce sixieme jour est devenu lui-même pour certains peuples, le jour même de la fête; voilà pourquoi aujourd'hui les Arabes, les Turcs & les Persans ont leur jour religieux au sixieme jour de la semaine.

Il est vrai que malgré ces méprises les fêtes hebdomadaires de ces différens peuples n'en ont pas moins été espacées de sept en sept jours, & séparées les unes des autres par six jours non fériés. Dans le fond, il importe peu pour l'observation de la semaine de la commencer par un jour ou par un autre, pourvu que le premier terme une fois donné soit exactement suivi; il importoit assurément très-peu à Moyse que le Sabbat fût le jour d'Apollon, ou le jour de Saturne, ou celui de Vé-

I. 4

nus ; ce grand Législateur étoit fort au-dessus de la terreur & de la superstition qui donnoit la préférence à un jour sur un autre ; mais nous parlons ici de l'ordre hebdomadaire. Selon l'esprit de la législation primitive, on ne peut nier que ce ne soit elle qui en ait donné le premier terme, & comme elle a laissé des traces de ces institutions qui ne sont point encore effacées ; comme les sept jours de la semaine portent encore le nom des planetes ; enfin comme ces noms sont encore placés dans leur ordre primitif, qui est un ordre naturel ; c'est d'après ces anciens titres que nous disons ici que les fêtes hebdomadaires des Musulmans placées au jour de Vénus ou au sixieme jour, sont des fêtes déplacées, & qu'il y a un semblable dérangement chez les Juifs qui solemnisent la création au jour de Saturne ou au septieme jour ; ils sont en cela tombés dans la même méprise que les Grecs qui consacroient aussi ce jour à Apollon comme l'auteur de la lumiere, tandis que les Romains au contraire, qui redoutoient le septieme jour, avoient mieux conservé dans leur superstition l'esprit des institutions & des traditions primitives.

Il falloit qu'il y eût chaque semaine une fête qui revînt de sept jours en sept jours ; voilà ce que presque toutes les nations ont connu ; mais étoit-ce le premier ou le dernier de la semaine qu'il falloit célébrer ? C'est ce qui devint un problême dès qu'on eut oublié l'esprit de la liturgie primitive; les nations auroient pu cependant se tirer de l'incertitude par quelques réflexions très-simples. Il n'est point douteux, par exemple, que le jour le plus solemnel d'un période quelconque est celui de son renouvellement, soit parce qu'il rappelle la création du monde ou un commencement, soit parce que l'homme ne peut se refuser à la joie lorsqu'il voit renaître une année, un mois, un siecle, &c. dans lesquels il est porté à se promettre d'être heureux. Les Hottentots appellent leurs fêtes *changement pour le mieux*. Ceux même qui sont malheureux esperent que le période qu'ils vont commencer leur sera plus favorable. Ces sentimens qui sont aussi naturels qu'universels, auroient dû décider en faveur du premier jour de la semaine, & ramener les hommes au point dont ils s'étoient peu-à-peu écartés : mais, dira-t-on, comment retrouver le premier jour lorsqu'on l'a perdu de vue ? Ce sera 1°. en le cherchant dans les noms astronomiques des jours de la semaine ; la prééminence du jour consacré à un astre aussi frappant que le Soleil sur celui de Saturne ou de Vénus, ramene tout naturellement à la plus ancienne liturgie, & vraisemblablement à la premiere depuis le renouvellement du monde. 2°. Ce sera en cherchant dans les observations sur le cours des astres, des signaux communs propres à réunir tous les peuples de la terre pour louer Dieu au même jour & au même instant d'une voix unanime & universelle. 3°. Enfin ce sera en remarquant la position des principales solemnités.

Je suppose que les Hébreux eussent desiré de s'instruire sur l'ordre véritable qu'ils devoient donner à leurs fêtes hebdomadaires, lorsqu'elles se dérangeoient, ce qui devoit souvent arriver pour eux; alors il leur eût suffi de remarquer que la fête de Pâque qui comprenoit sept jours, dont le premier étoit le plus solemnel, avoit dû dans son origine tomber dans une semaine exacte; que cette Pâque arrivant le 15, & se terminant avec le 21, la semaine précédente avoit dû commencer le 8 d'un mois, & que ce jour avoit dû être une férie; qu'au-delà en remontant encore de sept jours, on tomboit dans la premiere semaine du mois & de l'année Eccléfiaftique, & que le premier jour de cette année avoit été une férie qui avoit concouru avec la Néomie; & qu'ainsi c'étoit la lune & ses phases qui devoient être le signal de toutes leurs solemnités, soit majeures, soit mineures. Mais nous parlerons bientôt de la solemnité hebdomadaire des Hébreux.

IX. Revenons encore aux Grecs. Si le septieme jour étoit consacré à Apollon ; le huitieme jour du mois, c'est-à-dire le premier de la seconde semaine, n'étoit point resté sans distinction. A Athenes tous les huitiemes du mois l'on faisoit mémoire de Thésée, soit à cause de son retour de Crete, soit parce qu'il avoit réuni & policé les Athéniens dispersés & sauvages. Ce jour-là on faisoit des festins en mémoire d'une ancienne disette ; on se faisoit des présens, & l'on donnoit des aumônes aux pauvres. Le sacrifice de Thésée se nommoit Ὀκτώδιον, ou sacrifice du huitieme jour (18). Comme cette commémoration de Thésée se confondoit avec le culte d'Apollon à la fête de Pyanepsie, qui tomboit au sept du mois, on pourroit soupçonner que la fête du 8 & du 7 n'en avoient qu'une originairement ; on remarque dans celle de Thésée assez de caracteres d'une fête de renouvellement & d'une fête commémorative pour penser que dans le principe elle avoit été consacrée à Apollon uniquement. L'examen de la légende mythologique de Thésée donneroit peut-être là-dessus bien des éclaircissemens ; mais ces détails nous conduiroient trop loin ; nous remarquerons simplement que ces deux jours de solemnités hebdomadaires consacrées par les Grecs à la joie, étoient chez eux l'effet de leur heureux

(18). *Fasoldi Hierologia Decad. VII. Thesica.*

caractere, qui leur ayant fait totalement supprimer la tristesse du septieme jour, aura donné son ton de gayeté au huitieme. Puisqu'on sçavoit qu'Apollon présidoit au premier jour du mois, & que Mercure présidoit au quatrieme, on devoit sçavoir que Saturne présidoit au septieme; mais ce Saturne étoit une Divinité trop lugubre pour les Grecs qui l'exclurent, sans doute, du rang qu'il occupoit pour se livrer à la gayeté qui leur étoit naturelle (19).

X. Le concert des peuples pour louer les Dieux aux pleines lunes n'est pas moins universel que pour les nouvelles lunes. Les Egyptiens le jour de la pleine lune, sacrifioient une truie ou un porc à la lune; ils en mangeoient ensuite; en tout autre temps, c'étoit un animal immonde que l'on ne pouvoit même toucher sans se purifier après. Les Etrusques à la pleine lune alloient saluer leurs Rois & leur faisoient la cour; c'étoit un jour de louange envers Jupiter; on le remercioit de la perpétuité de lumiere qu'il accordoit pendant la nuit comme pendant le jour; aussi appelloit-on ce jour-là *fiducia Jovis*, & dans la langue Etrusque *idé*, qui semble dériver du Phénicien *ida*, louer, confesser, reconnoître les gran-

---

(19) *J. Meursii Græcia feriata, Lib. IV. Theseia.*

deurs de Dieu ; nom que les Romains ont conservé sans connoître son origine & sa signification. En effet, les *Ides* chez ces derniers tenoient lieu de la fête de la pleine lune, elles se célébroient tantôt le 13 & tantôt le 15 du mois : si leur Calendrier eût été bien disposé, les Ides ne se seroient jamais écartés du 15, puisque c'étoit la fête de la pleine lune qu'ils avoient reçue des Etrusques. Ce jour étoit réputé saint & consacré à Jupiter à qui l'on immoloit une brebis blanche ; on ne se marioit point ce jour-là, & son lendemain étoit regardé comme noir & abominable. Plutarque [20] remarque sur ces lendemains sinistres des Kalendes, des Nones & des Ides, que la religion a voulu que l'on consacrât le premier jour des périodes aux Dieux célestes, & les seconds aux Dieux terrestres & infernaux, & que c'est parce que dans ces seconds jours on faisoit toujours mémoire des morts, & que les cérémonies étoient lugubres, que ces jours étoient réputés malheureux. Plutarque nous donne ici une bonne raison de l'origine de ces jours sinistres : mais il nous fait voir que le Paganisme avoit interverti l'ordre primitif & universel qui vouloit que l'on s'affligeât toujours avant de se réjouir.

Il ne paroît pas que la pleine lune ait été

---

[20] *Plutarch. Quæst. Rom.* §. 24 & 25.

une fête chez les Grecs, ni même un jour plus remarquable que les autres; au moins l'antiquité ne nous en dit rien. Mais le système astrologique qu'ils avoient sur les jours heureux & malheureux indique que la pleine lune avoit été originairement distinguée chez eux. Le 14e. jour étoit, suivant Hésiode, un jour heureux sous les auspices de Bacchus, dans lequel on pouvoit ouvrir le tonneau pour mettre le vin en perce, & le goûter. Il donne à ce même jour le nom de ιερόν, sacré, qu'il avoit déjà donné au septieme; mais comme ce quatorzieme jour auroit dû tomber au 15, qui étoit le jour véritablement heureux, c'est une nouvelle preuve que le bonheur du septieme devoit appartenir au huitieme (21). Les Lacédémoniens regardoient la pleine lune, c'est-à-dire le 15, comme un jour heureux, puisque jamais ils n'osoient se mettre en campagne avant la pleine lune d'un mois; cet usage qui leur étoit particulier, & qui les exposoit aux railleries des autres Grecs, devoit être fondé sur des motifs qui ne leur étoient point aussi particuliers qu'on le pense. En effet l'on remarque une sorte d'affectation chez bien des peuples anciens & modernes, de solemniser le renouvellement des périodes,

---

(21) Mém. de l'Acad. des Inscript. Tom. IV. p. 585. *Justin.*

non aux nouvelles lunes, mais aux pleines lunes.

Chez les Mages le quinzieme jour portoit le nom de Dieu, & le quatorzieme ils mangeoient de l'ail, dans la vue, disoient-ils, de chasser les démons & d'écarter les mauvais esprits. C'étoit encore le quinzieme jour que l'on pouvoit se présenter devant le Monarque (22).

Nous voyons encore la pleine lune célébrée chez un grand nombre de peuples modernes. A la Chine & au Tonquin l'on fait ce jour la mémoire des ancêtres, & les Mandarins y font des instructions au peuple. Au Japon ce jour est particuliérement consacré aux Dieux, & la nuit se passe à prendre l'air dans des batteaux. La pleine lune est aussi célébrée à Siam; chez ces différens peuples la fête tombe toujours au quinze du mois, c'est-à-dire au premier jour de la troisieme semaine. Les Indiens, les Guebres & les habitans de d'Isle Célebes ne sont pas moins exacts à célébrer cette fête. Les Caffres & les habitans du Cap de Bonne Espérance observent à la pleine lune les mêmes cérémonies qu'à la nouvelle (23).

L'année Ecclésiastique des Hébreux commençoit à la nouvelle lune de Nisan, c'est-à-

(22) *Hyde de relig. Persarum.* Cap. XX.
(23) Cérém. relig. Tom. V. Kempfer, Liv. III. chap. 3. Liv. V. chap. 13.

dire à la mi-Mars; cependant la grande solemnité du passage d'une année à l'autre n'étoit célébrée que le quinze, c'est-à-dire à la pleine lune. L'année civile des Hébreux commençoit à la nouvelle lune de Thisri ou à la mi-Septembre; cependant la grande solemnité ne se célébroit que le quinze; car toute la fête des expiations & celle des trompettes ne peuvent, comme on a vu, passer que pour des préparations à la fête des Tabernacles.

Chez les anciens Romains la cérémonie d'enfoncer le clou sacré qui indiquoit les années se faisoit aux Ides de Septembre, c'est-à-dire à la pleine lune; ainsi leur année étoit alors la même que l'année civile des Hébreux. Il paroît par Plutarque que les Romains qui avoient aussi des égards pour l'année solaire, faisoient des mascarades & se livroient à des réjouissances dissolues aux fêtes de Janvier. Enfin c'est à la pleine lune que l'on commençoit la célébration des Jeux Olympiques chez les Grecs.

En un mot on donnoit souvent la préférence aux pleines lunes des périodes nouveaux sur les nouvelles lunes; ce que l'on peut expliquer en disant que tous les premiers peuples faisant leurs veilles à la fin des périodes, ont pu transporter ces solemnités nocturnes aux pleines lunes où la nuit est éclairée; d'ailleurs la superstition peut encore avoir eu part à cet usage. Les éclipses du soleil ont lieu aux nouvelles lunes, & nous avons vu les terreurs dont ces phénomenes remplissoient la plûpart des nations qui attendoient alors la fin du monde; c'est peut-être pour éviter qu'un événement si redouté ne tombât dans les solemnités annuelles que l'on en avoit remis la célébration aux pleines lunes.

Les fêtes des Juifs paroissent réglées sur cet ancien système apocalyptique; malgré les soins de Moyse pour supprimer l'esprit qui l'avoit fait naître, les Rabbins par tradition en sont restés dépositaires. Les Juifs sont tenus, comme on sçait, de faire la lecture entiere de la loi chaque année; cette lecture se termine à la fin de l'année civile, & par conséquent elle devroit recommencer au premier de Nisan; cependant ils ne recommencent cette lecture qu'après la fête des Tabernacles qui commence le 15 & finit le 31. Les Rabbins disent que c'est *afin de cacher au diable le jour de l'an; afin qu'il n'accuse point les bons au jugement que Dieu tient en ce jour-là* (24). Les fables des Juifs prouvent leur antiquité autant que leur histoire.

XI. Jusqu'ici les usages & même les écarts des différentes nations nous ont fait reconnoître & l'usage des semaines & l'esprit qui

(24) *Leusden Philol. Hebra. de V. T. p. 39.*

l'a fait naître; la nouvelle, la pleine lune & sa premiere quadrature, qui arrivent précisément le 1, le 8 & le 15 de chaque mois, ont été des signaux universels qui ont déterminé à louer Dieu dans ces jours, & leur intervalle de sept en sept jours a déterminé les peuples à se servir de ce cycle. La facilité qu'il y a de compter ces deux premieres semaines & à célébrer ces trois fêtes hebdomadaires conformément au cours de la lune, est ce qui fait que nous avons retrouvé les traces de ces fêtes chez presque tous les peuples du monde. Il n'en est pas de même de la quatrieme fête, soit par le défaut de monumens, soit par la confusion dans laquelle toutes les fêtes étoient tombées chez les anciens. En effet l'on ne voit pas que les Egyptiens, les Grecs & les Romains aient eu quelques égards pour le jour de la derniere quadrature, qui arrive tantôt au 22 & tantôt au 23 de la lune. Je présume bien que quelques idées superstitieuses auront pu contribuer à ne point placer de fêtes sous le décours de la lune; l'on ne peut, comme on a vu, en douter; mais comme ces idées ne peuvent être elles-mêmes qu'un écart de l'institution primitive, je crois que malgré le silence de l'histoire, le 22e. jour avoit été solemnisé ainsi que le 1, le 8 & le 15, & que ce jour étoit pareillement la fête du renouvellement de la quatrieme semaine du mois, semaine qui comprenoit le 22, 23, 24, 25, 26, 27, & le 28e. jour qui est le dernier du mois périodique, mais non du mois synodique que par la suite tous les peuples ont suivi & que l'on suit partout aujourd'hui, si l'on excepte les Japonois qui ont retenu l'antique usage de compter le mois, & dont nous n'avons trouvé que des vestiges dans les écrivains Grecs & Romains. C'est sans doute la difficulté d'ajuster cette derniere semaine avec le retour de la nouvelle lune suivante, qui a peu-à-peu dérangé la quatrieme solemnité du mois. Le dernier quartier arrivant tantôt le 22, le 23, & même le 24, il falloit souvent que les deux dernieres semaines fussent inégales, si l'on vouloit célébrer la Néoménie avec le retour de la nouvelle lune, ou bien intercaler la derniere semaine d'un ou de deux jours, comme on a intercalé des mois & des jours dans l'année. Mais l'embarras de ces opérations est, suivant les apparences, ce qui a déterminé les premiers peuples à n'avoir aucun égard au cours synodique & s'en tenir au cours périodique qui est divisible par sept; ensuite l'inconvénient qui résultoit de voir la fête de la Néoménie s'écarter de mois en mois de la nouvelle lune, a fait embrasser deux autres partis; le premier qui a été le plus universel chez les peuples intelligens, est de n'avoir égard aux femaines que pour les trois premieres phrases de la lune, qui s'y ajustent aisément ; c'est de cette méthode que provenoit sans doute chez les Romains l'usage des *Kalendes*, des *Nones* & des *Ides* qui finissoient au 15 ; & de ne plus compter les jours du reste du mois que relativement à leur distance de la nouvelle lune prochaine ; ainsi au lieu de dire après les Ides de Mars, qui arrivoient le 15 de ce mois, que le lendemain étoit le 16, ils l'appelloient le *dix-sept avant les Kalendes d'Avril* ; le jour suivant étoit le seize, ensuite venoit le quinze, &c. L'autre parti fut embrassé par les Orientaux, beaucoup plus attachés à leurs anciens usages ; il consista à célébrer constamment le retour des anciennes fêtes lunaires, de sept jours en sept jours, comme s'ils se servoient encore du mois périodique, & ils instituerent une nouvelle Néoménie pour le premier jour du mois synodique auquel ils ont eu recours pour régler leur année. Cet usage surtout a été particulier aux Juifs ; ils célébroient tantôt quatre & tantôt cinq Sabbats par mois, indépendamment de la Néoménie ; ainsi cette espece de conciliation du mois périodique avec le mois synodique a servi encore à multiplier les fêtes & à faire de doubles emplois du même motif.

Les hommes ont été dans le même embarras, & sont tombés dans les mêmes abus pour la disposition du mois, de la semaine & des fêtes qu'ils devoient contenir, lorsqu'ils ont voulu concilier les mois avec les années & le soleil avec la lune : chaque réforme a toujours servi à multiplier les fêtes : on a eu l'année lunaire, ensuite l'année l'uni-solaire, ensuite l'année solaire ; chacune de ces années auroit dû avoir une nouvelle disposition de fêtes ; mais souvent l'on n'en a point fait, & l'on a continué de se servir de la disposition précédente, qui alors se trouvoit fausse. Souvent on a fait une nouvelle disposition, mais en même temps on a conservé l'ancienne, & tout alors est tombé dans la confusion. C'est de là que proviennent dans nos années solaires ce que nous appellons *fêtes mobiles* ; bizarrerie qui vient du respect pour l'usage qui a fait conserver des fêtes annuelles lunaires avec les fêtes annuelles solaires que l'on a voulu solemniser également.

On remarque la même bizarrerie chez les Juifs dans le double usage qu'ils ont fait du mois synodique & du mois périodique. Parmi nous il y a cette différence que la religion semble s'être approprié le mois périodique dont elle solemnise les quatre fêtes, mais sans égard aux phases, tandis que le mois synodique abandonné au civil ou au profane n'a parmi nous aucune fête, en quoi nous sommes opposés à toutes les nations qui n'ont cessé de consacrer à la religion la nouvelle lune & souvent la pleine lune. Cet usage est comme approuvé chez nous par le vulgaire qui, sans en pouvoir donner de raison, regarde les premieres dimanches du mois comme les plus saints & les plus solemnels, sans sçavoir que c'étoit originairement la fête de la nouvelle lune.

XII. Malgré tous les écarts des anciens peuples, il n'en est aucun chez qui nous n'ayons vu des traces des fêtes hebdomadaires; la méthode que nous avons prise est sans doute la meilleure pour faire voir qu'ils ont tous connut cet usage; ceux qui ont voulu démontrer qu'ils l'ont tous eu, se font trompés, puisque c'est moins l'usage que nous avons trouvé établi chez ces peuples, que l'esprit de l'usage, esprit qui prouve qu'ils l'avoient originairement connu & pratiqué dans des temps plus anciens, mais où l'histoire n'a pû pénétrer. Pour le prouver, ainsi qu'on a vainement tenté, l'on a abusé de tout ce que les anciens ont dit, fait, ou écrit à l'occasion du nombre *sept*. Mais ces anecdotes ne font rien connoître, sinon l'esprit superstitieux que l'on avoit toujours conservé pour ce nombre sans en sçavoir la cause: elle n'étoit autre que d'avoir servi dans les premiers âges des siecles & de l'astronomie à régler l'ordre des fêtes, & servi de cycle pour régler les temps.

On voit bien par exemple, qu'en Egypte on avoit beaucoup de respect pour le nombre de sept; on pleuroit les morts & les Rois pendant 70 jours; les moindres jeûnes des Prêtres étoient de sept jours; la fête d'Ombe & de Tentire, qui ressembloit à celle des Tabernacles des Juifs, duroit sept jours & sept nuits (25). Mais tout cela ne prouve en aucune façon que les Egyptiens fissent alors un usage constant de la semaine; leur expérience dans l'astronomie dut les détacher de bonne heure de l'usage constant de ce cycle; & il y a lieu de croire qu'ils l'avoient quitté depuis longtemps, puisque les Grecs qui leur devoient toutes leurs connoissances, n'en ont jamais fait eux-mêmes aucun usage. On voit cependant une fête de sept jours fondée par Mysus en Achaïe; on voit encore que les Grecs ont toujours estimé le septieme jour & le nombre sept comme consacré à Apollon ou à Bacchus, & par conséquent comme heureux; on voit que les Romains le croyoient sous les auspices du triste Saturne & par conséquent le regardoient comme mal-

(25) *Porphyr. de abstinent. Diodor. Lib. I. Juvenal. Satyr. XV.*

heureux; la pompe funebre des Empereurs duroit sept jours. En un mot presque tous les peuples ont eu une multitude d'opinions, d'usages & de superstitions réglées par le nombre sept; mais tout cela n'offre que des vestiges de l'ancien usage, ainsi que des anciennes opinions. Ce n'est que chez les Orientaux & particuliérement chez les Hébreux que l'usage du cycle de sept jours s'étoit conservé : ces derniers avoient surtout pour lui la plus haute vénération, & comme leur fête hebdomadaire nommée *Sabbat* est devenue fameuse, c'est par l'examen particulier de cette fête Judaïque & de ses usages que nous terminerons ce que nous avons à dire des fêtes lunaires & de leur esprit primitif.

XIII. Nous avons déja plusieurs fois parlé du Sabbat dans le cours de cet ouvrage, mais ce n'a été qu'en passant : cependant cette fête hebdomadaire des Juifs mérite un examen particulier, il servira à confirmer les principes que nous avons tâché d'établir jusqu'ici, & nous fera développer de plus en plus l'esprit primitif qui a été l'ame de toutes les institutions des premiers hommes.

On regarde communément le Sabbat des Juifs comme une fête qui est pour eux ce que le Dimanche est pour les Chrétiens ; cependant rien n'est moins exact : pour nous en convaincre faisons abstraction de tous les motifs

tifs de la célébration des différens jours chez ces deux peuples, & ne les considérons que suivant leur ordre naturel. Je dis suivant leur ordre naturel, car selon les dénominations communes qu'ils portent ils en ont un que l'on ne peut changer & qui ne l'a jamais été. Le jour du Soleil ou d'Apollon, comme nous l'avons déja dit, & le jour de Saturne, ont un rang aussi distinct que celui qui se trouve entre le soleil & la planete de Saturne. Les nations étant une fois convenues de régler les jours par sept & de leur donner les noms des planetes, ont dû donner le nom du *Soleil* au premier jour, parce qu'il est le premier & le plus sensible des astres (26) & parce que chez les nations payennes il étoit regardé comme le principe & la source de la lumiere & de la vie. Le second jour étoit celui de la *Lune*, parce qu'après le soleil c'est l'astre qui frappe le plus les regards. Les noms de *Mars*, de *Mercure*, de *Jupiter* & de *Vénus* donnés au troisieme, au quatrieme, au cinquieme & au sixieme jour, ne sont point à la vérité dans l'ordre astronomique, mais cela vient de ce que nous ne faisons encore que de connoître l'astronomie, & nous sommes à peine sortis des erreurs dans lesquelles les anciens

(26) Les Allemands & les Anglois appellent le dimanche *jour du soleil*; les premiers le nomment *Sonn-dag*, les derniers *Sun-day*.

ont été fur l'ordre planétaire : cependant cela n'a point empêché qu'ils n'ayent donné au feptieme jour le nom de *Saturne*, parce qu'ils ont aifément apperçu que cette planete étoit la plus reculée, la plus lente & la moins brillante de toutes. Ces confidérations ne fentent ni le Paganifme ni l'aftrologie, elle font fimples & naturelles; ainfi le jour de Saturne eft le dernier de la femaine par une raifon naturelle, comme le jour du foleil en eft le premier par un droit qu'aucun autre aftre ne peut lui difputer. Ainfi le Dimanche des Chrétiens étant le même jour que le jour du foleil, eft une fête de renouvellement & de joye, tandis que le Sabbat des Juifs étant le jour de Saturne, ne doit être regardé que comme une fête de fin de période originairement confacrée au deuil & à des idées fombres & apocalyptiques. Si nous ne trouvons point ces idées primitives chez les Juifs, nous devons être affurés qu'elles ont été déguifées ou fupprimées par leur Légiflateur.

Le Sabbat chez les Juifs étoit la fête de la création du monde; c'eft une vérité fi fouvent répétée dans l'Ecriture qu'on ne peut l'ignorer; mais fi l'on examinoit la chofe à la rigueur on verroit que c'étoit moins la création ou le commencement que la fin de la création ou des ouvrages du Seigneur qu'on célébroit dans cette fête. Le nom de Sabbat avoit en effet la double signification de cessation & de repos, & l'on sçait que c'étoit parce que Dieu ayant cessé de créer, s'étoit pour ainsi dire reposé. C'étoit donc effectivement une fin à laquelle ce jour avoit rapport, & je ne craindrois pas d'avancer que c'étoit déja une fête de fin de période & de fin du monde, parce que l'existence des choses n'étant qu'une création continuée, la fête de la fin de la création ne peut être que la fête de la fin de l'existence des choses; mais laissons-là ces subtilités pour chercher les usages de cette fête, afin d'en découvrir l'esprit primitif qui s'étoit effacé.

Les Hébreux ont donné avec connoissance de cause le nom de *Sabbathi*, ou de *Sabthaï* à la planete de Saturne, puisque c'est une planete qui termine notre systême planétaire; en effet ils n'ont point regardé le Sabbat comme le premier jour de la semaine; le jour du Soleil chez eux comme parmi nous est le premier; le jour de Vénus est le sixieme, & par conséquent le septieme restoit pour Saturne & faisoit leur Sabbat, qui, comme on a vu ailleurs, est la source des mots *sept* & *septem*. Ainsi tout prouve que la fête hebdomadaire des Hébreux étoit placée à la fin du période.

XIV. Examinons maintenant si les usages du Sabbat avoient rapport à une fin de période, & si les motifs que les Juifs ont donné de ces usages ont été conformes ou analogues à l'esprit primitif qui animoit les hommes après le renouvellement du monde. L'objet principal du Sabbat étoit de rester en repos & de s'abstenir de tout travail. On ne vendoit ni l'on n'achetoit ; on ne voyageoit point ; on mortifioit ses inclinations ; on n'allumoit point de feu dans les maisons ; du temps d'Esdras on fermoit les portes des villes, pour suspendre tout commerce avec les Etrangers. La porte Orientale du parvis intérieur du temple, fermée les autres jours, étoit ouverte au jour du Sabbat ; le Roi venoit seul adorer le Seigneur sur le seuil de cette porte, & le peuple adoroit en dehors (26).

Tels sont les usages Sabbatiques dont il est parlé dans l'Ecriture ; passons aux motifs qu'elle en donne. Tantôt elle dit que Dieu ayant créé le monde en six jours, se reposa

---

(26) V. Exode, chap. XX. vs. 11. XXXV. vs. 3. Esdras, Liv. II, X. vs. 31. & XIII. vs. 19. Isaïe LVIII. vs. 13. Ezéchiel XLVI. vs. 1, 2, 3. Il est dit dans l'Ecriture que Judith ne jeûnoit ni au Sabbat, ni à la nouvelle lune. On doit remarquer que chaque fois que l'Ecriture parle de la Néoménie elle y joint toujours le Sabbat, ce qui pourroit faire juger que le Sabbat avoit été dans son origine une fête de même nature que la Néoménie, c'est-à-dire une fête lunaire & de renouvellement, & non la fête de la fin d'un cycle. C'est le changement arrivé dans la position de cette fête qui a introduit le mélange de cérémonies & d'opinions gayes & tristes qu'on pratiquoit dans ce jour.

le septieme, & voulut que ce jour fût consacré; tantôt c'est parce que Dieu a tiré le peuple d'Israël de l'Egypte; tantôt c'est pour donner du relâche aux hommes, aux animaux & à la terre; tantôt c'est un signe établi entre Dieu & son peuple (27). Nous ne voyons rien d'apocalyptique dans ces motifs, & les usages ne l'étoient pas plus dans l'esprit de la législation Judaïque. L'extinction du feu qui, comme on a vu, est lui-même un usage funebre, n'étoit sans doute ordonné que pour empêcher tout travail domestique. L'ouverture de la porte Orientale est aussi par lui-même un usage cyclique qui avoit rapport à un renouvellement. Cette porte, indépendamment du jour de Sabbat, s'ouvroit encore à la nouvelle lune avec les mêmes cérémonies; mais au jour du Sabbat cette porte s'ouvroit pour adorer Dieu dans une fête qui lui étoit consacrée; ce n'étoit que le lendemain, c'est-à-dire le jour du soleil, qu'on chantoit *attollite portas*, &c. Si la Législation des Juifs leur eût transmis l'esprit cyclique, il y auroit eu contradiction dans cet usage, mais comme ils n'avoient point cet esprit, cette contradiction n'est qu'apparente. Si Esdras faisoit fermer les portes de la ville le jour du Sab-

---

(27) Deuteronome V. vs. 15. Exode XX. vs. 11. XXIII. vs. 12. XXXI. vs. 14. XXXIV. vs. 21.

bat, ce n'étoit pas par un esprit funebre, quoique cet usage le soit en lui-même, mais pour mettre la police & pour faire observer la loi qui ordonnoit la cessation du commerce; cette cessation étoit chez les autres nations un usage funebre pratiqué à la fin des périodes, qui étoient réputés des jours malheureux; mais chez les Juifs ce n'étoit qu'une imitation du repos du Seigneur, ou c'étoit un repos nécessaire à l'homme après six jours de travail.

Malgré cela l'Ecriture ne nous apprend point si le Sabbat étoit pour les Juifs un jour de gayeté ou de tristesse; nous présumons d'après notre dimanche, que ce jour étoit consacré à l'allégresse, & nous en jugerons encor d'après les usages des Juifs modernes qui se réjouissent en ce jour-là; cependant si nous consultons ce que les écrivains anciens nous ont dit du Sabbat des Juifs, nous y verrons un extérieur assez lugubre. Agatharide dit que les Juifs passoient le Sabbat dans leur temple les mains étendues, & priant jusqu'au soir. Philon dit que le Sabbat est un jour de recueillement, dans lequel on faisoit l'examen de sa conscience & de ses fautes. Auguste écrivoit à Tibere après avoir fait une abstinence : *Les Juifs ne jeûnent point si rigoureusement au Sabbat que j'ai fait ce jour-là.* Pétrone & Martial parlent des jeûnes sabbatiques. Perse ne parle du

Sabbat que comme d'un jour où les Juifs étoient pâles & taciturnes. On voit dans Juvenal que les Rois de Judée observoient le Sabbat pieds nuds, & que ce jour-là les Juifs ne se donnoient aucun mouvement pour se procurer les choses les plus nécessaires à la vie. Plutarque nous dépeint les Juifs en habits de deuil au jour du Sabbat. Justin dit que suivant la loi de Moyse le Sabbat est consacré au jeûne à perpétuité, en mémoire des miseres qu'ils ont souffertes dans leur sortie d'Egypte, qui dura sept jours. Le Poëte Rutilius tourne en ridicule les froids Sabbats des Juifs, (*frigida Sabbata*) parce qu'ils n'allumoient point de feu & demeuroient dans une inaction totale. Strabon & Josephe remarquent que Pompée profitant du Sabbat se rendit maître du temple de Jérusalem, parce que c'étoit un jour de jeûne auquel les Juifs ne faisoient aucun travail (28).

Cette foule de témoignages semble prouver incontestablement que le Sabbat des Juifs étoit un jour de tristesse. L'origine que Justin donne au Sabbat n'est pas fort éloignée de la vérité, car il est dit dans le Deutéronome : « Sou-

---

(28) *Joseph contra Appion. Lib. I. cap.* 8. *Sueton. in August. Martial. Lib. IV. Epig.* 5. *Petron. in fragment.* Basnage, Liv. VI. chap. 14. §. 16. *Juvenal. Satyra* V, VI & XIV. *Plutarch. de superstit. Justin. Lib.* XXXVI. *cap.* 2. *Strabo Lib.* XVI.

» viens-toi que tu as été esclave en Egypte,
» que le Seigneur ton Dieu a déployé son bras,
» qu'il t'en a tiré par sa force, c'est pour-
» quoi il t'a ordonné d'observer le Sabbat. «
A ces autorités on pourroit joindre l'usage où l'Eglise Romaine est encore de s'abstenir de viande le samedi, usage qui est très-ancien, & qui étoit connu même des premiers Chrétiens, quoiqu'il y ait eu des temps où l'Eglise, de peur de judaïser, sans doute, a défendu le jeune du samedi & a presque égalé ce jour au dimanche.

Plutarque, dans son traité sur Isis & Osiris, dit que Typhon, pere de Juda & de Jérusalem, ayant été vaincu, demeura fugitif pendant sept jours dans la Judée. Et Josephe, contre Appion, dit que bien des villes à l'exemple des Hébreux, jeûnent le septième jour & allument des lampes. Dans le temps où l'on croyoit aux sorciers l'on pensoit que les malins esprits étoient plus nuisibles qu'à l'ordinaire la nuit qui se trouve entre le vendredi & le samedi : le samedi, comme on sçait, est le grand jour des sorciers qui vont au Sabbat. Toutes ces fables ridicules ont eu, sans doute, une origine; elles contribuent encore à prouver que le Sabbat étoit une fête lugubre (29).

(29) *Plut. in Iside & Osiride. Joseph. contr. App. Lib. II. cap. 9.* Démonomanie de Bodin.

Il est vrai que nous avons un passage de Plutarque où cet auteur semble contredire lui-même ce qu'il a dit ailleurs, & infirmer les témoignages que nous venons de rapporter. En effet dans ses *propos de table*, *Livre IV. quest. 5,* (30) il conjecture que le Dieu des Hébreux n'est autre chose que Bacchus dont les sectaires l'appelloient aussi *Sabasius*, & se nommoient *Sabéens*; parce que dans leurs cérémonies on crioit *Sabboi*, & parce qu'au Sabbat des Juifs ils s'invitoient les uns les autres pour se régaler, se réjouir & s'enivrer. Il y a loin de l'ivresse au jeûne; & comme ni l'un ni l'autre ne sont ordonnés par la loi, il paroît que les Juifs sont sortis ce jour-là d'un juste milieu pour donner dans des excès opposés. Mais avant d'expliquer la contradiction de Plutarque; voyons ce que les Juifs modernes pensent du Sabbat & les usages qu'ils observent en ce jour.

XV. Les Juifs modernes sont encore rigides observateurs du Sabbat quant au repos;

---

(30) La fin de ce livre de Plutarque qui eût pu expliquer ce qu'il y avoit d'obscur, n'est point parvenu jusqu'à nous. Il est singulier & fâcheux que tout ce que les anciens auteurs Payens ont écrit sur les Juifs se soit perdu préférablement à tant de choses inutiles qui nous ont été transmises. Le voyage de Pausanias au pays des Hébreux est perdu en entier : on le trouve cité par Eustathe & par Etienne de Byzance. La Bible ne suffit point pour connoître les Juifs.

les Samaritains ne voyagent jamais sur mer, parce qu'il faudroit violer le Sabbat; ils imitent en cela leurs ancêtres qui se sont souvent laissés égorger par leur ennemis plutôt que de se défendre. Aujourd'hui les Juifs ne se font plus scrupule de voyager sur mer, mais dans les villes où ils se trouvent ils suspendent toute affaire & tout commerce à l'exception de celui de vin, parce qu'ils disent avec le Psalmiste, que cette liqueur *réjouit le cœur de l'homme*. Ainsi ils regardent le Sabbat comme un jour de délassement & de réjouissance, dans lequel il faut boire, manger & dormir, prétendant que ce jour-là Dieu leur donne une ame superflue pour mieux se livrer au plaisir. Et pour ne point donner un démenti à Plutarque qui regarde Bacchus comme le Dieu du Sabbat, ils boivent du vin largement; en effet c'est une chose défendue que de jeûner le Sabbat, il est même méritoire d'y faire trois bons repas; en suivant cette méthode ils esperent d'être exempts des douleurs du temps de Messie, de la guerre de Gog & de Magog, & du feu de la *géhenne*. Il semble que par leur conduite actuelle les Juifs ont voulu démentir tous ceux qui ont parlé de leurs jeûnes sabbatiques.

Il n'en est pas de même des Samaritains; ceux-ci pendant toute la journée ne se permettent que des actes religieux; ils lisent la loi, ils chantent des hymnes, vont à la Synagogue, vivent très-sobrement & retirés, s'abstiennent du commerce de leurs femmes, en quoi ils sont très-opposées aux Juifs qui disent au contraire qu'en s'acquittant ce jour-là du devoir conjugal on fait un saint dans Israël. Les Samaritains reprochent à ceux-ci de faire du feu le jour du Sabbat, ce qui en effet est contraire à la loi de Moïse : cependant on voit dans les persécutions que les Juifs ont essuyées en Espagne, qu'un des moyens les plus sûrs pour les reconnoître étoit de remarquer les cheminées qui ne fumoient point le samedi. Peut-être le reproche des Samaritains tombe-t-il sur la lampe sabbatique que les Juifs ont soin d'allumer dès que la nuit du Sabbat commence, usage qui paroît venir d'une origine funebre, puisque les modernes disent que c'est en mémoire du soleil éteint au moment du péché d'Eve (31).

Les Juifs quoique fort relâchés, au prix des Samaritains, sur l'observation du Sabbat, n'y joignent donc pas moins des usages tristes & lugubres. L'idée où ils sont que de bien manger les exemptera des maux futurs, est une nouvelle preuve d'un esprit apocalyptique, attaché au dernier jour du période hebdoma-

---

(31) Basnage, Hist. des Juifs, Liv. II. chap. 9 & 32. Liv. III. chap. 14. Liv. VI. chap. 14 & 15.

daire, qui leur retrace la fin des temps. Cette perspective doit empêcher de trouver étrange que quelques Juifs aient avancé que le Sabbat étoit un jour funebre; que la planete qui y présidoit n'y répandoit que de tristes influences, & que c'est pour cette raison que Moyse voulut qu'on le sanctifiât. On pourroit encore dire que cette fête a pu devenir un jour de débauche pour se distraire des idées funestes qui l'avoient fait instituer : c'étoit en effet là le motif qui empêchoit les Romains de vaquer à aucune affaire le jour de Saturne, & c'étoit celui qui faisoit qu'ils passoient les Saturnales à se réjouir. Mais dans les jours malheureux les Romains ne poussoient pas la superstition aussi loin que les Juifs le jour du Sabbat, on pouvoit faire à Rome ce jour-là tout ce qu'il eût été nuisible d'omettre. (32).

Le jour du Sabbat les Juifs font encore la commémoration des morts (33). C'est, selon eux, à pareil jour que le Roi David est mort, ce qui est une fable des Rabbins pour qui David est Apollon. Cependant leur mythologie est mieux raisonnée que celle des Grecs qui plaçoient au contraire la naissance d'Apollon au septieme jour. C'est, sans doute par

---

(32) *Macrob. Saturnal. Lib. I. cap. XVI.*
(33) Basnage, Liv. V, chap. 2. §. 17. & Liv. III, chap. 14. §. 13.

un effet de cette mythologie Rabbinique qu'anciennement on faisoit une commémoration de David peu après le solstice d'hiver, temps auquel tous les anciens peuples célébroient la naissance du soleil ou de Mithras.

XVI. Nous avons vu que Saturne, comme Divinité, présidoit au temps & surtout à la fin des périodes; nous avons vu qu'il étoit regardé comme le Dieu du siecle futur, plus craint qu'aimé de ses adorateurs. C'est du fond de ces idées que sont tirées celles qui précedent: on craignoit d'attirer sa colere en manquant de célébrer sa fête; son jour étoit donc religieux & funebre; mais on cherchoit à égayer ces idées par la débauche & la bonne chere. Moyse en supprimant les dogmes funebres & apocalyptiques, s'est conduit plus sagement que les Législateurs Grecs ou Romains; par-là les Sabbats des Hébreux ne furent ni tristes, ni dissolus, mais graves & religieux. Cependant nous expliquerons les contradictions que nous présentent les usages des Juifs, en disant que malgré les soins du Législateur, l'esprit apocalyptique a toujours percé à l'aide de la tradition Rabbinique, & a fait qu'à la gayeté ou à la gravité prescrite par Moyse, les Juifs ont quelquefois joint les idées lugubres de leurs Rabbins, & quelquefois la dissolution des autres peuples de la terre. Par ce moyen Plutarque se trouve concilié avec lui-même, avec les autres auteurs, & enfin avec les Juifs; & ces derniers auront fait de leurs Sabbats des jours de Bacchanales, de diffolution & de débauche.

Les Juifs difent qu'au Sabbat & à la nouvelle lune les portes de l'enfer font ouvertes pour donner du relâche & du rafraîchiffement aux ames malheureufes qui foupirent toute la femaine après ce jour; le Sabbat venant à expirer, les portes de ce féjour fe referment, & les tourmens recommencent. Il eft aifé de voir par-là que les Juifs regardent leur Sabbat du même œil que la nouvelle lune, c'eft-à-dire comme un jour du renouvellement, ce qui eft une erreur. D'un autre côté puifque leur Sabbat leur rappelle l'autre vie, il paroît qu'il doit avoir rapport aux fuites de la fin des temps. Pour qu'il y ait quelque apparence de raifon à cette opinion des Juifs, ils auroient dû dire que l'enfer s'ouvroit à la fin du Sabbat; car c'eft-là le moment où l'on paffe à la délivrance & à la joye qu'amene tout renouvellement de période. Le Sabbat, comme les Juifs ne pouvoient l'ignorer, étoit le dernier jour de la femaine & non le premier; ce jour peut cependant être confidéré comme une fête qui eft à la fois civile & religieufe; c'eft le dernier jour de la femaine pour le peuple qui ayant travaillé fix jours fe repofe

& se réjouit le septieme ; c'est le premier jour relativement à la religion, qui consacre à Dieu les prémices de toute chose. Quoi qu'il en soit, les Juifs la veille du Sabbat au soir se souhaitent un bon Sabbat, & le lendemain à la clôture du Sabbat, ils se disent réciproquement: *Dieu vous donne une bonne semaine.* Ce qui prouve que la semaine ne commence pour eux qu'à la nuit qui suit le Sabbat (34). De retour chez eux ils font une libation de vin en signe de joie, ils récitent le Pseaume 125 qui est une hymne de louange sur une délivrance, & un verset du livre d'Esther (Chapitre. VIII. verset 16) qui dit *qu'une nouvelle lumiere s'est levée sur les Hébreux, que la joye, l'honneur & le plaisir sont retournés vers eux.* Enfin le lendemain ils chantent le Pseaume 23. *La terre est au Seigneur*, &c. c'est un Pseaume de triomphe qui, chanté le jour du soleil, indique que c'étoit le premier jour de la semaine, tandis que le Sabbat ou le jour de Saturne devoit être lugubre par sa nature.

Pour nous convaincre encore plus de la réalité de cette conjecture, voyons si nous ne trouverons point quelques traces de cet esprit dans le Pseaume 91 qui porte le titre de Sabbat. D'abord ce Pseaume contemple l'univers

(34) Basnage, Hist. des Juifs, Liv. III. chap. 10. §. 10. & Liv. VI. chap. 14. §. 2, 9. & 16. Léon de Modene, Liv. III. chap. 1. §. 26 & 27.

& loue Dieu de ses ouvrages, ensuite il finit par envisager la fin des temps qui menace les pécheurs & dont la perte est regardée comme prochaine. Le Pseaume 90 paroît lié à celui qui précede, & les Juifs le récitent à la fin du Sabbat; il annonce la confiance après le péril passé. Dans le Pseaume 118 que les Juifs modernes lisent dans leur Synagogue au jour du Sabbat, on voit un juste qui demande à être sauvé, à n'être point confondu avec les impies, & dont le cœur est rempli du desir de voir finir la vie malheureuse qu'il mene sur la terre, & d'être admis dans la félicité du Seigneur. Dans le Pseaume 103 que les Juifs modernes récitent au soir qui commence le Sabbat avant de se coucher, on voit une commémoration des anciennes révolutions du monde; Dieu est invoqué dans ce Pseaume comme créateur, comme conservateur & comme destructeur. On voit régner le même esprit dans le Pseaume 92, qui paroît destiné à être récité la veille du Sabbat, & qui porte le titre assez singulier *qu'il doit servir de cantique à David au jour qui précede le Sabbat, lorsque la terre fut affermie ou habitée*. Le Pseaume 37 a pour titre *pour la commémoration du Sabbat*: c'est une priere lugubre & lamentable & un humble aveu de ses fautes.

En un mot toutes ces circonstances semblent prouver que le jour du Sabbat a été dans son origine un jour funebre dont Moyſe n'a pu entièrement ſupprimer l'eſprit: le Sabbat étoit, ſelon les apparences, antérieur à ce Légiſlateur; il en a été le réparateur & le réformateur & non l'inſtituteur. On a pluſieurs fois agité cette queſtion, ce qui eſt aſſez étonnant, puiſque la Bible fournit une multitude de preuves que les hommes avant Moyſe avoient diſtingué le ſeptieme jour, & s'en ſervoient comme d'une eſpece de cycle qui régloit leurs démarches & même leurs uſages. Nous voyons dès les temps dont parle la Geneſe de grands égards pour le nombre de ſept jours. Noë entre dans l'arche le ſeptieme jour avant le déluge; il attend ſept jours pour envoyer une ſeconde & une troiſieme fois la colombe afin de s'aſſurer ſi la terre eſt deſſéchée. Le même Patriarche fait entrer dans l'arche ſept couples de chaque eſpece d'animaux. La circonciſion, qui n'eſt point une inſtitution Moſaïque, ſe faiſoit au huitieme jour, c'eſt-à-dire au renouvellement de la ſemaine. C'eſt dans le même eſprit que la loi vouloit qu'on laiſsât les premiers-nés des animaux ſept jours avec la mere, & qu'on ne les offrît que le huitieme. Jacob ſe loua à Laban pour ſept ans; l'Egypte pleura ce Patriarche pendant 70 jours; la cérémonie de ſes funérailles dura ſept jours. Enfin, ce qui eſt très-déciſif, Moyſe lui-même parle du Sabbat avant que la loi eût été donnée sur le mont Sinaï, à l'occasion de la manne qu'il veut que l'on recueille pour deux fois au sixieme jour, parce qu'il ne devoit point en tomber le septieme qui est le jour du Sabbat. (35).

Cette solemnité hebdomadaire est donc fort antérieure à Moïse, & son usage ne peut venir que des Législations primitives; son objet avoit été de louer Dieu au retour de toutes les phases de la lune, mais l'usage de pleurer à la fin des périodes avant que de se réjouir pour leur renouvellement, a dès les premiers temps donné plus de célébrité à la partie funebre qui est insensiblement devenue la partie essentielle de la fête, voilà pourquoi le septieme jour comme fin de période a été chez presque tous les peuples un jour beaucoup plus funebre que de réjouissance. Il ne faut donc plus être surpris que le nombre sept ait été si révéré de tous les apocalyptiques, & soit devenu le nombre fatal & chéri de tous les astro-

---

(35) Voyez la Genese, chap. VII. vs. 2, 3, 4, 10, 12. & chap. L. vs. 3, 10. Exod. chap. XVI. & XXII. vs. 30. Basnage, Liv. VI. chap. 8. §. 10. Aristote dit que les Grecs ne donnoient un nom à leurs enfans que le septieme jour après leur naissance, parce que la plûpart mouroient avant ce jour, & que par conséquent on ne pouvoit avant ce terme les compter au nombre des vivans. Cette cérémonie se nommoit *Ebdomée*, & étoit accompagnée d'un festin. V. *Aristot. Hist. Animal. Lib. VII. cap. 12. J. Meursii Græcia feriata. Lib. III.*

logues, sorciers & visionnaires. De-là, comme on a vu, sont dérivées toutes les idées sur les années climatériques; & tous les périodes multipliés par sept ont été regardés comme funestes aux hommes, aux Empires, à l'univers. Toutes ces folies ont eu pour base l'idée lugubre attachée dans l'origine au septieme jour de la semaine, dans lequel on se rappelloit les malheurs passés du monde & ceux qu'on redoutoit encore pour lui ; on éteignoit les feux, comme font encore les Juifs & les Cophtes ; on allumoit les lampes sabbatiques, on prioit, on veilloit, on jeûnoit dans l'attente d'un juge exterminateur. Enfin on s'occupoit du grand renouvellement qui consoloit les hommes de leurs maux présens par l'espérance d'une vie plus fortunée. S. Augustin appelle la vie future le *Sabbat de l'éternité*. C'est avec plus de raison qu'il l'appelle dans un autre endroit une *octave éternelle*, parce que de son temps on avoit divisé la durée du monde en sept âges (36).

XVII. Il nous reste encore à parler des usages du période journalier, dans lesquels nous retrouverons visiblement les alternatives de tristesse & de joie que nous avons remarquées dans toutes les institutions anciennes. En effet si nous

---

(36) *S. Augustin. Confess. Lib. XIII. cap.* 36. *Idem de Civitate Dei, Lib. XXII. cap.* 30.

examinons les prieres périodiques & journalieres que nous voyons établies chez tous les peuples de la terre, nous sentirons que les unes nous ramenent à la gayeté & les autres nous rappellent des idées tristes & lugubres. Toutes les fêtes, comme on a vu, commençoient au coucher du soleil & s'annonçoient par un ton lugubre. L'uniformité de ces usages doit nous prouver de plus en plus qu'il fut un temps où le coucher du soleil remplissoit les hommes de terreurs, & leur faisoit craindre d'être replongés dans les ténebres & le monde dans la ruine ; c'est une vérité sur laquelle nous reviendrons encore dans le livre suivant en parlant des effets physiques du déluge ; les remarques que nous ferons serviront à nous expliquer l'esprit de la plupart des usages religieux & journaliers des anciens & des modernes dans leurs liturgies sacrées.

Les Payens, suivant Noël le Comte, sacrifioient aux Dieux célestes le matin, aux Dieux infernaux & aux Manes le soir. Les Romains, les Perses, les Sabiens, les Indiens saluoient le soleil levant. Les Bramines au lever de l'aurore chantent une hymne en l'honneur d'un Dieu qui vole dans les cieux, porté sur un char très-rapide ; ce Dieu combattit mille ans avec un crocodile, & le tua à l'aide de (37)

___
(37) Cérém. Religieus. Tom. VI.

Vishnou. Qui est-ce qui ne voit pas dans ce Dieu un Apollon vainqueur du serpent Python, & le soleil vainqueur des exhalaisons pestiférées de la terre après le déluge ? Ainsi dans cet usage des Bramines nous voyons sensiblement une commémoration des malheurs du monde; de plus ceci sert encore à nous expliquer les motifs de la vénération que tous les peuples ont eue pour l'astre du jour, dont, comme nous avons vu, les Chrétiens eux-mêmes ont eu de la peine à se défendre.

On voit dans Job que c'est au point du jour que les justes attendront la visite & la consolation du Seigneur (38). Le Prophète Isaïe dit que la désolation viendra le soir, & que les méchans ne verront plus le matin (39). L'esprit primitif des nations n'est point banni de la liturgie particuliere de l'Eglise Romaine; on trouve de l'allégresse & de la gayeté dans les prieres consacrées au matin, & de la tristesse dans celles que l'on récite le soir. Si cette observation se trouve quelquefois démentie, c'est que les heures où l'on récite aujourd'hui ces prieres, ont été peu à peu déplacées, & que l'on a insensiblement oublié les intentions & les idées primitives. Homere appelle le soleil levant la *lumiere sacrée du jour*. Les Egyp-

---

(38) Job, chap. VII. vs. 18.
(39) Isaïe, chap. XVII. vs. 14.

tiens saluoient les Dieux dès le grand matin. Osiris le plus grand de ces Dieux peut être regardé comme un soleil personnifié : ils avoient des offices réglés dans lesquels on célébroit sur-tout les victoires & les malheurs de ce Dieu (40). Les Juifs doivent faire la priere dès le moment que le soleil paroît sur l'horison ; c'est, selon eux, l'instant le plus favorable pour obtenir de Dieu ce qu'on lui demande ; les mauvais anges se taisent à cette heure-là ; ils pensent que les larmes du matin effacent les péchés ; ils benissent Dieu d'avoir donné au coq l'instinct pour distinguer la nuit du jour (41). Lactance dit que l'Occident & la nuit ont rapport au diable, à la mort, aux ténèbres, & que l'Orient & le jour ont rapport à Dieu, au ciel, à la vie éternelle (42).

Dans la mythologie payenne la nuit est la plus ancienne des Divinités ; elle est fille du Chaos, mere des Dieux & des hommes, femme de l'Erebe, ou de la noirceur, mere de l'Ether & du jour ; elle est pareillement mere de l'odieux Destin, de la parque noire, du sommeil, des songes, de la mort, des craintes,

---

(40) M. Jablonski dérive le nom *d'Osiris* de deux mots Cophtes ou Egyptiens *Oeischirl*, qui signifient *celui qui fait le temps*, ou la *cause du temps*. *Voyez Jablonski Pantheon Egyptiorum*, pag. 151.

(41) V. Basnage, Livre VI. chap. 18.

(42) *Lactant. instit. divin. Lib. II. cap. 10.*

de la douleur, de l'envie, du travail, de la vieilleſſe, de la miſere ; en un mot dans les idées de la mythologie la nuit eſt regardée comme la ſource de tout ce qui eſt mauvais. Enfin chez tous les peuples la nuit a été un ſujet d'effroi, & le retour du ſoleil un ſujet d'allégreſſe. Le mot François *Jour* ne pourroit-il point venir de *Jo-ur* feu divin, *divus ur* ou *Deus uranus*, d'où l'on a pu faire *diurnus* ? Alors l'expreſſion de *lumiere ſacrée du jour* dont Homere s'eſt ſervi n'en ſeroit qu'une traduction fidele.

Quoi qu'il en ſoit, nous venons de voir que les uſages du jour nous préſentent, comme toutes les inſtitutions antiques, un mélange de chagrin & de plaiſir occaſionné par cette inquiétude & cette eſpérance pour l'avenir, que nous avons nommé *eſprit apocalyptique*. C'eſt à cet eſprit que j'ai attribué dans le cours de cet ouvrage une foule d'opinions vulgaires, d'uſages civils & politiques, d'inſtitutions religieuſes, de façons de parler des anciens, qui étoient ſouvent pour eux-mêmes des énigmes inſolubles. Je n'ai point la préſomption de croire que j'aye parfaitement deviné, & encore moins que j'aye tout expliqué ; j'ai ſouvent été ébloui par la multitude des objets que j'ai rencontrés dans une terre inconnue où perſonne n'avoit encore abordé par la même route. Si je n'ai point également réussi dans mes recherches, j'espere qu'on pardonnera mon insuffisance, & que le lecteur me fera grace en faveur d'un tableau très-étendu que je lui ai présenté des usages & des opinions des hommes; tableau toujours intéressant pour le Philosophe, qui tire son instruction également des erreurs & des vérités que l'histoire lui présente.

Fin du cinquieme Livre.

L'ANTIQUITÉ DÉVOILÉE PAR SES USAGES.

LIVRE SIXIEME.

Tableau des Effets physiques & moraux du Déluge.

CHAPITRE I.

Du Déluge, ou de la Révolution universelle qui a changé la face primitive de notre Globe, & des effets physiques qu'elle a produit sur la Terre.

I. APRÈS avoir parcouru dans les livres qui précedent les usages de presque tous les peuples de la terre, après avoir fait voir que leurs cérémonies, leurs fêtes, leurs mystères, ainsi que la plûpart de leurs opinions, avoient pour base des idées funebres & lugubres, il faut maintenant examiner le grand événement qui a fait naître toutes ces idées : nous devons le regarder comme la source féconde de toutes les institutions humaines, dont un grand nombre, quoique altérées, corrompues & diversement modifiées, se sont transmises jusqu'à nous, & dont plusieurs, selon les apparences, passeront à la postérité la plus reculée. Ce terrible événement n'est autre que le déluge ; nous avons vu sa mémoire conservée chez toutes les nations du monde, & le naturaliste trouve ses ravages écrits en caracteres lisibles & ineffaçables sur toutes les parties de notre globe.

Le nom que les anciens Orientaux donnoient à la catastrophe effrayante que nous nommons déluge, est *Mabul* ou *Manbul* : on comprendra mieux ce que ce mot signifie, lorsqu'on sçaura qu'il est dérivé de *Nebel*, vase ou vaisseau propre à verser de l'eau (1). C'est de ce nom que les Orientaux ont employé à leur ordinaire dans un sens allégorique, que les Occidentaux ont formé celui de Νεφέλαι qui signifie nuages ou nuées en Grec, celui de *nebula*, & que nous nommons

___
(1) *Diluvium, inundatio, uter, lagena, nibelet, pluviæ. Nabal, cadere, destruere.*

en François un *temps nébuleux*. Chez les Allemands le mot *nebel* signifie un brouillard. Au temps du déluge l'atmosphere dut sans doute être chargée de nuages épais qui enveloperent la terre de ténebres, qui avertirent les nations du sort qui les menaçoit, & qui détruisirent ensuite les hommes consternés par les torrents de pluie dont leur séjour fut inondé. Telle est l'idée que les traditions Hébraïques nous donnent en effet du déluge; elles nous présentent toutes les bouches ou cataractes du ciel ouvertes, & cette catastrophe précédée de la rupture des réservoirs de l'abyme qui contribua à grossir les eaux. C'est-là à-peu-près l'idée que l'on se forme du déluge; mais ce tableau, tout effrayant qu'il est, le devient encore bien plus lorsqu'on fait attention à une autre anecdote de l'histoire des Hébreux & aux détails renfermés dans la consolation que Dieu donne à Noë. En effet Dieu lui promet que tant que la terre durera, la semence & la moisson, le froid & le chaud, l'été & l'hiver, la nuit & le jour ne cesseront de s'entresuivre (2), ce qui nous autorise à conclure qu'il régna un affreux désordre dans la nature non-seulement au moment du déluge, mais

---

(2) Genèse, chap. VII. vs. 11. chap. VIII. vs. 22.

vraisemblablement encore dans les années qui le précéderent & le suivirent. L'ordre des saisons avoit donc été altéré ; la famine & la misere s'étoient répandues sur la terre par le défaut de temps favorables pour semer, moissonner & labourer ; l'été & l'hiver ne se succédoient donc plus réguliérement, & tous ces désordres avoient dû couvrir le genre humain d'infirmités, de maladies, rendues encore plus cruelles par la confusion du jour & de la nuit, & par les ténebres toujours effrayantes pour l'homme, & capables seules de le jetter dans le désespoir.

Les Physiciens s'étendront, s'ils veulent, sur les causes qui ont pu produire le dérangement du jour & couvrir la terre de ténebres. Ils décideront si ces causes étoient au dedans de notre globe ou hors de lui. Les seuls nuages de notre atmosphere ont-ils suffi pour produire une obscurité totale ? Y a-t-il eu quelque suspension dans les révolutions journalieres de la terre ? Le soleil se seroit-il alors entiérement couvert de ces taches qui lui sont ordinaires, & ont-elles formé une croûte qui déroba totalement sa lumiere ? Enfin la queue ténébreuse de quelque comete a-t-elle enveloppé la terre ? & le déluge n'a-t-il été que la suite d'une révolution qui s'est fait sentir dans tout le système de l'univers ? Tous ces sentimens ont quelque chose de plausible ; mais il y auroit de l'imprudence à rien assurer positivement (3).

Quoi qu'il en soit, les divers fléaux dont Dieu promet à Noë que la terre sera délivrée par la suite, prouvent qu'au temps du déluge la nature fut dans un désordre total & dans une effervescence extraordinaire. Quelle qu'en ait été la cause, on peut encore, sans se tromper, attribuer une partie considérable de ces désastres à la mer irritée & sortie de ses bornes ordinaires ; les forces qui produisent actuellement ce balancement tempéré & toujours réglé des mers, par lequel elles sont tantôt portées sur nos rivages & tantôt repoussées ; ces mêmes forces, dis-je, augmentées ou dérangées, ont suffi pour submerger les continens ; la nature troublée a pu élever alors ses eaux à une hauteur beaucoup plus grande que celle que nous voyons dans les plus fortes marées. Ainsi toutes les mers ont pu en un instant être jettées sur nos continens, & détruire en un clin d'œil les nations ; elles ont pu ensuite être ramenées dans leurs bassins accoutumés, pour être reportées

---

(3) Les traditions du regne d'Ogygès sous lequel est arrivé le déluge de Béotie portent qu'il y eut de son temps des changemens considérables dans la planete de Vénus ; qu'elle changea de couleur, de grandeur, de figure & de cours. *S. August. de Civit. Dei*, rapporte ces faits d'après Varron. D'autres ont attribué le déluge à l'inclinaison survenue aux poles de la terre, &c.

de nouveau sur les terres à qui elles ont livré des assauts fréquens & réitérés. Par-là les eaux ont pu changer la surface géographique du globe terrestre, former de nouvelles vallées, déchirer des chaînes de montagnes, creuser de nouveaux golfes, renverser les anciennes hauteurs, en élever de nouvelles, & couvrir les ruines de l'ancien monde de sable, de fange & d'autres substances que leur agitation extraordinaire les mettoit en état de charrier. Les traditions d'accord en cela avec tous les monumens naturels justifient ce que nous disons de ces révolutions (4).

A ces phénomenes nous devons encore joindre les tremblemens de terre, qui ont dû faire sortir du sein de la terre des sources capables de grossir les eaux. Tous les continens ont été ébranlés par la même secousse qui agitoit & soulevoit les flots ; les couches de la terre furent tantôt affaissées & tantôt élevées violemment suivant les mêmes directions qui

(4) Selon les Caraïbes, c'est le déluge qui a produit les mornes, les falaises, les escarpemens, les écueils que l'on voit dans leurs isles qui ont été séparées de la terre ferme. Ces notions d'un peuple sauvage sont très-remarquables, & pourroient apprendre à des peuples plus instruits que c'est pareillement le déluge qui a produit les séparations visibles de plusieurs parties du continent qu'ils habitent. Voyez les Œuvres physiques de Lehmann, préface du III Volume, & Voyages de la Borde, pag. 6 & 7.

affaissoient & soulevoient les eaux de la mer ; à la fin ces couches se sont brisées & ont donné passage aux eaux souterraines ; la croûte de la terre, semblable à une voûte antique, fut forcée d'écrouler sur elle-même, & produisit des montagnes dans quelques endroits, des vallées, des lacs, des mers en d'autres. L'homme ne vit alors que la mort de toutes parts ; la terre se déroboit sous ses pieds : il invoquoit le ciel qu'il ne voyoit plus ; il erroit dans l'obscurité sur les débris de sa demeure ; & tous les éléments conjurés ne lui présentoient que le trépas.

Le feu vint encore joindre ses fureurs à toutes ces étranges convulsions, il sort du sein de la terre ; un bruit affreux annonce ses efforts, il éclate au travers des montagnes & des plaines. Des volcans allumés en mille endroits vomissent à la fois de l'eau, du feu, des rivieres embrasées, & des torrens de lave qui consument ce que les eaux ont respecté. Les exhalaisons & les fumées sorties de ces fournaises infectent l'air & détruisent les nations que les secousses & les ravages de la nature avoient épargnées jusques-là ; l'air s'épaissit & ne devient plus qu'un brouillard sulphureux ; une noire fumée remplit toute l'atmosphere ; le soleil n'existe plus sur la terre, tout contribue à lui dérober sa lumiere secourable ; une nuit vaste regne sur le monde ruiné, il n'est éclairé par intervalles que par les embrasemens affreux qui montrent à l'homme égaré toutes les horreurs qui l'entourent (5).

II. Il faut de nouveaux malheurs à la terre pour lui rendre les rayons du soleil interceptés par la fumée & par les vapeurs malfaisantes qui l'environnent. Il faut que l'atmosphere se purifie, cet effet est produit par les nuages qui touchent à la terre ; ils se résolvent en pluie, des torrens continuels tombent du ciel & sillonnent les nouveaux continens depuis leurs sommets jusqu'aux rivages de la mer, ils s'ouvrent un passage au travers des débris & des cendres que les tremblemens de terre & les incendies ont amoncelés ; ils rompent les digues de sable & de vase que la mer avoit formées ; & lorsqu'ils ne trouvent point d'issue, leurs eaux se rassemblent & forment de nouveaux lacs. Les anciens débris sont par-là ensévelis sous de nouvelles ruines ; les eaux lavent & dépouillent les sommets des rochers & des montagnes, qui depuis ce temps sont demeurés arides & incapables de produire ; le limon, la fange & les eaux sont portés dans les lieux

---

(5) Les traditions du déluge d'Ogygès font mention d'une nuit qui dura neuf mois. Pour peu que l'on considere l'Archipel, on verra que les isles qui le composent ont été formées par des volcans, dont quelques-uns subsistent encore. Voyez *Solinus*, *cap. XVII.*

les plus bas, dont ils font des marais ; ceux-ci formeront au bout des siecles des plaines fertiles pour des races futures (6).

Ainsi la chûte des eaux éclaircit peu-à-peu l'atmosphere & fait disparoître cette obscurité qui couvroit l'univers ; l'espérance de recevoir la lumiere peut déja rentrer dans le cœur des mortels ; ils commencent à entrevoir les débris qui les environnent ; mais bientôt la nuit vient les replonger dans les ténebres & dans le désespoir ; ayant perdu l'habitude des alternatives régulieres du jour & de la nuit, cette nouvelle obscurité a droit d'alarmer les hommes qui avoient presque oublié le soleil banni depuis si long-temps de leur triste atmosphere ; peut-être l'avoient-ils cru détruit comme leur demeure ; cependant le lendemain cet astre recommence sa carriere, & lance une lumiere foible sur la terre convertie en solitude. Le globe a repris son mouvement de rotation ; c'est lui qui produit cette succession réglée du jour & de la nuit. Alors l'homme connoît l'étendue des maux que sa demeure a souf-

(6) Dans les langues Orientales, *Phaëton* signifie *bouche de fournaise* ; les larmes des Héliades ses sœurs, filles du soleil comme lui, sont sans doute dans le style allégorique de la fable, les pluies qui éteignent les flammes ; & qui rabattent les vapeurs causées par les embrasemens souterrains. On trouvera toutes les descriptions que nous venons de faire dans Ovide, *Metamorphos. Lib. II. fabul.* 2 & 4.

ferts pendant l'obscurité ; qui pourroit entreprendre de peindre ses premieres sensations à la vue du désordre qu'il voit régner par-tout? où prendre les couleurs propres à représenter les idées de ceux qui eurent le triste bonheur de survivre au monde détruit ? Nos yeux accoutumés à une nature tranquille & réguliere ne nous peuvent rien fournir qui approche de ce tableau, & notre imagination ne peut nous retracer les pensées qui durent s'élever dans des ames accablées par l'inquiétude, la crainte & la douleur ; elle ne peut nous montrer que foiblement les traits de ces infortunés engourdis par la misere, exténués par le besoin & égarés par la terreur. Rendus stupides par l'infortune, ils n'attendoient que leur anéantissement ; à peine leur restoit-il des forces pour sentir tous leurs maux (7). Ce sont là les traits sous les-

---

(7) Rien n'est plus conforme à ce qui vient d'être dit que la description que fait Ovide du déluge de Deucalion. *Metam. Lib. I. fab.* 1 & 7. *Lib. II. fab.* 1.

Redditus orbis erat, quem postquam vidit inanem,
Et desolatas agere alta silentia terras
Deucalion, &c.

METAMORPHOS. LIB. I. FAB. 7.

Il est bon de remarquer que les expressions d'*inanis* & de *desolata*, que le poëte employe pour peindre l'état de la terre, sont fidélement traduites du *Tohu* & *Bohu* du second verset du premier chapitre de la Genèse : expressions dont Jérémie s'est encore servi pour peindre la désolation future de la Judée, *chap. IV.*

quels Ovide & Séneque nous peignent le tableau physique & moral du déluge : ils nous représentent les hommes assemblés aux sommets des montagnes, timides, éperdus, stupides & devenus insensibles à force de calamités.

Cependant les vapeurs commencent à se condenser par l'action insensible du soleil, & les nuages qui étoient descendus jusques sur la surface de la terre, & qui se confondoient avec les eaux dont elle étoit couverte, s'élevent insensiblement, & vont occuper région de l'air où nous les voyons aujourd'hui suspendus. L'atmosphere débarrassée laisse appercevoir au loin la nouvelle disposition de la terre, dont les eaux prennent un cours suivant la pente naturelle des nouveaux terrains, & vont se rendre dans les nouveaux bassins que le désordre leur a creusés en différens endroits, là elles forment des marais, des lacs, des mers. S'il existe quelques portions de la premiere terre,

---

vs. 23. Dans la Cosmogonie de Sanchoniaton, ce *Bohu* se trouve personnifié sous le nom de *Baau*, que les Grecs ont traduit par *nuit*. On en a fait la mere des deux premiers hommes, que l'auteur appelle *premier-né* & *la vie* : généalogie métaphysique & ridicule, qui montre de plus en plus que les Cosmogonies & les Théogonies de la plûpart des peuples, ainsi que leur cahos & leurs Géans, ne sont que des peintures altérées de la grande révolution dont nous parlons ici. V. *Euseb. Præparat. Evang. Lib. I. cap.* 10. *Seneca quæst. natur. Lib. III.*

on y découvre encore de nos jours les restes de ses anciennes productions ; on y trouve des forêts renversées & enfouies, dont la résine ou le bitume devenus solides forment des mines de charbon de terre, on y voit dans les couches de limon durci qui les couvrent des empreintes de végétaux souvent parfaitement reconnoissables ; & dans d'autres nous trouvons les restes de créatures animées qui furent alors ensévelies sous des couches immenses de boue, de fange, de sable, où ils nous attestent la catastrophe terrible qui a porté dans la terre ce qui étoit jadis à sa surface.

III. La surface de la terre fut sans doute long-temps à se dessécher même après l'écoulement des eaux ; de plus les continens échauffés par les feux souterrains dûrent long-temps exhaler en quelques endroits une quantité de vapeurs humides que la chaleur fit sortir des dépôts fangeux dont la terre étoit restée couverte ; elles contribuerent encore long-temps à former des brouillards qui rendirent le séjour de l'homme nébuleux & mal-sain ; elles perpétuerent les pluies, entretinrent l'humidité sur la terre, & empêcherent le soleil de se montrer à découvert sur l'horison ; malgré la régularité des jours & des nuits, la lumière que donnoit cet astre dut continuer à être foible & semblable à celle de nos plus tristes jours d'hiver ; la nuit pareillement privée de la lumiere douce de la lune & des étoiles, couvrit long-temps les yeux des mortels d'un voile sombre & impénétrable. Mais enfin ce nuage universel & ces sombres vapeurs commencerent à se dissiper, les nuages se diviserent, & ces épaisseurs solides donnerent passage aux rayons de la lumiere ; alors le soleil se montra à la terre, elle en fut réchauffée ; toute la nature sembla respirer & renaître. Quelle dut être la joie & la surprise de l'homme, jusques-là condamné à une lumiere triste & ténébreuse, à la vue de l'astre brillant qu'il avoit long-temps cru totalement éteint pour lui ? A la faveur de la sérénité rendue au ciel, la nuit parvint enfin à jouir de cette lumiere douce & paisible que la lune nous réfléchit, & le brillant cortege des étoiles étincella dans le firmament.

Les nuages ne furent pas plutôt dissipés en tout ou en partie, que tous les êtres engourdis qui avoient survécu au désastre universel se sentirent ranimés. Les habitans des eaux, sans sortir de leur élément, avoient pourtant partagé le malheur général ; une partie avoit été brisée par les tempêtes, brûlée par les feux souterrains, étouffée dans les bitumes & les vases, & ensévelie dans les sables & les fanges ; sentant la chaleur douce du soleil & la tranquillité rendue à leur élément, ils éprouverent les premiers les bienfaits de la nature renouvellée. Dans les eaux chargées des débris du monde les poissons trouvèrent une subsistance facile, qui fut long-temps refusée aux premieres générations de toutes les autres espèces d'animaux. Les habitans de l'air ne tarderent pas non plus à reparoître : l'air devenu plus pur leur permit de chercher leur nourriture, & à la vue de l'astre du jour ils recommencerent leurs chants. L'eau & l'air se repeuplerent ainsi les premiers, l'une offroit une subsistance abondante, & l'autre un passage facile.

Il n'en étoit pas ainsi de la terre & des animaux attachés à ce séjour, alors couvert de sable, de fange & de boue. Il falloit qu'elle se desséchât tout-à-fait pour que les animaux échappés se répandissent. Ils se tinrent d'abord sur des rochers & sur des sommets de montagnes stériles ; ils furent réduits à se repaître de toutes les substances terrestres, fluviatiles & maritimes que les eaux avoient dispersées ; ils vécurent de racines, de plantes déchirées, de poissons & d'animaux souvent corrompus ; ils chercherent sur-tout les aspects où la chaleur du soleil pouvoit en les réchauffant rétablir leurs forces abattues. La destruction de tout ce qui marche ou qui rampe sur la terre avoit été terrible ; cependant beaucoup d'arbres & de plantes ont pu résister au mouvement des eaux ; les torrens & les marées avoient aisément balayé tout ce qui ne tenoit point au sol de la terre ; il n'en resta sans doute que la petite quantité que différens hazards portèrent sur les sommets de quelques contrées élevées : aussi doit-on présumer que la terre fut bien plutôt ornée de forêts & de verdure que de créatures vivantes ; car si, lors de la destruction, la plus grande partie de ces créatures fut ensévelie sous les ruines du monde, combien la misere des temps qui suivirent dut-elle en moissonner parmi le petit nombre qui avoit pu se sauver. Le séjour de la terre, long-temps après que le calme eut été rendu à la nature, dut être le séjour de la maladie, de la contagion & du deuil. La terre se couvrit donc d'abord de verdure & de forêts, & ces forêts se remplirent peu-à-peu d'animaux.

Les hommes, les plus malheureux de tous les êtres dans ces tristes révolutions, furent les derniers à sortir des antres & des retraites élevées où ils s'étoient réfugiés ; ce ne fut que trop tard qu'ils purent descendre des rochers & des hauteurs qui leur avoient servi d'asyle. Lorsque la terre fut devenue plus solide, le besoin les força de suivre les traces des animaux, & de chercher leur subsistance avec eux. La splendeur du soleil pouvoit seule les tirer de l'engourdissement de leur ame ; cet astre y fit renaître quelques sensations de plaisir ; il les guida où leurs besoins les appelloient, il dessécha leur demeure ; quelle dut être leur inquiétude lorsqu'ils le virent caché par des nuages, ou la premiere fois qu'ils le virent se coucher ? quelle étoit leur joie à son retour, & leur tristesse périodique toutes les fois qu'ils le voyoient quitter l'horison ? Sans le soleil, ces hommes infortunés eussent sans doute succombé sous le poids de leurs chagrins, la terre n'eût été pour eux qu'une source de larmes, & leur reconnoissance pour cet astre secourable dut augmenter à mesure que le temps leur fit connoître les biens que sa chaleur & sa lumiere leur procuroit.

IV. Tel est le tableau le plus naturel & le plus vrai que l'on puisse se former du déluge & de ses suites immédiates. Pour le composer je n'ai point été consulter ni l'imagination, ni la poésie qui se sont si souvent exercées sur ce grand sujet, sans ordre, sans méthode & sans principes ; j'ai profité simplement des détails les plus vraisemblables qui nous ont été transmis par les traditions historiques & allégoriques de tous les peuples divers ; j'ai puisé les caracteres essentiels & l'ordre des différens événemens qui ont accompagné ou suivi cette grande catastrophe, de l'examen que nous avons fait dans les livres précédens des usages & de l'esprit des usages. De plus, autant qu'il m'a été possible, j'ai confronté ces traditions avec les monumens physiques sur lesquels les révolutions de la nature sont encore gravées en caracteres ineffaçables. J'ai éclairci ces monumens par les traditions, & j'ai consulté la nature dans ses opérations simples & ordinaires pour juger de ce qu'elle a pu faire dans des temps de crise & d'horreurs, persuadé qu'elle étoit alors sujette aux mêmes loix. Je n'ai regardé la chûte, l'éruption & le cours des eaux que comme un des derniers actes de la destruction qui arriva alors ; quel qu'en ait été le premier agent physique que l'homme chercheroit toujours vainement à connoître. Les traditions, les allégories, les usages commémoratifs, les différentes Cosmogonies que je n'ai pas négligé de consulter, présentent toutes également une terre détruite par le feu & par l'eau. Il semble que la diversité des traditions n'ait eu d'autres sources que la diversité des contrées que les peuples habitoient : les pays montueux & élevés ont plus souffert du feu, les régions moyennes & basses ont plus souffert des eaux ; des nations ont été étouffées dans les flammes & les vapeurs d'un incendie, d'autres ont été submergées & enfévelies dans la fange. Cette diversité d'anecdotes semble faire entrevoir qu'il y a eu dans différentes contrées du monde des hommes qui ont survécu à ces divers accidens, ce qui est fort contraire à la tradition des Juifs adoptée par les Chrétiens, qui font descendre tous les habitans de la terre actuelle de celui qui fut sauvé du déluge dont Moyse a parlé. S'il y a quelque moyen de résoudre ce grand problème, ce ne sera qu'en examinant les diverses traditions diluviennes, qui semblent dans plusieurs contrées porter avec elles des détails propres à la disposition physique de ces mêmes contrées ; ce ne sera qu'en examinant les traditions qui donnent sur les suites physiques & morales de ce grand événement les détails les plus conformes à la vraie nature des choses. Ce sera en jettant les yeux sur les différentes espéces d'hommes blancs, noirs, rouges, olivâtres, &c. qui semblent ne pouvoir avoir eu Noé pour pere commun. Ce sera en considérant le texte, l'esprit & le caractere des Annales Hébraïques dans lesquelles le plus souvent l'expression *toute la terre* n'est qu'emphatique, & ne désigne que toute une contrée particuliere telle que l'Egypte, la Judée, la Syrie, &c.

Ce sera en faisant cette autre remarque que l'unité d'un seul Noé & d'une seule famille ne forme point un dogme si capital au Christianisme même que l'unité d'un Adam. C'est ce dernier seul qui est la source du péché originel & la premiere pierre de l'édifice de la religion actuelle. D'un autre côté il n'est point écrit dans les annales sacrées des Hébreux que toutes les hautes montagnes qui sont sous le ciel furent sans exception couvertes par les eaux & surpassées de *quinze* coudées ; il est vrai que cela est ainsi énoncé, non en François ou en Anglois, ou dans une langue exacte & perfectionnée, mais en Hébreu, c'est-à-dire dans une langue peu correcte & fort éloignée de la précision, dans une langue remplie de l'emphase si naturelle aux Orientaux. La Chine s'appelle encore aujourd'hui *Thienchia*, nom qui signifie *tout ce qui est sous le ciel* ; lorsque nous lirons dans l'histoire Chinoise rendue en notre langue qu'en 1644 les Tartares envahirent toute la Chine, le texte Oriental porte que l'année *vingt & unième du cycle soixante-sept les Tartares ont envahi & désolé tout ce qui est sous le ciel* ; faut-il delà conclure que ces Tartares ont réellement envahi les quatre parties du monde (8) ?

De plus, quoiqu'il soit écrit, & quoiqu'il puisse être vrai que les eaux ont surpassé de hautes montagnes, le texte ne dit point, comme la traduction Françoise, *toutes les plus hautes montagnes* ; les hautes montagnes dont parle le texte de la Bible ne désignent point que la terre entiere eût été en même temps couverte d'une couche d'eau qui la surpassoit de quinze coudées dans toutes ses parties : dans quelques endroits les eaux ont pu en effet

(8) Du Halde, Hist. de la Chine, Tom. I. p. 95.

surmonter certains sommets par l'effet d'un flux & d'un reflux violent : mais alors des lieux très-bas pouvoient être découverts lorsque des lieux très-hauts pouvoient être inondés. Dans d'autres endroits l'élasticité des couches de la terre a pu plonger des portions de continens sous les eaux & les en faire sortir à diverses reprises, lorsque les forces élastiques ont eu assez de forces pour cela. Ailleurs les couches ayant été rompues, les continens ont été noyés en se précipitant sous les eaux avec leurs montagnes & leurs vallées ; leur ressort détruit par la violence de leur chûte ne leur a point permis de reprendre leur état naturel, les eaux voisines alors en déchargeant d'autres contrées y sont accourues, & ont formé des lacs, ou même de nouvelles mers dans ces tristes contrées, dans lesquelles on peut dire que le déluge dure encore.

Rien n'est plus singulier que les sentimens étranges, extrêmes & dénués de vraisemblance que l'on a eu sur le déluge ; les uns n'ont vu que des eaux qui se sont accumulées en peu de mois au point d'envelopper la terre entiere d'une mer universelle, dans laquelle on ne voyoit plus ni la moindre île, ni le plus petit rocher, ni le moindre sommet de montagne. Un déluge universel conçu de cette façon, porte nécessairement avec lui l'idée d'une destruction universelle pour toutes les créatures ; mais ceux qui l'ont ainsi imaginé ne se sont point embarassés de chercher d'où ils pouvoient faire venir un volume d'eau assez énorme pour submerger à la fin toutes les parties d'un globe tel que celui de la terre, ils ne se sont pas plus occupés du soin de faire disparoître cette masse d'eau. D'autres ont presque nié le déluge, ils l'ont relégué dans la seule Judée ou dans l'Égypte : effrayés par le mot d'*universel* qu'on donne à cet événement, sans en comprendre le sens, ils ont rejetté tous les monumens de la nature qui réclament dans toutes les contrées de la terre en faveur de l'universalité d'une révolution physique, parce qu'ils ont cru que l'universalité d'une révolution par rapport à la terre, entraînoit aussi l'universalité de destruction par rapport à l'homme ; ce sont pourtant deux choses bien différentes : il a pu se faire que la terre ait été bouleversée & ravagée dans toutes les parties de sa surface, sans que cela empêche qu'il n'y ait eu en différens climats des hommes échappés du malheur général de leur demeure. Le déluge envisagé avec des yeux raisonnables & physiciens, a pu être un événement universel, sans qu'il en soit résulté une mer universelle ou une destruction générale de toutes les créatures.

Je ne décide pourtant point ce problême, je ne le propose pas non plus dans la vue de rendre cet événement moins redoutable; j'agirois contre les principes que j'ai posés dans mon ouvrage, dans lequel on voit partout les impreſſions funeſtes & unanimes cauſés par la deſtruction du monde, d'une maniere qui a peut-être été méconnue des gens les plus perſuadés de l'univerſalité littérale & continue du déluge. Qu'il ne ſe ſoit ſauvé qu'une ſeule famille en un ſeul endroit de l'Arménie, ou qu'il s'en ſoit ſauvé cent en cent différens endroits, il n'en eſt pas moins vrai que le genre humain a été détruit, & que ſes reſtes ont été miſérablement diſperſés; que les hommes ont été les plus malheureux des êtres; que les premieres générations ont été long-temps miſérables; & que toutes les nations préſentes ne doivent leur origine qu'au très-petit nombre de ces infortunées créatures qui ont échappé aux révolutions de notre globe. Mais d'un autre côté il n'eſt pas moins vrai auſſi que cet événement, tout grand qu'il eſt par lui-même, a été chargé chez divers peuples d'une foule d'incidens merveilleux inventés tour-à-tour par la vanité & par l'oubli de l'antiquité. Il faut donc néceſſairement conſulter la nature & la raiſon pour s'en former une idée convenable & dégagée de fables. Quel qu'ait été le nombre de ceux qui ont ſurvécu aux ravages de l'eau & du feu, même parmi ceux-ci il n'a dû y avoir qu'un très-petit nombre qui a pu survivre à la misère, à la faim, aux maladies, aux exhalaisons dangereuses qui ont été les suites naturelles & nécessaires de la revolution générale. (9).

V. On seroit, sans doute, curieux de connoître par quels moyens ou par quel hasard les hommes & les bêtes, quel qu'ait été leur nombre, ont pu échapper à ce bouleversement & se tirer de l'horrible chaos des élémens irrités, déchaînés & presque confondus: en effet rien n'a été plus difficile si cet événement a surpris subitement les nations. Mais rien n'est subit dans la nature: si les moindres tempêtes sont annoncées plusieurs jours d'avance, la destruction du monde a dû être annoncée plusieurs années par des chaleurs, par des vents, par des météores, en un mot par une infinité de phénomenes. Il paroît par les traditions Hébraïques que la terre étoit déja une terre maudite & misérable 600 ans avant le déluge; que plus de 100 ans auparavant on prévit la ruine de la nature, & que l'on dut se précautionner, soit en allant habiter des contrées élevées pour se dérober aux inondations, soit des contrées maritimes pour être à por-

---

(9) Ovide dit:
Maxima pars undâ rapitur; quibus unda pepercit
Illos longa domant inopi jejunia victu.
METAMORPH. LIB. I, FAB. 6.

tée de s'embarquer (10). Il paroît par les traditions universelles & par une multitude de détails que les montagnes furent surtout les asiles des hommes (11). C'est vers les hauteurs qu'ils ont levé les yeux, soit pour s'y refugier d'avance, soit pour pouvoir y aller échouer; mais ce dernier moyen de se sauver a dû être le plus rare & le plus hazardeux. Si ce sont les mers qui ont d'abord inondé les continens par une marée déréglée, les vaisseaux ne pouvoient que se briser contre les hauteurs par le choc des flots tumultueux; si ce sont les eaux de pluie au contraire, elles ont dû d'abord faire déborder les rivieres, remplir les vallées où elles couloient, & entraîner tout ce qui surnageoit, non sur les hauteurs d'où les eaux descendoient, ce qui seroit contre nature; mais vers les pleines mers où les vaisseaux & ceux qui les montoient ont dû périr de façon ou d'autre. Enfin sur cet élément il devoit y avoir mille chemins à la mort & à peine un ou deux à la vie. Je ne sçais si je dois nommer heureux ou malheureux ceux qui furent jettés sur quelque rocher. Mais on ne peut nier qu'il n'y ait eu des hommes qui ayent trouvé cette ressource, & que

(10) Génèse, chap. V. vs. 29. & VI. vs. 3.
(11) *Ingressi sunt ardua & ascenderunt rupes, universa urbes derelictæ sunt.* Jérémie, ch. IV. vs. 29.

les hauteurs & les montagnes n'ayent été en général le refuge des restes du genre humain. Le culte des montagnes dont nous avons parlé en plus d'un endroit, paroît un monument de la reconnoissance que les hommes conserverent pour les endroits qui sauverent leurs ancêtres.

VI. Si l'histoire pouvoit pénétrer dans les premieres annales du monde renouvellé, elle nous marqueroit avec plus de précision les contrées qui ont servi d'asile & de berceau aux premieres sociétés; ce qu'on remarque, c'est que toutes les anciennes nations ont été jalouses de leur origine particuliere; elles ne vouloient se rien devoir les unes aux autres, elles prétendirent toutes aux titres d'*Autochtones*, d'*Aborigenes*, d'*Indigenes*, d'*Enfans de la terre*; dont on s'est sans doute servi pour désigner les peuplades composées du petit nombre de ceux qui dans chaque contrée échapperent aux calamités du déluge, & que l'on opppsa aux nations établies par colonies, qui avoient formé des établissemens ailleurs que dans les endroits où le déluge les avoit d'abord rassemblées. Cependant on peut juger des prétentions que les nations ont à l'antiquité par la nature du continent & du sol qu'elles habitent. Le vaste continent de l'Asie dans lequel il y a des régions fort éloignées de la mer, de grands déserts dénués de rivieres & de fleuves, enfin des contrées fort élevées, a pu avoir plusieurs nations qui pouvoient être appellées *Autochtones*; mais il faut les chercher vers les sommets du Songari, d'où les Chinois & les Tartares descendent; dans les hautes montagnes du Thibet & de Cachemire, d'où les Indiens sont venus; dans les hauteurs du mont Taurus & du Caucase, d'où les Chaldéens, les Hébreux, les Phrygiens doivent tirer leur origine. Le titre d'*Autochtones* ou d'originaires, n'a dû convenir qu'à un très-petit nombre de nations Européennes; l'Europe est la plus petite des quatre parties du monde; elle est découpée par de grands fleuves, des golphes, des mers; cependant cette chaîne de montagnes qui la traverse depuis l'Espagne jusqu'en Russie a dû offrir différens asiles aux nations dans le temps de la révolution générale. Les Pyrénées, les Alpes, l'Apennin & différens autres rameaux de ces montagnes ont pu avoir leurs *Autochtones*. L'Afrique, moins grande que l'Asie, mais plus grande & plus aride que l'Europe, & formant un continent moins découpé, a dû avoir ses *Autochtones* dans le centre de son continent & aux sommets des montagnes d'Éthiopie & d'Abyssinie. Par la nature du sol de l'Egypte & de l'Ethiopie il est aisé de juger lesquels des habitans de ces deux contrées avoient le plus de droit à la haute antiquité qu'ils revendiquoient également; elle appartenoit sans doute à l'Ethiopie, région haute, & non à l'Egypte, région basse & marécageuse. On doit de même ôter le titre d'*Autochtones* à tous les peuples que l'histoire nous montre établis dans de grandes plaines & sur les bords des grands fleuves, tels que l'Euphrate, l'Indus, le Gange, l'Hoangho, le Pô, &c. quoiqu'on y voye ces peuples établis dès les premiers temps connus de l'histoire, ces contrées fertiles aujourd'hui depuis qu'elles ont été habitées, n'ont dû être pendant une longue suite de siecles, que des bourbiers fangeux & des marais inhabitables. C'est le temps & le travail des hommes qui ont fait des séjours agréables de la basse Egypte, de la Béotie, de la Thessalie, de l'Arcadie, de l'Asie mineure, de la Mésopotamie, des rives de l'Indus & du Gange & des Provinces inférieures de la Chine. L'histoire justifie ce que nous avançons. Hercule, suivant Diodore, dessécha la Thessalie en redressant le cours du Pénée; il fit la même chose pour la contrée qu'arrose le fleuve Achéloüs. Suivant Strabon l'Araxe ne formoit qu'un grand lac en Arménie que Jason déboucha en ouvrant des montagnes, ce qui fit que ce fleuve se déchargea dans la mer Caspienne. La Béotie fut inhabitable 190 ans après Ogygès. Dans Diodore les Ethiopiens assurent que les Egyptiens sont une de leurs colonies, fondés sur ce que le sol d'Egypte n'étoit primitivement qu'une mer ; en effet l'histoire d'Egypte nous représente Osiris redressant le cours du Nil, desséchant les campagnes, creusant des canaux & formant des digues pour rendre le pays habitable. Hérodote parle sur le même ton, & dit que toute la basse Egypte n'avoit été qu'une mer ou un marais jusqu'à Ménès qui régnoit à Thèbes dans la haute Egypte, seule habitable de son temps. C'est de-là que les Ioniens pour se mocquer des antiquités Egyptiennes demandoient aux Egyptiens, *où ils étoient lorsqu'il n'y avoit point d'Egypte ?* Enfin il paroît que la Grèce fut totalement déserte, inculte & dépeuplée plus de trois siècles après le déluge de Deucalion. Eurotas, troisième Roi de Sparte, trouva encore le plat pays de la Laconie inondé & marécageux, & pour le dessécher il fit creuser le lit du fleuve qui porte son nom (12).

L'Amérique a pu avoir également les *Autochtones*, mais elle n'en a point eu une quantité aussi grande relativement à son étendue ; quoique cette vaste partie du monde contienne les montagnes les plus élevées que l'on connoisse, elles sont encore presque toutes des

---

(12) Voyez *Diodor.* Lib. I. §. 1. cap. 4. Lib. III. cap. 2. Lib. IV. *Herodot.* Lib. II. *Strabo*, Lib. XI. *Pausanias*, Lib. III. cap. 1. *Acta Erudit. Lipsiens.* anno 1691. pag. 100.

volcans & des fournaises. D'ailleurs l'Amérique est découpée & traversée par des fleuves dont le cours est si immense & dont les rameaux s'étendent si loin, que l'on peut regarder les vastes plaines de l'Amazone, de l'Orénoque, du Paraguai & de la Louisiane comme des golphes à peine desséchés. Le Canada est si rempli de lacs qu'une grande partie de cette contrée peut encore être regardée comme inondée par le déluge. De plus les habitans qu'on a trouvés en Amérique sont dans un état qui indique qu'il n'y a eu dans cette partie du monde que très-peu d'hommes qui ayent eu le bonheur d'échapper aux malheurs de la nature : cette contrée n'a point eu le temps de se repeupler autant que d'autres ; il faut encore des siecles pour y ramener la vie sociale & les arts qui en sont la suite. Les révolutions fréquentes auxquelles ce pays est sujet semblent prouver que les suites du déluge y ont duré bien plus long-temps qu'ailleurs, ont dû inquiéter & troubler les nations dans leur tendance à se perfectionner, & maintenir chez les peuples cette vie errante & sauvage qu'une nature plus calme a depuis longtemps fait disparoître de tout notre hémisphere. Au reste, nous avons vu dans le cours de cet ouvrage que les nations policées de l'Amérique, telles que celles des Péruviens & des Mexicains, ont longtemps conservé le souvenir des maux arrivés à leurs ancêtres, & ont à cette occasion pratiqué des usages analogues à ceux de tous les autres peuples de la terre. C'étoit une tradition chez les Péruviens que leurs ancêtres sauvés autrefois sur les montagnes y étoient longtemps demeurés, parce que des monstres & des géans s'étoient emparés des plaines.

VII. Nous terminerons ce Chapitre par quelques réflexions sur l'histoire : rien ne paroît sans doute plus digne de notre étonnement que le silence gardé par la plûpart des Historiens sur le déluge, & que la stérilité des détails qu'ils nous ont transmis sur ce grand événement. La plûpart de ces écrivains ont cependant eu pour objet l'origine des sociétés qu'ils voyoient établies de leur temps : plusieurs d'entr'eux ont voulu remonter jusqu'aux temps les plus reculés qu'il leur étoit possible ; quelques-uns même ont osé remonter jusqu'à la première origine de toutes choses. Ont-ils donc pu ignorer réellement ce grand événement ? Comment s'ils le connoissoient, ont-ils pu ne le raconter que comme un fait isolé, sans suites, & détaché de tout ce qui étoit arrivé depuis ? Peut-on présumer que le déluge n'eût fait aucune impression sur la façon de penser des premiers hommes ? Peut-on douter qu'une catastrophe si remarquable n'ait influé sur leur conduite, au point de devenir le mobile de tous les actes des premieres sociétés ? N'est-ce pas dans cette source que les écrivains auroient dû chercher l'explication des usages & des institutions qui subsistoient de leur temps, & qui se sont perpétuées jusqu'à nous ? Le déluge étoit sans doute le premier fait d'où il falloit partir, qu'il falloit détailler & approfondir, dont il falloit examiner les suites physiques à l'égard du monde, & les effets moraux à l'égard des hommes & des nations.

Ce silence & cette indifférence doivent nous paroître d'autant plus surprenans dans les historiens, que nous devons connoître, après l'examen qui a été fait, combien les premiers qui ont entrepris l'histoire du monde ont dû avoir de ressources. Les fables allégoriques dans lesquelles nous avons trouvé plus de détails & plus de vérités que dans l'histoire même, ne devoient point être aussi inintelligibles de leur temps, qu'elles le sont devenues par la suite. Ne connoissoient-ils donc pas le langage poétique & religieux dont nous avons retrouvé l'esprit & le système ? Ne voyoient-ils qu'avec les yeux du peuple cette multitude de fêtes, de jeux, de cérémonies & d'usages dans lesquels nous avons découvert les impressions faites par le déluge sur le cœur des hommes, l'esprit funebre de toute l'antiquité, l'intérêt que les nations ont pris aux révolutions arrivées du temps de leurs ancêtres ? La mémoire qu'elles en conserverent long-temps, avoit, comme on a vu, attristé le genre humain, & l'avoit plongé dans la plus sombre mélancolie ; comment donc est-il possible que les historiens n'aient fait nulle attention à ce caractere lugubre que nous avons remarqué au sein même des solemnités ? S'ils s'en sont apperçus, comment n'ont-ils pas eu le desir d'en découvrir l'origine ? La fable est plus instruite & plus instructive à cet égard que l'histoire, singularité bien frappante, mais qui n'en est pas moins réelle !

Il faut avouer que les plus anciens des historiens n'ont été nécessairement que des hommes modernes, relativement au déluge. Les villes dont le luxe & l'oisiveté ont, suivant Platon, donné les premieres la naissance aux écrivains, n'ont été bâties que bien des siécles après cet événement terrible. Les premiers temps se sont passés dans la misere, dans les larmes, dans l'ignorance. Des hommes forcés de s'occuper péniblement à trouver une subsistance précaire, ne songent guere à cultiver leur esprit, ou à recueillir des faits pour instruire & amuser une postérité sur laquelle ils ne peuvent compter. Les plus anciennes histoires connues nous peignent l'idolâtrie déjà universellement régnante dans le monde ; elles nous indiquent par-là que le style allégorique & les usages figurés étoient déjà altérés &

corrompus même chez les peuples policés ; dès-lors nous voyons ces fables & ces allégories chantées & non comprises ; dès-lors nous voyons les suites de cette ignorance que l'esprit qui présida à l'institution des mysteres, avoit déja répandue par-tout dans la vue de rendre les Sociétés actives & laborieuses ; dès-lors nous voyons de vastes Empires déja fondés & établis dans des contrées basses de la terre, qui n'ont pu être habitables que les dernieres.

Tout nous indique donc un prodigieux intervalle entre le déluge & le temps des premiers historiens. D'ailleurs il n'étoit point de la gravité de l'histoire & de la nature de son style, de recueillir toutes les anecdotes allégoriques & confuses dont toutes les légendes primitives étoient remplies ; si les historiens l'ont fait quelquefois, tantôt ils n'ont osé les représenter que comme des traditions populaires, tantôt comme des objets isolés, uniquement respectables par l'usage qu'en faisoit la religion établie ; il eût été impie d'en nier l'existence, il eût été dangereux d'expliquer aux peuples leur véritable sens. Joignez à cela que ces premiers historiens ignoroient de quelle importance il pouvoit être pour l'histoire, & surtout pour l'histoire morale dont ils n'avoient, suivant toute apparence, aucune idée de la puiser non dans les annales, mais dans les usages consacrés de tous les différens peuples; ils n'ont rapporté ces usages que comme des ornemens & des hors-d'œuvre; si plusieurs ont tenté de les expliquer, ils s'en sont communément très-mal acquittés, faute d'une certaine étendue de connoissances que le temps seul pouvoit donner; plusieurs après avoir rapporté ces usages, se sont fait une religion de ne les point expliquer. Hérodote, Diodore de Sicile, Pausanias, Plutarque, &c. sont remplis de réticences volontaires lorsqu'il est question d'expliquer des usages religieux; & l'on ne peut douter que cette discrétion dans les premiers écrivains n'ait eu originairement le même principe & les mêmes vues que les Législations politiques qui crurent devoir cacher aux hommes la science de l'univers à cause des objets tristes dont elle étoit remplie, & des empêchemens qu'elle apportoit aux progrès de la société. Voilà, sans doute, les principes, les raisons du silence des historiens sur le déluge, sur ses détails, sur ses suites physiques & morales. On peut les réduire à quatre chefs. 1°. la longueur de l'intervalle qui s'est écoulé entre le déluge & les premiers historiens; 2°. le style allégorique devenu fabuleux & inintelligible, & lié à la religion; 3°. les connoissances incomplettes des historiens; 4°. enfin les vues politiques qui ont fait établir les mysteres dont l'ignorance fut la suite.

VIII. Ce dernier motif des vues de l'ancienne police nous présente une réflexion à faire. Si nous avons découvert que d'anciens Législateurs ont cru devoir cacher aux hommes les anecdotes de leur premiere histoire, & leur voiler l'esprit funebre de leur religion; si nous avons découvert qu'ils l'ont fait par prudence & en vue de l'utilité des peuples; à quoi sert, dira-t-on, de rappeller un souvenir oublié, & de présenter aux nations un tableau lugubre qui ne peut que les attrister, les dégoûter & les attendrir inutilement sur le sort de leurs ancêtres? Ce sont les objections que je me suis faites à moi-même, & si elles ne m'eussent pas conduit à des réflexions profondes, peut-être aurois-je été retenu dès le premier pas; j'aurois sacrifié sans peine au silence les études de toute ma vie. En cela j'aurois suivi les vues mystérieuses des Législations, car j'avoue que mon systême seroit de cacher aux hommes des vérités que je leur croirois dangereuses; je souhaiterois à mes semblables plus de bonheur que de lumieres, si ces deux choses ne marchoient pas communément d'un pas égal. J'ai bien vu en effet que le systême de l'ancienne police étoit sage & digne d'éloges, puisqu'il avoit pour objet de tirer les hommes d'une vie malheureuse & d'effacer de leur esprit une foule d'opinions extravagantes qui ne servoient qu'à nourrir leur mélancolie, leur indifférence pour le bonheur & leur ennui de la vie. Mais d'un autre côté j'ai aussi apperçu que les temps étoient changés, & que le principe d'humanité qui avoit engagé les Législateurs à jetter un voile utile sur une foule d'objets nuisibles, pouvoit aujourd'hui faire écarter ce voile pour exposer aux regards des hommes revenus de leurs craintes les choses telles qu'elles sont & telles qu'elles ont été. Une révélation qui eût été nuisible alors est utile aujourd'hui. En effet par une suite d'une foule d'événemens arrivés sur la surface de notre globe depuis ces antiques Législateurs, les hommes se sont de nouveau remplis l'esprit d'une multitude d'opinions fausses & d'usages déraisonnables ; à force d'avoir été ballotés par une infinité de systêmes de religion, de politique & de morale, par une foule de gouvernemens & de principes différens, ils n'ont pu suivre de chemin assuré. L'homme ne connoissoit plus rien, & ne se connoissoit pas lui-même ; ses droits, ses espérances & ses craintes étoient des énigmes pour lui, & le genre humain étoit semblable à un foible vaisseau poussé au gré des vents & des caprices de ses guides sur une mer immense, où il est exposé à de fréquens naufrages ou du moins à des tourmentes continuelles.

J'ai vu que presque par toute la terre l'histoire n'étoit qu'une fable, que les plus graves historiens n'étoient que des conteurs puériles, que leur science n'étoit qu'un délire pompeux & perpétuel ; j'ai vu que tout ce qu'on regardoit la plûpart du temps comme une succession continue & non interrompue de faits & de vérités n'étoit qu'une chaîne continue d'erreurs, d'extravagances & de mensonges politiques. J'ai vu que la science du bonheur des hommes qu'on appelloit autrefois politique, n'étoit plus sous ce nom respectable que l'art de couvrir la terre de malheureux, pour servir les passions d'un petit nombre. J'ai vu que la plûpart de ceux qui se trouvoient chargés du soin de rendre les hommes paisibles, tranquilles & heureux, n'en connoissoient pas les moyens, ou par un effet de leur ignorance, de leurs préjugés & de leurs injustices refusoient d'y recourir, & n'étoient que les fardeaux du monde & les fléaux de leurs semblables. J'ai vu enfin que par une multitude de révolutions morales & politiques, de changemens de loix, de principes, d'opinions & de préjugés, le caractere naturel de l'homme avoit été tellement altéré qu'il étoit devenu méconnoissable, ridicule & indéfinissable. En un mot l'homme est devenu une énigme pour le philosophe ; des moralistes dangereux l'ont égaré d'âges en âges, tantôt en le considérant comme un être naturellement méchant, féroce & corrompu, tantôt en le regardant comme un animal stupide, dont la raison troublée ne méritoit plus d'être consultée ; leurs maximes pernicieuses, bisarres & toujours extrêmes ont tantôt avili cet être infortuné, & tantôt l'ont enivré & ravi follement au delà de sa sphere. Dans le dérangement presque universel qui résulte de ces idées insensées & dangereuses, on retrouve l'homme presque au même état où l'ancienne police l'avoit trouvé. Si la plus grande partie du genre humain n'est point retombée dans une vie sauvage, du moins il est retombé ou resté dans une barbarie réelle même au milieu des villes, & dans des craintes, des tristesses & des mélancolies habituelles qui le poursuivent jusqu'au sein des plaisirs. Enfin on voit l'homme presque universellement malheureux, & privé de cette portion de bonheur que la religion, le gouvernement & l'industrie devroient lui procurer sur la terre, & dont une nature calme & un ciel serein lui permettent de jouir.

C'est surtout à cette classe d'hommes qui gouverne les autres que j'ai voulu montrer l'affreux tableau des malheurs du genre humain ; j'ai cru par-là les intéresser en sa faveur ; je me suis flatté que si l'ambition n'a point étouffé en eux l'humanité, ils sentiront quelques remords à redoubler les maux des hommes qui depuis tant de siecles n'ont presque point cessé d'être malheureux. J'ai eu pour objet de consoler des infortunés, de les rassurer sur leurs craintes vagues & démenties par l'expérience, & de leur épargner de nouvelles terreurs & de nouvelles larmes. Qu'ils comparent la situation malheureuse de leurs peres avec celle dont la nature leur permet de jouir. Que les Souverains des hommes renoncent au triste avantage d'être aussi destructeurs que les élémens déchaînés au temps du déluge. Que les Législateurs apprennent aux citoyens à s'aimer, à se secourir, à se rendre mutuellement heureux dans la société qui n'est avantageuse au genre humain qu'autant qu'elle adoucit ses peines.

IX. Telles sont les réflexions qui m'ont déterminé à révéler aux hommes des vérités qu'une étude profonde & assidue de l'antiquité m'a fait entrevoir. Si l'ancienne police a cru pour le bien des nations devoir leur cacher l'esprit de leurs institutions primitives, j'ai cru que c'étoit les servir aujourd'hui que de relever le voile que l'antiquité avoit jetté sur les choses. Il a fallu pour cela remonter aux principes afin que les Législateurs & les peuples sortent du labyrinthe où jusqu'à présent la plûpart des hommes ont erré. En cela j'ai suivi les vues de plusieurs grands hommes de notre temps, qui ont senti combien il importoit au bonheur des peuples de remonter aux premiers principes des choses. Le goût de la Philosophie & le desir de faire des recherches sur la marche de l'esprit humain, qui fait le caractere de notre temps, sont des fruits nécessaires de la renaissance des lettres, secondée par l'inestimable invention de l'Imprimerie : celle-ci après un grand nombre de siecles de stupidité & d'ignorance, a exposé à tous les yeux les ouvrages de l'antiquité; par-là dans l'espace de deux ou trois siecles la sphere de l'esprit humain s'est aggrandie avec une rapidité singuliere, & par un effet naturel elle va toujours en croissant. Les premieres lectures données à la curiosité ont conduit à la réflexion, & ont fait naître l'esprit de critique & de controverse. On a longtemps critiqué & commenté, & enfin on a commencé à penser d'après soi-même. Plus l'antiquité a été connue, plus on a eu occasion de voir les ténebres dont elle étoit couverte en plusieurs de ses parties & les lacunes qui y sont demeurées. L'esprit de systême a voulu suppléer à ces défauts: mais la multitude des systêmes la plûpart asservis plus ou moins aux anciens préjugés en ayant dégoûté, on a pris le goût des sciences exactes qui ne permettent aucun écart à l'esprit ; on a reconnu en elles quel étoit l'effet de la sensation du vrai, & cette sensation a paru toute nouvelle, parce que le vrai est rare partout ailleurs : elle a fait naître un peuple de géometres, d'astronomes, de physiciens & de philosophes qui ont enfin inventé l'art de calculer, d'analyser, & surtout l'art important & nouveau de considérer & de comparer les êtres physiques & moraux. Dès-lors on a agi comme si l'univers ne faisoit que de naître ; chacun a regardé autour de soi, il a levé les yeux vers le ciel, il a fouillé la terre, enfin il s'est interrogé & sondé lui-même. Plusieurs de ces sçavans ont travaillé dans leur cabinet, & se sont réchauffés du même esprit que des Législateurs qui auroient à instruire, à policer & à rendre heureux des hommes nouvellement sortis de la terre. Après avoir apprécié avec justesse l'utilité des sciences nouvelles, on a donné à chacune le rang qu'elle méritoit, relativement aux avantages qui en résultoient ; les hommes ont enfin reconnu celles qu'il importoit le plus d'honorer & de chérir. On a remonté de nos jours aux grands principes des loix & de la législation ; de grands hommes ont prêché l'agriculture, le commerce, l'industrie, la population ; les sçavans renonçant aux jouets qui amufoient, ponr ainfi dire, l'enfance de l'efprit humain renouvellé, fe font attachés à des objets plus dignes de l'occuper dans un âge mur, & plus propres à perfectionner fon fort. Toutes les branches de l'adminiftration ont été & font encore examinées par des citoyens qui, dégoûtés des études ftériles & frivoles de leurs peres, ont ofé porter leurs regards fur la politique & le gouvernement, & fur tout ce qui intéreffe véritablement leur bien-être en ce monde & en l'autre. L'efprit parvenu à la maturité a voulu des alimens plus forts ; & les écrits ont été forcés de prendre une énergie & une vigueur inconnues autrefois. Tout a pris le ton de la philofophie, & ceux qui n'ont point été capables de fuivre la marche des efprits de leur fiecle, ont eu le déplaifir de voir qu'ils étoient des étrangers dans leur pays, qui n'en parloient plus la langue, ou de vieux enfans dont les pas tardifs n'ont pu atteindre leurs contemporains.

Quoi qu'en dife l'envie, notre temps eft celui des êtres penfans ; il nous promet un avenir heureux. Car, ne nous y trompons pas, la lumiere progreffive frappe tôt ou tard les yeux même de ceux qui fe croient intéreffés à l'éteindre ; la vérité entraîne à la fin ceux mêmes qui lui oppofent les obftacles les plus forts. La politique vulgaire & bornée eft fou-

par ses Usages. Liv. VI. Ch. I. 283
vent ébranlée par l'impulsion donnée à l'esprit des peuples ; elle montre alors quelques lueurs de philosophie, elle quitte la routine aveugle que l'intérêt du moment & le préjugé lui rendent souvent chere ; & quelquefois la nécessité la force de s'occuper du bien-être des nations, & de céder à la philosophie qu'elle hait ou qu'elle méprise.

Telle a été & telle sera la marche de l'esprit humain depuis la renaissance des lettres ; dès qu'il s'est vu éclairé il a pris la route du vrai ; il ne lui a fallu pour cela que le temps nécessaire pour examiner les différens objets ; s'il a mis plusieurs siecles à cet examen, c'est que la multitude des objets dont il a été frappé tout à la fois étoit immense ; c'est que sa vue étoit encore foible & peu accoutumée à la lumiere. Mais enfin le vrai est connu, ou du moins nous le voyons de loin ; nous sommes sur le chemin qui y mene ; nous marchons par-tout le flambeau de l'expérience à la main ; nous le portons même sur les replis de l'ame humaine, & nous sçavons tirer des fruits de ses opinions, de ses erreurs & de ses folies. Notre temps est à quelques égards semblable à celui des premiers inventeurs de la police : les esprits sont, comme eux, occupés à chercher les moyens de rendre les hommes plus sociables & plus heureux : il faut, pour y parvenir, perfectionner la connoissance de l'histoire morale de l'homme. La morale, comme la physique, ne peut être éclairée que par l'expérience & les faits.

CHAPITRE II.

Des Effets moraux du Déluge, ou du premier état des Sociétés échappées aux malheurs de la terre.

I. L'HISTOIRE nous présente si peu de faits sur les temps qui ont immédiatement suivi le déluge, que nous sommes forcés de recourir à la fable pour découvrir les idées que les anciens s'étoient formées de ces premiers temps. Il faut ensuite nécessairement rentrer au fond de son propre cœur & se consulter soi-même, pour juger de leurs idées & pour les rectifier, en puisant dans la nature des choses & des circonstances, ce qu'on a pu dire, faire & penser dans ces premiers instants d'infortune & de misere.

Commençons par consulter les Chinois, les plus anciens peuples de la terre dont nous ayons l'histoire. Cependant ce n'est point dans l'histoire de ce peuple, mais dans ses fables qu'il faut chercher le déluge & ses suites ; événemens dont leurs annales historiques ne font aucune mention. Au delà des temps dont la certitude est fondée sur la chronologie, la plûpart des historiens Chinois ont placé d'immenses périodes qui renferment un intervalle de temps de plus de cent millions d'années ; ces périodes appellés *Ki* sont au nombre de dix, & comprennent chacun les regnes de plusieurs Rois ou Dynasties : on les trouve remplis de fables, de merveilles, d'inventions, de contradictions & de répétitions (1).

Le premier période nous montre trois familles sous le nom d'*augustes familles du ciel*, d'*augustes familles de la terre*, & d'*augustes familles des hommes*. C'est cette troisieme famille qui fit construire les premieres villes ; ce fut alors qu'il commença à y avoir de la distinction entre le souverain & le sujet ; ce fut alors que l'on but & que l'on mangea en paix, & que les sexes s'unirent.

Sous le second période on nous présente les hommes cachés dans le fond des antres & des cavernes, ou perchés sur des arbres. Cet état

(1) Les détails qui suivent sur les Chinois, sont tirés de l'extrait des historiens Chinois fait par M. des Hauterayes, & inséré à la fin du III. Volume du livre de l'*Origine des Loix, des Arts, &c.* de M. Goguet, Paris 1758; de l'*Histoire des Huns*, Tom. I. & de l'*histoire de la Chine* du P. du Halde.

fut de longue durée sans doute, puisqu'il est dit que ce fut vers la fin du septieme période que les hommes cesserent d'habiter les cavernes.

Dans le huitieme période les herbes & les feuillages servoient encore d'habillemens ; les serpens & les bêtes féroces étoient en grand nombre sur la terre, les eaux n'étoient point encore rentrées dans leur lit, & la misere étoit extrême. *Tchine-fang* apprit aux hommes à préparer des peaux, à en ôter le poil avec des rouleaux de bois, & à s'en faire des vêtemens propres à garantir des vents & des frimats ; il leur enseigna encore à faire un tissu de leurs cheveux en forme de parapluie pour se couvrir la tête; on lui obéissoit avec joie. Les Rois de ce période alloient les cheveux épars & sans ornemens ; ils gouvernoient en paix sans sceptre ni couronne. Remplis de bienfaisance, ils donnoient toujours & ne recevoient jamais rien ; les peuples, sans les connoître pour maîtres, les portoient au fond de leurs cœurs. Le ciel & la terre étoient alors dans un ordre & une harmonie merveilleux ; tout croissoit à l'envi ; les oiseaux faisoient leurs nids si bas qu'on les auroit pu prendre à la main ; tous les animaux étoient dociles & se laissoient conduire à la volonté des hommes ; on tenoit le *juste milieu* ; la concorde régnoit par-tout, il n'y avoit ni dedans, ni dehors, ni mien ni tien. Mais lorsqu'on eut dégénéré de cet heureux état, les oiseaux & les bêtes, les vers & les serpens commencerent à sentir leurs forces, & comme de concert firent la guerre à l'homme. Il est dit ailleurs que les animaux se multiplioient beaucoup, mais que les hommes étoient fort rares & ne pouvoient vaincre les bêtes & les serpens. Un autre écrivain dit que les Princes de ce temps, perchés sur des arbres ou enfoncés dans des cavernes profondes, possédoient l'univers, (c'est-à-dire la Chine); que ces bons Rois ne respiroient que la bienfaisance & l'humanité ; que le peuple n'alloit point leur faire la cour, mais que tout le monde obéissoit ponctuellement à leurs ordres ; que les hommes peuploient les déserts & vivoient en société avec toutes les créatures, sans songer à faire aucun mal aux bêtes ; que celles-ci de leur côté furent long-temps sans les attaquer, mais qu'à la fin il fallut faire des maisons de bois en forme de nids d'oiseaux pour se mettre à couvert de leur voracité. Qu'alors on ne sçavoit ce que c'étoit que le labour, qu'on vivoit d'herbes & de fruits ; qu'ensuite on but le sang des animaux, on mangea de leur chair crue avec le poil & les plumes ; que *Soui-gine* trouva l'art de faire du feu par le frottement d'un certain bois, & apprit à cuire les viandes ; que dès-lors il n'y eut plus de maladies. Comme du temps de ce *Soui-gine* il y avoit encore beaucoup d'eau fur la terre, il apprit aux hommes à pêcher; il voulut que les hommes, qui ne fe marioient alors qu'à 50 ans & les femmes à 30, s'uniffent dès 30 ans à des filles de 20. Telle eft la fable du huitieme *Ki*.

Dans le neuvieme période on commença à faire quelques courfes ou quelques voyages; plufieurs obferverent le ciel pour connoître le temps & fes changemens. Sous *Sce-hoang* il y eut une différence entre le Roi & le fujet; il s'établit du rapport entre le fils & le pere; on diftingua le précieux du vil; les loix parurent; les rites & la mufique s'établirent; des châtimens furent exercés, & ce Prince jetta les fondemens d'une bonne police, en établiffant des officiers pour chaque chofe. Ainfi le ciel & la terre acquirent leur entiere perfection, ce qui, dans le ftyle Chinois, doit être entendu dans un fens moral, & non dans un fens phyfique.

Tcho-jong inventa un accord de mufique dont l'harmonie pénétroit par-tout, touchoit l'efprit intelligent & calmoit le cœur de l'homme; de maniere que fes fens extérieurs furent fains & fes humeurs dans l'équilibre, & qu'il y eut entre les hommes des vertus fociales, de la modération, de la politeffe & une vie bien réglée. Ce beau tableau n'eft cependant que

que pour l'homme, la terre étoit encore horrible à voir; car il est dit que vers la fin de ce période on ne voyoit par-tout que de vastes forêts remplies de bêtes féroces; que les hommes étoient encore en petit nombre, & n'avoient d'autres armes que des branches d'arbres pour se défendre des bêtes sauvages; que les eaux croupissoient par-tout, que les fleuves n'avoient point de cours réglé, & qu'il en résultoit un grand nombre de maladies; ce triste état ne servoit cependant qu'à animer & à entretenir l'attention & l'affection des Princes pour les hommes. *Tchu-siang-chi* fit faire une guitarre à cinq cordes pour conserver tout ce qui a vie, & *Une-khang* institua la danse par principe de santé. C'est à la fin de ce neuvieme période que les auteurs Chinois terminent les temps fabuleux, en avouant cependant que l'intervalle qui suit jusqu'à la Dynastie vraiment historique des Hya, est sans aucune certitude chronologique, & tient un milieu entre la fable & l'histoire.

Le dixieme âge ou période commence par *Fohi*, que l'on regarde assez généralement comme le premier législateur de la Chine. Vû l'état où la Chine étoit de son temps, l'on ne peut faire venir ce Législateur que des montagnes élevées qui sont à l'Orient & au Septentrion de la Chine, puisqu'il établit son empire dans le Chensi & le Honan, entre les fleuves

Hoang-ho & Kiang, qui furent encore long-temps après lui les bornes de la Chine au Nord & au Midi. De son temps on dit que la vie des hommes différoit à peine de celle des animaux, errans çà & là dans les forêts & les montagnes ; les enfans ne connoissoient que leurs meres & jamais leurs peres ; les hommes étoient sans bienséance & sans pudeur ; ils ne songeoient qu'à dormir, puis ils se levoient & soupiroient ; lorsque la faim les pressoit ils cherchoient à manger, & lorsqu'ils étoient rassasiés ils jettoient les restes sans prévoyance. Ce tableau qui choque la vraisemblance après ce qui a été dit des progrès déjà faits, n'est peut-être cependant point une contradiction. Fohi pouvoit être originaire d'un peuple déjà plus civilisé & plus heureux, dont ce qui a été dit précédemment étoit l'histoire, & nous devons ici le regarder comme un chef de colonie qui va à la découverte, & qui se fixe dans une contrée dont les habitans vivoient encore misérablement. On sçait qu'il s'en faut de beaucoup que tous les peuples du monde n'ayent fait des progrès égaux vers la sociabilité : vis-à-vis les Egyptiens les Grecs n'étoient que des peuples nouveaux ; vis-à-vis de nous les Américains ne semblent que de naître : les Espagnols & les Portugais comparés aux Anglois & aux François sont encore dans la plus honteuse barbarie ; cependant des temps égaux se sont écoulés pour les uns comme pour les autres. Au reste il y a encore dans les montagnes de quelques provinces de la Chine des barbares qui descendent des sauvages ou des vrais *Autochtones* que les Chinois trouverent dans le pays qu'ils habitent aujourd'hui.

De ce que les traditions éparses dans les neuf *Ki* ou périodes appartiennent aux Chinois, il ne faut pas croire pour cela que le sol de la Chine soit le théâtre que les premiers auteurs de ces traditions ayent eu en vue, la scene a pu être par-tout ailleurs. Dans les anciens temps les peuplades étoient fort ambulantes, elles portoient vraisemblablement avec elles leurs traditions & l'histoire de leur ancien état; les faits se sont fixés à la fin aux endroits où les peuples se sont fixés eux-mêmes. C'est une observation qui peut être utile & propre à éclaircir plusieurs contradictions & plusieurs énigmes que la fable & l'histoire nous présentent. On voit par exemple dans Hérodote, Livre II; que les Egyptiens se souvenoient d'avoir vu le soleil se lever où il se couche aujourd'hui, & que ce prodigieux phénomene n'avoit produit aucun changement dans les productions de la terre. Pour expliquer cette tradition il suffit de songer que les Egyptiens, du temps d'Hérodote, originaires sans doute des hautes contrées de l'Afrique, lorsqu'ils demeuroient par-delà la ligne équinoxiale, & qu'ils regardoient le lieu du midi du soleil, devoient voir son levant à leur droite & son coucher à leur gauche; parvenus insensiblement dans le lieu qu'ils occupent aujourd'hui, ils n'ont pu regarder le lieu du midi du soleil sans mettre à leur gauche ce même levant que leurs ancêtres avoient à leur droite.

Fohi réunit les hommes dispersés, il leur porta ou plutôt leur perfectionna la pêche & la chasse; il leur apprit à nourrir des animaux domestiques tant pour leur usage que pour les sacrifices; il régla les mariages, mit de l'ordre par les loix dans les sociétés publiques & particulieres; il établit différens officiers, les uns pour observer le ciel, d'autres pour la construction des maisons & des villes, d'autres pour l'agriculture, d'autres pour la médecine, d'autres pour veiller sur les travaux qu'il entreprit dans les montagnes & les plaines pour l'écoulement des eaux. Il fit de plus des chansons pour récréer ses sujets; il inventa une écriture nouvelle qu'il substitua à des cordes nouées; enfin il régla les temps.

Son successeur *Chin-nong* fut appellé *esprit laboureur*, parce qu'il donna tous ses soins à l'agriculture qu'il facilita à l'aide de plusieurs inventions; ce fut la grande multiplication des hommes qui le porta à tourner ses vues de ce côté ; on prétend même que ce Prince trouva le vin ; qu'il fut un grand médecin ; qu'il fit des chansons pour les travaux champêtres, & qu'il institua des fêtes ; comme Cérès il parcourut toute la terre, c'est-à-dire toute la Chine, traîné par des dragons, dans la vue de répandre ses bienfaits. Les mœurs étoient simples ; chacun avoit le sien & s'en contentoit ; on ne voyoit point de querelles ; cependant les loix étoient peu nombreuses, mais le gouvernement n'en avoit pas moins un appareil sévere & majestueux.

Hoang-ti son successeur ne fut pas moins ardent à rendre les peuples heureux & à en civiliser de nouveaux ; il fit pratiquer pour cet effet des chemins dans les montagnes, & continua les travaux de Fohi pour régler le cours des rivieres. Sous son regne on fit usage de bateaux ou de navires ; par ce moyen ce Prince fit des découvertes, & réunit sous son Empire toutes les contrées entre les deux fleuves dont nous avons parlé ; ces conquêtes le déterminerent à prendre le diadême & les ornemens royaux afin de rendre son autorité plus respectable. Il établit la distinction des rangs ; les villes & les maisons devinrent plus commodes. Cependant il y avoit encore beaucoup de maladies : il est dit que ce Prince fit la guerre & vainquit trois rebelles. Chaohao marcha sur les traces de son prédécesseur ; sous son regne l'Empire continua à être heureux, & il poursuivit les travaux publics qui avoient été commencés. Tchuen-hio continua les choses sur le même pied, mais il fit sur-tout de grandes réformes dans le culte public. Chaque famille avoit alors chez elle des Prêtres & des sacrificateurs particuliers, usage qui s'est encore conservé dans le Thibet ; le Roi établit un sacerdoce unique qu'il réunit à sa couronne ; il voulut que l'Empereur fût le seul Pontife de ses Etats, & que lui seul offrît des sacrifices au Souverain du ciel au temps marqué. Kao-sin rendit la Chine la plus heureuse contrée qui fût sous le ciel ; il établit les *Lettrés* pour être le séminaire des Magistrats ; ils eurent seuls le droit d'enseigner le peuple au nom du Prince, & de prêcher la morale & les devoirs de l'homme. La musique de son temps continua à se perfectionner. Tchi son successeur fut un mauvais Prince qui ne songea qu'à ses plaisirs ; il fut déposé & banni.

Yao lui succéda. C'est son installation arrivée en 2357, qui est l'époque de la certitude Chronologique dans l'histoire Chinoise. Le nom de ce Prince est encore fameux par les bienfaits dont il combla ses sujets. Il continua à aggrandir la terre aux dépens des eaux, qui de son temps baignoient encore le pied des montagnes, & rendoient les plaines inhabitables. Ces eaux, selon les auteurs Chinois, s'étoient autrefois élevées jusqu'au ciel, & ils les regardent comme celles du chaos ou de la naissance du monde. Yao, aidé d'Hyn, homme fort intelligent, & d'un peuple nombreux & laborieux, qui aima toujours mieux travailler chez lui que d'aller courir le monde comme nos Européens, détruisit les forêts, desséchа les vallées, forma des canaux, éleva des digues & des chemins, & fit partout des saignées pour débarrasser les eaux. Par tous ces travaux ce Prince acquit un nom immortel. Enfin, au lieu de choisir son fils pour successeur, il prit un simple laboureur nommé *Chun*, son choix fut applaudi, & celui-ci répondit à ses vues, car on le compte parmi les grands bienfaiteurs de l'Empire Chinois. Il eut pour successeur Yu dont nous avons parlé. Ainsi les talens furent couronnés tour à tour. Yu monta sur le trône l'an 2207 avant notre Ere, & fut la tige de la premiere Dynastie dite *Hia*. Il rendit la couronne héréditaire, & y établit le sacerdoce à perpétuité, décernant la peine de mort contre quiconque feroit la fonction de Prêtre dans l'Empire. Ce Prince laissa des livres sur l'agriculture, l'art hydraulique, le nivellement, &c.

II. Tel est le tableau que les fables & les premieres histoires de la Chine nous présentent sur le plus ancien état des hommes. On y voit de fréquentes contradictions, un mêlange singulier de misere & de félicité, de vertus & de férocité; cependant il est impossible de n'y pas reconnoître souvent le ton de la nature & de la vérité. Nous verrons par la suite quel usage raisonnable on peut faire de ces divers points de vue, & même de ces contradictions; on a banni ces détails de l'histoire comme indignes d'y occuper une place, & l'on a cru que les premiers pas des hommes n'étoient point assez intéressans pour en chercher les traces. La philosophie n'en porte point ce jugement. Platon, dans ses œuvres politiques, ne cesse d'insister sur les premiers temps, il les regarde comme la clef de l'histoire. Voyons donc ce qu'a dit sur ce sujet le plus sage de la nation la plus éclairée du monde (2).

» L'état présent de la société, dit ce phi-
» losophe, la constitution des pays & des
» loix, tout cela procede de la profondeur
» des temps, & des révolutions arrivées an-
» ciennement. . . . . . c'est une tradition
» qu'il y a eu autrefois de grandes mortalités
» causées par des inondations & par d'autres
» calamités générales dont peu d'hommes se
» sont sauvés; ceux qui furent alors épargnés
» ont mené une vie pastorale sur les monta-
» gnes : nous pouvons penser, ajoute-t-il,
» que ces hommes conserverent la connois-

(2) *Plato de Legibus*, Lib. I.

» sance de quelques arts utiles, & de quelques-
» uns des usages antérieurs, mais ils oublie-
» rent l'avarice & les querelles qui en sont les
» suites. On peut encore penser que les villes
» ayant été totalement renversées par ces des-
» tructions, la plûpart des inventions furent
» alors ensevelies avec elles sous les eaux, &
» qu'il a fallu bien du temps pour les retrou-
» ver ; que ces temps ont été très-longs, ainsi
» que le prouve la nouveauté de nos con-
» noissances ; elles sont pour ainsi dire d'hier,
» & il n'a pas fallu moins que des milliers
» d'années pour nous les rendre. Ces inonda-
» tions altérerent la fertilité de la terre ;
» elles changerent & corrompirent la nature &
» l'espece des créatures, & ne laisserent que
» peu de choses pour la subsistance des hom-
» mes. Voilà d'où dérive l'état actuel du
» monde, voilà où il faut chercher l'origine
» & les principes de nos sociétés, de nos
» loix morales, civiles & politiques, & ce
» mélange bisarre de biens & de maux, de
» vertus & de vices que l'on y voit. . . . . .
» Pour remettre les choses dans l'état où elles
» sont, il a fallu bien du temps, cela s'est
» fait insensiblement ; les hommes resterent
» bien des siécles sur les sommets les plus éle-
» vés ; le ressentiment du passé & la crainte
» ne leur permettoient pas de descendre dans
» les plaines, & encore moins de s'y établir

» tout-à-fait. L'espece des hommes étoit si
» rare qu'ils se félicitoient & s'embrassoient
» toutes les fois qu'ils se rencontroient ; mais
» cette satisfaction ne leur arrivoit pas sou-
» vent faute de hardiesse & de moyens pour
» franchir les vallées, les marais & les eaux
» qui les tenoient séparés. Les arts & les ar-
» tistes étoient perdus, & les hommes étoient
» en trop petit nombre & trop occupés de
» leurs miseres & de leurs besoins pressans
» pour rechercher & pour retrouver ces arts
» tout à la fois. Ce triste état a duré pendant
» plusieurs générations ; d'un autre côté, ils
» eurent l'avantage de ne plus connoître ni
» les combats, ni les guerres ; la raison en
» est simple, la terre n'étoit plus qu'une so-
» litude ; ses habitans réduits conçurent les
» uns pour les autres la plus tendre affection.
» Sans richesses, sans or, sans argent, pos-
» sesseurs de quelques bestiaux, de quelques
» vases de terre, ils ne furent pourtant point
» pauvres : jouissant du seul nécessaire, l'am-
» bition n'eut plus lieu ; l'état où les réduisit
» la nature devint la source de leurs mœurs
» justes & honnêtes, de leur sobriété, de
» leur modération, de leur caractere doux &
» paisible. . . . . . . Les premiers hommes
» furent très-dociles, ils suivoient exactement
» les conseils de ceux qui les instruisoient,
» ils leur obéissoient & les croyoient en tout.

» tant étoit grande leur simplicité ; peu sem-
» blables à quelques hommes d'aujourd'hui,
» ils ne soupçonnoient point que ceux qui
» les instruisoient fussent capables de men-
» songe ; mais ajoutant foi à tout ce qu'on
» leur disoit de Dieu & de l'homme, ils diri-
» geoient sur ces principes toutes les actions
» de leur vie. Enfin s'ils eurent moins de
» sciences & de commodités que ceux d'avant
» le déluge, & que ceux d'aujourd'hui, ils
» eurent sur eux les avantages de pratiquer
» une morale plus pure, d'être plus amis
» du bien & de la vertu, plus modérés, plus
» sages, & infiniment plus justes ; nous en
» avons dit la raison qui est tirée de leur
» état. . . . . Dans ce même état, ajoute-
» t-il plus loin, ils n'avoient cependant ni
» législateurs, ni loix écrites ; ils suivoient
» la coutume, de génération en génération ;
» on se modeloit sur les anciens ; chaque
» père ou chaque ancien étoit le Roi de sa fa-
» mille, sa femme & ses enfans étoient ses
» sujets ; beaucoup de barbares en usent en-
» core de même, & les anciens habitans de la
» Sicile, au rapport d'Homere, avoient ainsi
» vécu. Ces Siciliens n'avoient point d'assem-
» blées publiques pour juger ou délibérer ;
» retirée dans les cavernes ou sur les monta-
» gnes, chaque famille formoit une société
» particulière, sans idée de société générale

» Cette forme de gouvernement étoit en
» effet propre & naturelle à des hommes que
» les révolutions de la nature viennent de
» disperser & de réduire à un petit nombre ;
» on ne peut mieux faire alors que de suivre
» un ancien, ou son pere ou sa mere, comme
» font les petits des oiseaux. Lorsqu'ensuite
» plusieurs de ces familles se sont réunies pour
» former une cité, & s'aider au travail de la
» terre ; cette premiere cité n'a été placée que
» sur la pente ou au pied d'une montagne,
» pour avoir un asile prochain en cas d'acci-
» dent ; elle n'a été construite que de hayes
» pour se mettre à l'abri plus des bêtes féroces
» que des hommes ; l'union entre eux étoit
» encore si parfaite, qu'ils n'avoient que l'u-
» sage pour loix, point d'autre maître que
» les plus anciens, & ceux qui sçavoient com-
» ment on s'étoit autrefois comporté, com-
» ment on avoit honoré la Divinité, comment
» on avoit pratiqué la vertu. Ce n'est que
» long-temps après que les hommes ont cessé
» de se gouverner par les loix de leur propre
» raison, qu'ils en ont reçu des autres, &
» que les loix anciennes & nouvelles ayant
» été rédigées & fixées, on a élu des chefs
» pour les conserver & les maintenir. »

Platon remonte ensuite sur les montagnes ;
c'est delà qu'il se plaît à considérer le berceau
& l'asyle du genre humain ; il rappelle diffé-

rentes traditions d'après lesquelles il suit le genre humain dans trois positions différentes & successives; 1°. sur le sommet des plus hautes contrées; 2°. au pied des montagnes; 3°. dans les plaines. Rien ne lui paroît plus vraisemblable que ces traditions, rien de plus conforme à la nature. Nous avouerons aussi que rien n'est plus philosophique que la méthode de ce grand homme; il se fait un tableau préliminaire de ce que les hommes ont dû faire naturellement après les désastres qu'ils avoient essuyés, il compare ce tableau idéal avec celui que présentent les traditions: ainsi il a trouvé l'unique route du vrai, & il sa montre à tous ceux qui voudront la suivre.

Mais doit-on regarder la descente des Phrygiens dans les plaines comme un événement qui soit arrivé peu ou long-temps après le déluge (3)? C'est, suivant Platon, long temps après, car cette entreprise & la hardiesse de s'établir sur un côteau peu élevé proche d'une riviere, loin des montagnes & dans le voisinage de la mer, tout cela annonce un esprit de sécurité & un oubli total des anciennes inondations, qui ne peut être que le fruit des sie-

---

(3) Strabon a aussi traité cette question. Il dit que les peuples sont descendus de leurs montagnes plus ou moins tard, en raison de leur courage, de leur sociabilité, &c. *Lib. XIII.* Varron dit qu'ils furent un temps infini avant que d'oser descendre. *Varro de re rustica. Lib. XIII. cap.* 1.

cles accumulés. On peut s'en rapporter à Platon, il connoissoit l'esprit humain, & il ne se trompoit pas lorsqu'il disoit que pour faire l'histoire des gouvernemens & des loix des Egyptiens & des Crétois, il falloit remonter au premier état où ces sociétés ont toutes originairement été.

III. Avant de passer aux observations qu'exigent ces détails de Platon & les traditions Chinoises pour les confronter, les justifier les uns par les autres, & suppléer à ce qui peut leur manquer, il nous reste encore à examiner quelques réflexions de Platon que nous ne pouvons point laisser en arriere ; il est vrai que ces réflexions auront un peu le ton fabuleux & énigmatique ; mais une fable adoptée par Platon peut être plus utile & plus instructive que bien des histoires ; ses énigmes méritent d'être méditées.

Platon dans le livre IV des Loix, parlant des noms qui ont été donnés aux gouvernemens selon leurs diverses natures, dit qu'au lieu de les nommer tantôt *Monarchie*, tantôt *Aristocratie* & *Démocratie*, on auroit dû les nommer tous *Théocratie* du nom de Dieu, parce qu'il est le vrai maître & le Seigneur des hommes. Ce propos qui nous paroît bien singulier dans la bouche d'un philosophe payen, en amene sur le champ un autre qui n'est pas moins surprenant. *Eh quel est donc ce Dieu ?* lui dit aussi-tôt Clinias en l'interrompant; à cette demande précise notre philosophe répond par cette énigme ou cette fable. Il dit que long-temps avant la construction des premières villes, Saturne avoit établi sur la terre une certaine forme de gouvernement sous lequel l'homme avoit été très-heureux. Comme c'est de l'âge d'or dont il veut parler, ou du regne des Dieux tant célébré par les anciennes fables, & comme il en parle ailleurs avec plus de détails, voyons les idées qu'il se formoit de ces temps heureux, voyons comment il les peignoit, & tâchons de découvrir à quelle occasion il amene cette fable dans un traité de politique.

Il est encore question dans cet ouvrage de l'origine des sociétés, des loix, des Rois &c. & Platon remonte encore à son grand principe, c'est-à-dire aux révolutions arrivées dans la nature. " Selon lui, pour avoir des idées
" nettes & précises sur la royauté, sur son
" origine & sa puissance, il faut remonter
" aux premiers principes de l'histoire & de la
" fable. Il est arrivé autrefois de grands chan-
" gemens dans le ciel & sur la terre, & l'état
" présent des choses en est une suite. Nos
" traditions nous parlent de bien des merveil-
" les, de changemens arrivés dans le cours
" du soleil, du regne de Saturne, & de mille
" autres faits épars dans la mémoire des hom-

» mes ; mais on ne parle point du mal qui
» a produit ces révolutions, ni de celui qui
» en a été la suite. Il le faut dire cepen-
» dant, ce mal le principe d'où il faut partir
» pour traiter de la royauté & de l'origine
» des puissances, & ce mal dont on ne parle
» point, le voici ; c'est que par la volonté de
» Dieu, le monde est sujet à des changemens
» réglés & à des révolutions périodiques qui
» le détruisent pour le renouveller. »

Notre philosophe expose tout de suite le système cyclique dont nous avons retrouvé l'esprit dans tous les usages & les opinions des anciens ; il trace d'après ce système les différens états ou degrés par lesquels tous les êtres physiques & moraux sont forcés de passer ; il dit que chaque période a son enfance, son adolescence, son âge mûr & sa vieillesse ; son printemps, son été, son automne & son hiver, son âge d'or, son âge d'argent, son âge de fer & son âge d'airain ; que la vertu & la félicité commencent chaque période ; que le vice & toutes sortes de maux le terminent ; que tout cela cependant n'arrive point subitement, mais par degrés insensibles. Sénèque a dit pareillement qu'après les déluges qui détruisent le monde, la nature se rétablit, & que l'homme se renouvelle & se corrompt périodiquement avec elle (4).

(4) *Senec. Quæst. Natur. Lib. III.*

Nous ne nous arrêterons point à relever ce qu'il y a de vicieux ou de faux dans ce système; remarquons seulement que, selon l'esprit de tous les anciens, l'enfance du monde, le printemps de la nature & l'âge d'or ne sont qu'une même chose; ce ne sont que des peintures plus ou moins exactes du premier état du monde après ses révolutions : faisons encore attention à ce principe constant de Platon, qu'il y a une science de l'univers, une science de la nature, une science secrette & rare sans laquelle il dit qu'on ne peut faire l'histoire ni des Empires, ni des sociétés, ni de l'homme.

IV. Voyons maintenant ce que Platon a pensé de particulier sur l'âge d'or & sur le regne de Saturne, sans la connoissance desquels on ne peut, selon lui, raisonner avec justesse sur l'origine des Rois. Il n'est pas nécessaire sans doute de prévenir que ce philosophe va continuer de rendre ses idées dans le langage allégorique & théologique qui étoit admis de son temps, c'est de ce mélange que résulteront encore des embarras, des obscurités & même des contradictions dans ce qu'il va dire; mais il a pu avoir des raisons très-légitimes de donner cette tournure à ses expressions & à ses idées. » Long-temps avant
» que l'homme eût bâti des villes il vécut
» sous un genre de gouvernement qui lui

„ rendit la vie si heureuse & si douce, que
„ le souvenir de cette félicité s'est perpétué
„ de race en race & s'est transmis jusqu'à
„ nous. La nature fertile offroit tout d'elle-
„ même & en abondance. Voici comment
„ cela est arrivé : Saturne sachant que l'hom-
„ me ne pouvoit gouverner l'homme sans que
„ l'univers ne se remplit d'injustice par l'effet
„ de ses caprices & de sa vanité, ne permit
„ qu'aucun mortel eût la puissance sur les au-
„ tres. Ce Dieu prit alors à notre égard le
„ parti que nous prenons encore nous-mê-
„ mes à l'égard de nos troupeaux : nous n'é-
„ tablissons pas un bœuf ou un bélier à la tête
„ de nos bœufs & de nos béliers, mais nous
„ leur donnons pour conducteur un berger,
„ ou un être d'une espece différente de la
„ leur & d'une nature supérieure. C'est ce que
„ Saturne fit alors à l'égard du genre humain
„ qu'il aimoit; il chargea du soin de le gou-
„ verner & de le conduire, non des Rois &
„ des Princes, mais des esprits & des génies
„ (Δαιμονες) d'une nature divine & bien
„ plus excellente que celle de l'homme. Ces
„ génies travaillerent avec autant de pouvoir
„ que de facilité à notre bonheur ; ils firent
„ jouir toute la terre de la paix la plus pro-
„ fonde ; leur regne fut celui des mœurs, de
„ la justice, de la liberté, de la félicité. Les
„ hommes sans soins, sans travail, couchoient

„ nuds & à la belle étoile, s'amusoient pai-
„ siblement, raisonnoient ensemble & même
„ avec les bêtes alors douées de raison ; ils
„ se laissoient gouverner sans violence ni con-
„ trainte ; ils obéissoient gaiment à une au-
„ torité douce & cependant puissante, qui n'a-
„ voit qu'à parler pour persuader & se faire
„ obéir. C'étoit Dieu même qui présidoit sur
„ ces génies, il étoit le premier maître, le
„ pasteur & le conducteur des hommes . . . . .
„ Lorsque le monde cessa d'être ainsi gouver-
„ né, les bêtes devenues féroces dévorerent
„ une partie des hommes ; ceux-ci dépourvus
„ de tout & d'autant plus misérables, qu'ayant
„ jusqu'alors vécu sans travail, sans inquiétude
„ & sans prévoyance, ils se trouverent sans
„ expérience & sans art, plongés dans l'indi-
„ gence & la misere ; ils devinrent sauvages
„ & errans de montagnes en montagnes, afin
„ de pourvoir à une subsistance difficile. Oc-
„ cupés de leurs pressans besoins pendant bien
„ des siecles, le passé sortit de leur mémoire,
„ ils ne songerent qu'au présent, & leur mi-
„ sere sollicitant peu à peu leur industrie,
„ des inventeurs parurent successivement, &
„ trouverent le feu, le bled, le vin, & la re-
„ connoissance les divinisa (s). "

(s) *Plato de Legibus*, Lib. IV. Idem in *Critia* & in *Politic*.

La premiere réflexion que ces images nous présentent c'est que l'âge d'or, le regne de Saturne & le regne des Dieux ne sont que la même chose. Mais, comment concilier tant de félicité avec tant de misere, cette beauté & cette horreur successivement apperçues dans la nature ? comment concevoir cet état brut & sauvage & cependant vertueux & délicieux ? que veut dire ce regne des Dieux sur des hommes nuds & privés de toute industrie & de tout art ? que signifie cette ancienne fable du langage & de la docilité des bêtes mêmes ? Pourquoi d'ailleurs ces idées sont-elles si universellement répandues par toute la terre malgré leur bisarrerie & leur singularité (6) ? C'est ce que nous allons tâcher d'expliquer, il n'y a que de l'ordre à mettre dans ces traditions pour les rendre claires & naturelles. Recueillons pour cela nos idées ; si nous ne pouvons point adopter toutes celles de Platon, prenons au moins sa méthode & guidons-nous par ses principes dont tout nous prouve la bonté.

V. On doit considérer dans l'homme échappé du déluge l'homme extérieur & l'homme

___

(6) L'auteur du livre de *l'origine des loix, des sciences & des arts*, n'a pu se tirer de ce chaos. Il a mieux aimé nier l'existence de l'âge d'or, & dire que le déluge ne rendit pas les hommes meilleurs, ce qui paroît dépourvu de vraisemblance. *Voyez Liv. VI. chap.* 4.

intérieur, c'est-à-dire l'homme physique & l'homme moral. Pour bien juger de son état physique il suffit de nous représenter le triste état de la nature ; pour juger de son état moral il faut nous mettre à sa place, nous supposer dans les mêmes circonstances où il s'est vu, & dès lors on se trouvera éclairé par la voix de la nature même. Son état physique demande à être envisagé sous deux époques ; la première suit immédiatement les révolutions arrivées à la terre, qui en sont l'unique cause ; la seconde époque beaucoup plus éloignée est celle où son état physique n'a plus été l'état immédiat de ces révolutions, mais une suite des dispositions dans lesquelles l'impression du malheur mit son ame, de la tournure que prit son caractere, & des principes de conduite qu'il se fit en conséquence. C'est parce que ces deux états sont peu distingués dans les traditions, qu'elles semblent nous présenter tant de contradictions, & qu'il a été jusqu'à présent si difficile d'en faire usage que l'histoire les a abandonnées à la fable.

Il est si facile de nous peindre le premier état physique de l'homme échappé aux révolutions de la nature ; on est tellement secondé par les traditions, que nous ne nous arrêterons pas beaucoup là-dessus. Sa pauvreté étoit extrême, sa misere infinie ; sa vie fut sauvage & isolée & d'autant plus malheureuse l'homme antérieur au déluge n'étoit rien moins que sauvage, avoit déja connu les avantages de la société, & sentoit pleinement l'horreur du vuide où il étoit tombé. La raison nous indique que les montagnes durent être son premier domicile ; toutes les traditions & les usages le prouvent, toutes les nations en ont conservé le souvenir, & plusieurs même, comme on a vu, ont conservé pour ces asiles de leurs peres une reconnoissance qui s'est perpétuée jusqu'à nos jours, qui se manifeste par les pélerinages & par une sorte de culte que nous avons remarqué dans beaucoup de pays.

La situation physique de l'homme sous la seconde époque ayant été une suite des impressions que fit sur lui l'affreux spectacle de la désolation du monde, & sa conduite ayant dû être une conséquence de ces mêmes impressions, ce sont elles qu'il faut actuellement considérer, pour parvenir à la connoissance de la conduite qu'il a tenue, & des états par lesquels il a passé.

Il ne faut point être un profond philosophe pour avancer qu'une des suites des malheurs de la terre a été d'affecter l'homme d'une tristesse & d'une mélancolie profonde ; qu'on se mette à sa place ; qu'on se peigne tous les objets qu'il avoit sous les yeux ; que l'on jette ses regards sur l'immensité du néant où il s'est vu plongé; & si l'on a l'organisation humaine on sentira du moins une légère partie de l'amertume qui dut alors empoisonner son ame. C'est-là pourtant une de ces dispositions des premiers hommes qu'aucune tradition ne nous a représentée; elles nous parlent encore bien moins des effets de cette tristesse profonde & universelle; ils ont dû être cependant aussi considérables qu'étendus. Rien de plus froid que les récits que l'histoire nous fait du déluge; quelle fut la terreur des hommes à la vue d'une nature agonisante ! quelle fut leur désolation en se voyant dans une solitude muette & universelle ! quelle frayeur en se voyant livrés à des ténèbres épaisses, éclairées par intervalles par des feux plus affreux qu'elles ! Peut-on douter de la violence des secousses que ces calamités redoublées ont données à l'ame humaine ? Si les historiens n'y ont point eu d'égards, avouons que la plûpart d'entre eux ont écrit, mais n'ont point pensé.

Lorsque Fohi chez les Chinois se fit des sujets en civilisant des peuples sauvages, l'histoire dit que ces anciens malheureux dormoient & ne s'éveilloient qu'en soupirant; que lorsqu'ils avoient faim ils cherchoient de quoi manger, & que lorsqu'ils étoient rassasiés ils jettoient les restes sans prévoyance. Ces traits sont d'après la nature, ils nous expriment à quel point dans les premiers âges les hommes ont porté l'ennui de leur existence & le dégoût de la vie. Mais les traditions de la Chine ne sont pas les seules qui nous présentent les hommes sous cet aspect. Si les traditions Egyptiennes ou Grecques ne nous donnent point un semblable tableau, nous l'avons retrouvé dans leurs usages; ils pleuroient en semant, ils pleuroient en moissonnant, & les larmes les préparoient toujours à leurs solemnités les plus riantes (7). Quelle a pu être, disions-nous alors, la source de cette mélancolie universelle? nous la trouverons ici ; c'est l'impression générale des malheurs du monde inondé, brûlé, bouleversé; c'est d'elle qu'est résultée une tristesse habituelle qui aigrit, empoisonna & changea le caractere du genre humain au point de nous rendre croyable ce que Platon nous a dit du changement des espèces de créatures. Faut-il donc demander si des hommes privés de tout, absorbés par la douleur & par l'effroi, dégoûtés de l'univers, ont été bien ardens à réparer le genre humain, à se mul-

---

(7) Dans l'Edda des Scandinaves, il est dit que pendant le combat des Dieux avec les géans, & la confusion qui régnoit alors dans l'univers, les hommes soupiroient & gémissoient à l'entrée de leurs cavernes, & disoient: *O vous, habitans des montagnes, sçavez-vous s'il subsistera encore quelque chose?* V. *Edda, fab. XXXII.*

tipler,

tiplier, à perfectionner la société? Non, les sensations des plaisirs, les idées de prévoyance étoient presque éteintes en eux; la nature n'invite point à peupler une terre malheureuse; la douleur ne permet point de songer à une postérité future. Mais, dira-t-on, l'espece humaine s'est néanmoins perpétuée; ce fait n'est point douteux; voici comment cela a pu arriver. Les derniers qui ont survécu au monde, quand ils ont vu de près l'horreur de leur solitude & la privation des secours que les hommes se donnent à leurs derniers instans, ont pu engager ceux qui étoient plus jeunes qu'eux à prévenir en se donnant des enfans, l'abandon auquel tant d'hommes avoient été livrés; il a pu se faire que d'abord un petit nombre seulement à vaincu la répugnance que tous sentoient à donner l'être à des malheureux; mais peu à peu chacun prévoyant le besoin qu'il pourroit avoir des secours, écouta la nature. En effet, quoique la nature fût pour ainsi dire rendue muette par les maux dont le genre humain se voyoit accablé, le penchant invincible des deux sexes se fit au moins sentir à ceux qui étoient les moins malheureux dans ce désordre général. Cependant, comme on a vu, on fut long-temps à se tenir en garde contre le cri de cette nature; ce ne fut qu'à la longue que l'on se permit de l'écouter. On crut d'abord que la Divinité ne vouloit plus qu'il y eût des hommes sur la terre ; on crut lui plaire en se vouant au célibat, & cette idée est encore parmi nous jointe à celle de la perfection. Platon prétend que sous le regne de Saturne les sexes ne s'unissoient pas pour procréer des enfans, & que cependant par les soins de ce Dieu les hommes ne laissoient pas de se perpétuer. Les Rabbins attribuent la malédiction des peuples de Canaan à la faute que fit Cham leur pere en usant des droits de l'hymen pendant le déluge. Quoi qu'il en soit, il paroît par toutes les anciennes histoires qu'avant les Législations la procréation des enfans n'étoit qu'un effet du hasard, du caprice & de certaines rencontres ; que ce n'est qu'aux Législateurs qu'on doit l'esprit de population qui répara les désastres du genre humain, en faisant regarder la paternité comme honorable, le célibat comme un vice, & la stérilité comme un opprobre.

Je n'insiste sur cet effet naturel des impressions faites par les malheurs du monde, que parce qu'on s'est fait des idées monstrueuses & extravagantes sur l'ancienne population : nos chronologistes, comme on leur a reproché, ont vraiment fait des *hommes à coups de plume*. Les premiers temps historiques nous présentent la surface de la terre couverte d'hommes, & partagée en des Empires formidables, on en a conclu que les hommes échappés au déluge n'avoient eu rien de plus pressé que de songer à l'œuvre de la génération; on n'a point consulté la marche de la nature; on a ignoré l'intervalle immense qui séparoit le temps des révolutions & le temps de l'histoire. La tristesse & la frayeur des hommes ont dû retarder infiniment la réparation du genre humain, & la formation des nouvelles sociétés.

VI. Ce seroit encore bien peu connoître l'homme, ce seroit avoir une idée bien fausse de la nature des révolutions qui l'ont rendu malheureux, que de croire que la terreur ne l'ait rendu malheureux que durant le temps de ces révolutions, & qu'échappé au péril, il l'avoit aussi-tôt oublié. Nous tremblons encore aujourd'hui des suites du déluge, & nos institutions à notre insçu nous transmettent encore les craintes & les idées apocalyptiques de nos premiers peres; la terreur se substitue de race en race, & l'expérience des siécles ne peut que l'affoiblir sans la faire totalement disparoître; l'enfant craindra à perpétuité ce qui a fait peur à ses ayeux. Cependant combien d'écrivains anciens & modernes ont eu des vues bornées! Ils ont cru que l'homme n'avoit presque point conservé la mémoire des événemens terribles qui avoient détruit son espece & sa demeure; ils se sont imaginé qu'un clin d'œil avoit suffi pour remettre le calme & l'harmonie dans la nature, & la sérénité dans son cœur.

Ce n'est que par des dégrés insensibles que l'ordre s'est remis sur la terre, & les coups de la nature ont long-temps retenti dans l'ame des mortels. D'ailleurs tous les météores, les tonnerres & les phénomenes extraordinaires, ainsi que les éclipses & les changemens dans le ciel furent long-temps des objets d'allarmes pour les nations qui ne connurent que par tradition les malheurs des premiers hommes : lorsque leurs craintes s'affoiblirent, de nouvelles révolutions, de nouveaux volcans, de nouveaux tremblemens de terre, des inondations nouvelles, en un mot, les efforts perpétuels d'une nature toujours en action dûrent sans cesse renouveller chez les hommes les craintes qui vouloient s'effacer. Mille accidens, moins généraux que le déluge, mais toujours effrayans & destructeurs, ont dû entretenir l'esprit des nations dans la crainte, & le replonger dans l'abattement dont elles commençoient à sortir. Les hommes ainsi se sont maintenus dans le dégoût de la vie, dans l'espoir d'un avenir plus heureux, mais annoncé par des phénomenes redoutables qui les engagerent à se livrer à différentes superstitions pour appaiser la Divinité qu'ils jugerent irritée contre leur espece.

Telle est, comme on a vu, la source de tous ces usages lugubres, cycliques & quelquefois sanguinaires que nous avons parcourus. Une crainte dégénérée en habitude, a fait attendre la fin du monde à la fin de chaque jour, de chaque semaine, de chaque mois, de chaque saison, de chaque année, de chaque lustre, de chaque siecle, & à la fin de chaque période imaginaire, qu'on a inventé par la suite. Rappellons-nous encore que les vues de l'ancienne police ont été de cacher l'esprit primitif de tous ces usages funebres, & alors nous verrons combien ces usages étoient anciens, combien ils se sont maintenus, & combien ils étoient enracinés, puisqu'ils ont été respectés par ceux mêmes qui vouloient en cacher l'esprit & les motifs. En effet, comment engager des hommes qui s'attendent à la ruine du monde, qui n'osent descendre des montagnes, dont les pas peuvent rencontrer à peine des terreins secs & unis, à bâtir des villes, à cultiver des terres, à se multiplier, à perfectionner la société (8) ?

Nous avons vu que cet état de tristesse & de découragement conduisit l'homme à la vie

___

(8) Si l'on doutoit que les craintes des hommes ne se soient longtemps perpétuées après le déluge, que l'on considere que la premiere chose que font ceux qui sont descendus dans la plaine de Sennaar est de bâtir une tour pour se mettre à couvert d'un nouveau déluge. Les filles de Loth, après l'embrasement de Sodome, crurent que tout l'univers étoit détruit. *Voyez la Genese, chap. XI. & Joseph. Antiquit. Jud. Lib. I. cap. 3, 4 & 11.*

brutale & sauvage dans laquelle les premiers Législateurs ont trouvé toutes les nations ; mais il ne faut pas s'imaginer que l'homme soit devenu sauvage tout d'abord, ainsi que la plûpart des traditions voudroient nous le faire croire, en croyant remonter aux premiers temps du monde, elles ne remontent en effet qu'aux premiers temps connus. La vie sauvage n'est que le second état physique qui a été non l'effet immédiat des révolutions, mais l'effet des impressions faites long-tems après par ces révolutions. Ainsi nous sommes encore fort éloignés même de ce second état physique, où l'histoire qui n'a pu pénétrer plus haut, a surpris l'homme vivant comme les brutes, & dans un état de stupidité & de barbarie. Il faut connoître les principes de conduite qu'il se fit avant que de tomber dans cet état, & nous ne pouvons parvenir à cette connoissance qu'en approfondissant quels ont dû être ses idées, ses opinions & son caractere dans les premiers temps de ses malheurs. Ce seroit bien peu connoître l'homme échappé aux calamités de la nature, & lui rendre bien peu de justice, que de douter que dans ces temps déplorables, & dans les premiers âges qui les ont suivis, il n'ait été très-humain envers ses semblables, & très-religieux envers Dieu. L'infortune rend le cœur sensible, & la crainte ramene à la soumission ; ainsi ses malheurs & ses craintes tinrent lieu de législateurs & de prédicateurs à l'homme; ils tournèrent ses vues vers le ciel & vers ses semblables. Cette multitude d'institutions séveres & de pratiques austeres dont on trouve des vestiges dans l'histoire de presque tous les peuples anciens, n'a été, selon les apparences, qu'une suite de ces dispositions générales du genre humain.

VII. Ce fut nécessairement dans ces premiers temps que s'établit fermement parmi les mortels réduits à un petit nombre, & pressés des mêmes besoins, l'unité de principe, d'objet & d'action. Ce fut sous cette époque que les loix domestiques & paternelles furent les seules que l'on connut. Les maux extrêmes du genre humain, & son extrême nécessité, ont donné lieu tout d'abord à des conventions simples & sages. L'homme ne se laissa pas d'abord guider par la coutume; il n'eut pas besoin de consulter des philosophes profonds, la raison & la nécessité lui apprirent tout ce qu'il avoit à faire. Sans doute que le spectacle des premieres sociétés présentoit un coup d'œil très-touchant; aussi purs dans leurs mœurs que réguliers & simples dans leur conduite, tous leurs membres furent animés de commisération, d'amour mutuel, de bienfaisance, d'amitié, en un mot de toutes les vertus sociales; privés de tout superflu, & même souvent du nécessaire, l'égalité dut s'établir au milieu d'eux; il n'y eut point de domination, ni de distinc-

-tion de propriété, tout fut en commun, & il régnoit une concorde parfaite entre les cœurs des hommes. C'est sous ces traits que Séneque nous peint l'âge d'or ; « ce fut un temps de » justice, de charité & de religion ; ce fut » le temps où les hommes apprirent à se sou- » mettre aux Dieux, & suivirent purement » la nature ; ils vivoient dans des cavernes, » dans des troncs d'arbres & des cabanes : les » plus sages gouvernoient par le simple con- » seil, car commander étoit alors une charge » & non une dignité. »

Ainsi cet âge d'or si célebre n'est point un roman dépourvu de vraisemblance, ce fut sans doute à ce premier état des hommes que ce nom dut être donné ; il subsista vers les premieres époques du monde renouvellé ; un tems où l'équité, l'union, l'égalité & la paix ont réellement régné sur les hommes. Si nous avons quelque chose à retrancher des récits de la mythologie, ce n'est que le tableau d'une nature riante & fortunée qu'elle a cru devoir y joindre, puisque la terre n'offroit alors qu'une affreuse solitude ; le genre humain ne fut juste que sur les débris du monde.

Si l'on ne trouve point de mysteres établis chez les sauvages, comme chez les peuples policés, on n'y trouve point non plus l'histoire de l'âge d'or ; c'est que l'âge d'or n'a été que l'état de misere où les sauvages sont encore.

L'âge d'or doit une grande partie de sa célébrité & des belles peintures que l'on en a faites aux mauvaises législations, & aux méchans gouvernemens qu'ont eu par la suite des tems les nations policées de notre ancien hémisphere. L'esclavage que les grands Monarques établirent dans tout l'Orient rappella & fit regretter l'ancienne liberté dans laquelle les hommes avoient vécu. Comme l'Orient fut policé & subjugué lorsque l'Occident fut encore long-temps sauvage, les tristes Asiatiques ont imaginé la fable que Saturne s'étoit retiré en Europe ; on le plaça d'abord en Crete, puis en Italie ; & lorsque les maux de la société avec ses biens eurent été portés dans ces contrées, on dit que Saturne étoit relégué aux extrémités de l'Occident ; dans ce sens, nous pouvons dire qu'il y est encore ; le regne de Saturne subsiste chez les sauvages de l'Amérique.

Il fallut plusieurs siecles à la nature pour se réparer & pour changer l'affreux spectacle de sa ruine en celui que nous voyons aujourd'hui ; c'est-là ce qui a retenu si longtemps le genre humain dans cet état sauvage qui nous paroît aujourd'hui surnaturel ; mais la morale & le genre de vie de l'âge d'or n'ont été propres qu'aux premiers temps qui suivirent la destruction du monde ; ils n'ont pu subsister ensuite dans les sociétés aggrandies outre mesure, parce qu'ils ne conviennent pas plus avec le luxe de la nature abondante & tranquille, qu'avec les passions & le luxe des nations paisibles & opulentes. A mesure que le séjour de l'homme s'est embelli & enrichi, à mesure que les familles se sont multipliées & ont formé de plus grandes sociétés, le regne moral a dû nécessairement céder au regne politique; ce fut alors que le *tien* & le *mien* parurent dans le monde, non d'abord d'homme à homme, mais de famille à famille, de société à société ; la distinction de propriété devint indispensable, elle fait partie de cette même harmonie qui a dû rentrer parmi les nations renouvellées, comme elle est insensiblement rentrée dans la nature remise des secousses qu'elle avoit éprouvées de la part des révolutions.

Ainsi l'âge d'or est un état par lequel les hommes ont dû nécessairement passer : & cet âge a été réellement un état de simplicité, de bonté & de sainteté, en un mot une vie que nous trouvons surnaturelle & qui a mérité les justes éloges & les regrets de l'Antiquité quant au moral, mais très-peu quant au physique. C'est faute de distinguer ces deux choses que tant de spéculateurs se sont trompés sur l'âge d'or, & nous en ont fait des peintures chimériques. Ajoutons que lorsque des législations ont voulu dans d'autres temps ramener les usages de cet âge primitif, le bien s'est changé en mal, & l'âge d'or s'est changé en un âge de plomb. La suite va confirmer ces réflexions, & prouvera qu'il n'y auroit peut-être jamais eu d'âge de fer si l'on n'eût point usé de cet âge d'or lorsqu'il n'en étoit plus temps. Tout est lié dans la nature; pour y rétablir l'âge d'or, il faudroit que la terre fût encore au même état où elle étoit lorsque cet âge subsistoit.

VIII. Tels ont été les premiers, & nous pourrions dire les heureux effets des malheurs du monde sur le cœur humain; ils ont forcé les hommes à se réunir; dénués de tout, rendus pauvres par les désastres arrivés, & vivant dans l'attente & dans la crainte de ceux dont ils se crurent menacés, la nécessité rassembla leurs tristes restes, & les porta à se tenir inviolablement unis. Il falloit mettre en œuvre toutes ses facultés pour se secourir, se consoler; l'homme sentit le besoin qu'il a de l'homme, & son ame prit une douceur, que l'adversité seule est capable de lui donner. Ces sentimens sont affoiblis parmi nous, mais les siecles des malheurs des hommes furent ceux de l'humanité, de la cordialité, de la raison.

Quoique l'histoire ne nous ait point transmis le détail des conventions que les hommes firent alors entre eux, elles sont aisées à connoître; & quand on consulte la nature on les retrouve dans le fond de son cœur. Qui peut douter, par exemple, qu'une des premieres suites de l'impression que fit sur les hommes la vue de la ruine du monde, n'ait été de bannir des sociétés cet esprit infernal & destructeur dont elles ont été animées par la suite ? La violence, le meurtre, la guerre qui depuis l'âge d'or ont fait autant & plus de malheureux que le déluge lui-même, étoient des cruautés bien éloignées des premiers mortels. Instruits par la plus puissante des leçons, que Dieu peut en un clin d'œil exterminer le genre humain, ils stipulerent sans doute entre eux de ne jamais répandre leur sang sur la terre : ce fut-là en effet le premier des préceptes de la loi de nature, & les malheurs du monde dépeuplé durent y ramener les premiers hommes ; c'est une tradition précieuse que les Hébreux nous ont conservée. Les anciennes nations policées ont longtems retenu cette horreur pour l'effusion du sang ; elles vouloient qu'on expiât un meurtre nécessaire ou involontaire comme un meurtre criminel. Les peuples qui jusqu'à ce jour ont évité comme un crime de répandre le sang même des animaux, nous montrent des vestiges de cette antique humanité ; mais ce n'en est que l'ombre ; & ces mêmes peuples souvent barbares & cruels à l'égard de leurs semblables, nous montrent bien qu'ils n'ont cherché qu'à éluder la première & la plus sacrée des loix. Cette horreur pour le sang s'est encore conservée dans les ministres de l'Eglise Chrétienne; plût à Dieu que leurs passions n'eussent pas souvent démenti des principes si louables!

L'homme des premiers temps se reconnoît partout à la douceur de ses mœurs, vous ne voyez en lui qu'union fraternelle, que bonté, que bienfaisance, que pitié, que simplicité, que soumission pour les peres & les vieillards, que crainte de l'Etre suprême. Les traditions qui nous peignent les premieres sociétés sous ces traits sont vraies & fondées sur la nature d'un être malheureux; la terre malheureuse fut le temple de la vertu, & le crime fut longtemps sans oser violer son sanctuaire. Ces heureuses dispositions du genre humain renaissant contribuerent à faire soutenir aux hommes le fardeau de leurs miseres communes, il paroît qu'il auroit dû se trouver parmi eux des génies capables de retracer aux autres un plan pour réparer les maux infinis que la nature humaine avoit essuyés; quelques-uns, ce semble, auroient dû sauver de l'ancien monde quelques débris des sciences & des arts utiles; cependant il n'y eut rien de tel, & quoique cela paroisse extraordinaire, il n'est point difficile d'en trouver la raison. Dépourvus d'espérance, les premiers hommes ne songerent plus à l'avenir; leur découragement étouffa toute prévoyance; la crainte de la fin du monde ne les quitta jamais; ils crurent que les temps de la vengeance étoient arrivés; ils furent longtemps à se persuader que le monde n'étoit plus susceptible d'établissemens solides. En un mot toutes leurs vues se tournerent vers une vie future que la religion appelle encore le Royaume de Dieu.

Ce sont-là des dogmes dont l'esprit humain se nourrit dans toutes les révolutions de la nature & auxquels les calamités le ramenent dans tous les temps; leur impression devoit être bien plus forte sur des hommes témoins ou instruits par leurs peres de la désolation des êtres. Le malheureux prend un plaisir fatal à se nourrir de sa douleur; il aime à s'en retracer les objets: ainsi les premiers hommes dans toutes leurs institutions se peignirent les maux qu'ils avoient soufferts & ceux qu'ils crurent avoir encore à craindre; c'est-là ce qui fit naître cet esprit apocalyptique & funebre que nous avons trouvé dans tous les usages de l'antiquité & que les législations crurent à la fin devoir éteindre; cependant quelles qu'ayent été leurs précautions, une tradition sourde a transmis jusqu'à nous ces dogmes redoutables, & souvent ils ont produit de funestes ravages dans les sociétés. Ces dogmes sacrés & respectables sans doute, ont souvent occasioné des révolutions fatales par la chaleur qu'ils ont portée dans des cerveaux malades ou foibles. Leur effet dans les premiers temps fut d'empêcher les hommes de se rallier, de songer à l'avenir, de bâtir la société sur des fondemens solides, de travailler pour la postérité: l'homme abusa de ces fausses terreurs, & à force de crainte & de défiance il se rendit inutile. Les législateurs, comme on a vu, dans l'impossibilité de faire cesser ses craintes, sur lesquelles l'expérience des siecles n'avoit encore pu le rassurer, lui en cacherent les motifs, & lui firent des mysteres de l'esprit qui avoit fait instituer ses usages; par-là ils parvinrent peu-à-peu à le ramener à la société & à le faire travailler pour lui-même & pour sa postérité. Le calme fut longtemps rendu à la nature avant qu'il pût se rétablir dans le cœur de l'homme. Longtemps les vertus de l'âge d'or furent perdues pour le monde, & rendues inutiles à une postérité que l'on n'osoit point se promettre. Il auroit fallu pour un monde renaissant que ces vertus eussent été animées par les principes de la sociabilité, malheureusement elles ne le furent que par ceux du monde agonisant. Cet esprit, quelque sublime que soit la morale qu'il nous présente, est incapable de former des peuples policés & des nations industrieuses; pourquoi bâtir ou orner sa maison si l'on songe que l'on doit la quitter?

pourquoi semer ou planter si personne ne doit recueillir ? pourquoi travailler pour l'avenir si l'on ne peut y compter ? L'homme pénétré de ces idées dirigera toute sa conduite sur des vues si courtes & si lugubres, il ne songera qu'au présent, il ne travaillera que pour lui seul, & sans souci pour le lendemain il vivra comme un sauvage. C'est ainsi qu'en usoient ces hommes échappés au déluge; tous justes qu'ils étoient, la terreur leur inspira des opinions fausses & déraisonnables qui les conduisirent peu-à-peu à une vie sauvage & barbare, dont la législation eut beaucoup de peine à les tirer.

IX. Ce n'est donc point un état politique qu'il faut chercher dans l'âge d'or, ce fut un état tout religieux. Chaque famille pénétrée des jugemens d'en-haut, vécut quelque temps sous la conduite des peres qui rassembloient leurs enfans : on cherchoit sa subsistance en commun, le reste du temps se passoit à s'entretenir du sort de la terre, à méditer ses malheurs, à s'occuper du destin qui l'attendoit, à se consoler réciproquement de ses maux présens par l'espérance d'un avenir plus heureux & plus durable. Il seroit intéressant de pouvoir pénétrer dans toutes les méditations religieuses de ces premiers contemplatifs : agiterent-ils la grande question de l'origine du bien & du mal ? à qui attribuerent-ils les affreux malheurs qui défoloient alors l'univers? Le fystême des deux principes que l'on voit établi dans l'antiquité la plus reculée auroit-il été le fruit de ces triftes méditations? Quelque faux qu'il foit, qui fçait s'il n'a pas épargné à la terre un athéifme univerfel?

Quoi qu'il en foit, toutes les inftructions des peres & des vieillards durent avoir pour objet les malheurs de la terre, les calamités du genre humain & fes efpérances futures; toutes fervirent à cultiver les vertus qui conduifent à une vie plus heureufe : on s'habitua à méprifer une terre devenue miférable & maudite; on s'y regarda comme des voyageurs, des étrangers, des exilés. Le befoin des loix ne fe fit point fentir à des hommes que la néceffité tenoit unis & qu'elle rendoit honnêtes, fimples & défintéreffés; ils vécurent fans autre lien que celui du befoin, fans autre dépendance que celle des enfans relativement à leurs peres, fans autre Roi que le Dieu qu'ils invoquoient, qu'ils defiroient, qu'ils attendoient. Chaque famille formoit une communauté religieufe qui s'occupoit uniquement de la vie fortunée qu'elle attendoit par la fuite & que la religion peignoit comme prochaine. Les fiecles inattendus qui fuivirent, auroient dû détromper l'homme de ce qu'il y avoit de faux dans fes idées; mais l'espérance ne se rebute jamais, & des impressions aussi profondes ne purent s'effacer de longtemps; la crainte, la simplicité avoient fait adopter ces principes dans les premiers temps; le préjugé & l'habitude les perpétuerent dans les âges suivans; on ne fit que s'entretenir de ses illusions, & les hommes remplis de leurs attentes, soit agréables, soit funestes, furent toujours prêts à espérer ou à trembler aux moindres changemens qu'il virent dans le ciel & sur la terre; que dis-je! ils crurent voir la fin du monde à chaque fin de période, & les nations adopterent un cyclisme qui ne fut que le fruit des inquiétudes des premiers hommes.

Les premieres sociétés ou familles, quelque pauvres qu'elles fussent, se trouverent très-bien des mœurs que cette doctrine leur avoit suggérées : elles s'habituerent à un genre de vie qui étoit l'aliment de leurs vertus ; d'ailleurs elles jouissoient de la liberté, personne n'en avoit encore abusé ; à qui eût servi une nouvelle police sinon à gêner inutilement? qu'étoit-il besoin d'une plus grande industrie, elle n'eût fait que distraire l'homme de ses idées religieuses & funebres, & lui créer de nouveaux besoins ? On resta donc très-longtemps dans le premier état où l'on étoit tombé; on fut longtemps sans chercher une vie plus douce, & l'on continua à regarder Dieu seul comme le Monarque de la société. Voilà ce que l'antiquité a nommé l'âge d'or ou le regne de Saturne.

X. Voyons actuellement quelles furent les suites de ce genre de vie & de cette façon de penser. Ce fut l'oubli des arts & une négligence totale de l'agriculture & de tous les usages utiles. Tant que l'on ne fut qu'en petit nombre on en sentit peu la privation, ou du moins on put la supporter; on s'habitua aux nourritures grossieres & que la terre fournissoit d'elle-même; la pêche devint ensuite une ressource ainsi que la chasse, elles acheverent de faire perdre toute idée de travail & d'industrie. C'est cette brillante misere que tous les poëtes ont chantée; c'est celle que quelques philosophes de nos jours ont regrettée comme le comble de la félicité. Dans les premiers temps on put donc vivre de la chair des animaux qui se réfugierent ainsi que les hommes, sur les hauteurs, & demeurerent quelque temps avec eux. En effet les animaux sont aussi susceptibles que les hommes d'être effrayés des révolutions de la nature, & la crainte ôte aux uns comme aux autres leur méchanceté : c'est-là sans doute ce qui a donné lieu aux fables qui disent que dans l'âge d'or les bêtes vivoient avec les hommes & ne leur faisoient aucun mal, & que les loups paissoient avec les agneaux, &c. Mais comme ces animaux oublierent plutôt leurs miseres, & peuplerent plus promptement que l'homme, ils quitterent avant lui leurs afiles pour se répandre dans les plaines, & rendus à leur voracité naturelle ils devinrent assez nombreux pour venir attaquer les hommes dans les endroits où ils s'étoient retirés ; ceux-ci dépourvus des moyens de se défendre, furent réduits à errer de cavernes en cavernes, ou de monter sur les arbres, comme nous disent les traditions Chinoises, pour y trouver la sûreté. Au reste cela même peut éguiser l'industrie de l'homme, & le besoin de se défendre dut le forcer assez promptement à s'armer & à devenir chasseur.

Ainsi l'âge d'or a été une vie semblable à celle des sauvages que nous avons trouvés en Amérique, & peut-être étoit-elle plus misérable que la leur, ceux-ci trouverent au moins une terre couverte de fruits & de verdure, des forêts remplies d'animaux, & leur industrie est parvenue à leur procurer les moyens pour subsister ; au lieu que les premiers hommes habitoient une terre détruite, désolée, couverte de boue, de marais, & de sable, & qui ne leur fournissoit qu'une subsistance précaire. Cependant il ne faut pas nous peindre les premiers hommes semblables à nos sauvages modernes du côté des mœurs, ils ressembloient plutôt de ce côté-là à nos sauvages volontaires que nous appellons *hermites*, *moines*, *anachoretes*; ils étoient remplis de la crainte de Dieu, de dégoût pour le monde & d'espérances pour l'avenir, leurs mœurs étoient pures, leur esprit continuellement occupé des méditations sérieuses de la religion & de la contemplation du Royaume Céleste. Le parallele seroit plus exact si les premiers hermites ou sauvages de l'âge d'or eussent gardé le célibat aussi scrupuleusement que les nôtres; mais ils n'en ont point usé de même, comme nous l'avons dit, & il est bon d'examiner ce qui seroit résulté de la propagation des anciens par ce qui seroit résulté de la propagation des nôtres, s'ils n'eussent point fait un vœu de célibat. En effet les villes entieres de moines qui se formerent dans la Thébaïde, si le mariage y eût été admis, eussent à la fin formé des nations considérables; la difficulté des subsistances les eût forcés d'occuper un plus grand terrain; des colonies de moines eussent été peupler d'autres déserts; ces colonies se fussent peu à peu écartées du centre de la discipline qui auroit dégénéré, & tous les principes primitifs de leur institution Monastique étant venus à s'altérer, il en auroit résulté des peuples errans & sauvages. Qui sçait même si les descendans de quelques-uns des solitaires de la Thébaïde dégoûtés du célibat, ne peuplent pas aujourd'hui quelques déserts d'Afrique où ils mangent de la chair humaine ?

La même chose est arrivée aux familles ou sociétés primitives ; elles dégénérerent à mesure qu'elles se multiplierent ; plus elles s'écarterent du centre commun, plus elles perdirent l'esprit primitif, & l'on vit deux sortes d'hommes sur la terre, les premiers en petit nombre, furent ceux qui se maintinrent le plus long-temps dans leurs premiers domiciles, & qui y formerent des sociétés plus fixes & plus considérables ; les seconds furent ceux qui sortirent de ces sociétés & qui s'en écarterent peu à peu & de temps à autres. C'est chez les premiers que l'on vit renaître les Législations, les gouvernemens, & les cultes religieux ; quant aux autres, elles formerent ces nations vagabondes & sauvages qui se sont répandues sur presque toutes les parties de la terre, & que nous trouvons encore en beaucoup de contrées.

XI. L'état de toutes ces nations est le second état physique dont nous avons parlé ; il a été, comme on a dit, moins la suite immédiate des révolutions de la terre que la suite des impressions de terreur & de dégoût que ces révolutions firent sur les hommes. Dès-lors ils perdirent totalement l'esprit de la société ; ils vécurent en vagabonds, en pêlerins, en voyageurs; & quelques-uns d'entre eux n'ont point encore pu se réunir parfaitement: religieux, simples dans l'origine, ils devinrent peu à peu ignorans, féroces & sauvages; ils oublierent leurs notions primitives de la Divinité de leurs ancêtres; leurs ames tomberent dans l'inertie & dans l'indolence; ils furent sans prévoyance, sans arts, sans industrie; une raison peu cultivée les fit tomber dans une anarchie totale, & leur liberté ne fut que la triste faculté de pouvoir se dévorer & se détruire réciproquement comme des bêtes féroces.

Nous ne disons rien ici sur l'origine des sauvages à quoi les livres précédens n'ayent dû préparer. Nous y avons vu que leurs traditions & leurs usages étoient sortis des sources primitives & communes à tous les peuples de la terre & fondés sur les préventions universelles de la plus haute antiquité. Nous avons même eu souvent lieu de nous appercevoir que les principes des usages universels étoient mieux motivés chez les sauvages que chez les nations policées, à qui les Législations ont fait perdre l'esprit de leurs institutions pour ramener les hommes à une vie meilleure, plus douce & moins inquiete. Cela doit nous prouver 1°. que la vie sauvage a précédé l'état policé des plus anciennes nations connues; 2°. que les idées cycliques & apocalyptiques des sauvages & les usages qui y ont rapport n'ont point été apportés chez eux par aucune des nations que l'histoire nous fait connoître, mais que ces notions leur sont propres & qu'elles ont été celles de toutes les petites sociétés qui échapperent aux ravages du déluge.

On appelle communément *état de nature*, l'état errant & vagabond où l'homme vécut longtemps : rien de plus commun parmi nous que de dire que les sauvages sont dans l'état de nature ; tout ce que nous avons vu nous prouve combien cette façon de parler est fausse ou du moins demande à être expliquée. L'état de nature animal est un état sans réflexion, soumis au hazard & au caprice qui rapproche l'homme de la brute. L'état de nature convenable à un homme est un état de raison & de réflexion, puisqu'il est de l'essence de son ame de penser & de réfléchir. C'est donc par cet état seul qu'il a pu commencer ; l'homme n'est tombé dans la vie sauvage, qui n'est qu'un état de nature animal, que lorsqu'il a cessé de raisonner sur les mœurs & sur les usages qu'il tenoit de ses ancêtres, ou lorsqu'il a continué à les suivre sans en connoître l'esprit. En effet dès qu'il a cessé d'être guidé par la raison & la réflexion, il n'a plus mené qu'une vie d'habitude & purement machinale : sa conduite n'a pu manquer de s'altérer & de se dépraver de plus en plus; tout usage dont l'esprit n'est point connu conduit l'homme sans qu'il s'en apperçoive, dans les erreurs les plus opposées à la raison. Non seulement tous les excès de la vie sauvage sont venus de cette ignorance, mais encore elle a été la source de tous ceux qui se sont introduits dans la religion, dans la politique & dans les mœurs. C'est une vérité que je prouverai dans un ouvrage dont celui-ci n'est pour ainsi dire que l'introduction : j'y montrerai les suites pernicieuses que l'ignorance des motifs de la religion primitive des hommes, a eu pour toutes les nations; on y verra que c'est de cette source empoisonnée que sont sortis la superstition la plus aveugle, le despotisme le plus insupportable, & les mœurs les plus féroces. Que l'on ne regarde point ceci comme un paradoxe; pour en convaincre, traçons ici une légere esquisse de la suite des faits qui ont suivi la catastrophe du déluge; je ne ferai qu'en étendre le tableau dans l'ouvrage qui suivra celui-ci & qui en sera le complément (9).

XII. L'homme, quoiqu'échappé aux malheurs du monde, ne cessa point pour cela de craindre. La terreur dont il fut saisi lui fit

―――――
(9) Cet ouvrage a été imprimé en 1761, sous le titre de *Recherches sur l'origine du Despotisme Oriental.*

regarder les grands coups dont il étoit frappé comme les préludes de la ruine totale de l'univers; il s'y attendit de jour en jour & il s'y prépara en conséquence; son esprit livré à la mélancolie se remplit de chimeres relatives à son état & à celui de la nature; sa morale fut la morale d'un monde agonisant; il crut qu'il devoit d'avance se détacher d'une terre fragile & misérable. Ces principes qui nous paroissent aujourd'hui si sublimes étoient alors naturels & fondés sur l'expérience fatale que l'homme venoit de faire de la fragilité de sa demeure. Sa conduite devint par-là tout-à-fait religieuse; sa vie ne fut que provisoire, parce qu'il ne compta plus sur la durée des choses. Cette vie fut d'abord misérable, mais ensuite elle devint un peu plus douce; elle fut pauvre, mais longtemps innocente; c'est elle qui forma ce que l'on a désigné sous le nom de *l'âge d'or*; état que le Christianisme a voulu depuis rapporter sur la terre, en renouvellant les idées de la fin du monde & du Royaume Céleste, que nous attendons au sortir de cette vallée de larmes.

Les enfans de l'homme sauvé du déluge persévérerent quelque temps dans cet état surnaturel; plusieurs générations se conduisirent par les mêmes principes : la premiere ferveur fait qu'on ne se défie point de l'avenir, & les préjugés empêchent de prévoir les différens abus qui peuvent naître d'une vie indolente & paresseuse. Quelques familles se séparent du gros de la société & vont se perdre dans les déserts où elles forment, comme on a vu, des peuplades sauvages.

Cependant plusieurs familles réunies continuent de vivre en société; c'est a'elles que descendent les premieres nations policées; ces familles ne cessent point pour cela de vivre sous la discipline de l'âge d'or; elles se maintiennent par les seules loix de la religion; elles ne reconnoissent d'autre Roi que le Dieu qu'elles adorent & qu'elles attendent sans cesse. Cette maniere de vivre habitue insensiblement ces premieres sociétés à un gouvernement mystique & surnaturel, dont le plan n'est qu'une pieuse fiction, & dont on soutient l'extérieur & la forme par un appareil de convention qu'on imagine, qu'on augmente & que l'on exagere peu à peu. La multitude des pratiques, des usages & des suppositions auxquels on est obligé de recourir, confond d'âges en âges les premieres idées des hommes; leur esprit s'égare; ils prennent à la lettre tous leurs rites & leur culte; il en résulte nécessairement une foule de préjugés religieux & politiques; une infinité d'usages bisarres & déraisonnables; des abus

& des fables sans nombre pour les expliquer. Toutes ces choses venant à fermenter dans l'esprit des hommes, changent avec le temps la nature de ce gouvernement Théocratique, en font oublier le nom, les principes & l'origine, & précipitent enfin la religion, la police & l'histoire des premiers âges dans le chaos le plus obscur.

Ce gouvernement mystique & surnaturel qui succéda à l'age d'or & qui fut une de ses suites, est le même qu'une mythologie universelle, qui a recueilli les foibles restes de ces premiers âges, a appellé *le regne des Dieux*. Cette façon de s'exprimer ne désigne autre chose que le regne de Dieu, connu de quelques anciens peuples sous le nom de *Théocratie*.

XIII. Le temps qui a enveloppé de ses voiles les plus épais la Théocratie primitive des nations payennes n'a point permis jusqu'ici à l'histoire d'en connoître les annales & d'en montrer les monumens : le seul moyen de connoître ce gouvernement est de consulter la chose même. Qu'est-ce qu'une Théocratie ? C'est un gouvernement dans lequel la société, non seulement adore l'Etre suprême comme son Dieu, mais suppose encore qu'il est son Roi immédiat & particulier ; ensorte que toutes les loix dérivent de lui & s'exécutent en conséquence de cette supposition.

C'est un gouvernement dans lequel moins le lien civil & politique est sensible & visible, plus on fait d'efforts pour y suppléer par un extérieur & par un appareil de convention. Ainsi l'Etre suprême dans ce gouverment fut traité comme un Monarque, c'est-à-dire comme un homme: dès-lors il fut avili; la politique fut subordonnée à la religion, ce qui a corrompu & perverti l'une & l'autre. On donna une maison au Dieu Monarque, & cette maison devint un temple; on y plaça un trône qui devint un sanctuaire; on y plaça par la suite un emblême, ou une image quelconque, & cette image attira les regards & les vœux des peuples & devint une idole. On dressa une table devant le Dieu Monarque, & cette table se convertit en autel. On couvroit cette table d'abord de pain, de vin, de fruits, & ensuite on y immola des animaux, puis des hommes, des Rois, des enfans de Rois & des milliers de victimes humaines. En regardant Dieu comme un Roi, on se crut obligé de le nourrir, & comme le préjugé le fit regarder comme un Roi méchant & qui se plaît à la destruction des hommes, on voulut le repaître du sang des hommes. Enfin on donna à ce Monarque des ministres & des officiers; de-là le Sacerdoce.

 Dans un tel gouvernement il fallut suppofer que toutes les loix que suivoit la société émanoient du Dieu Monarque. Voilà la source de toutes les révélations vraies ou fausses. On fut obligé d'imaginer des moyens pour connoître les intentions d'un Roi qu'on ne voyoit point & qu'on ne pouvoit entendre; de-là les oracles, les divinations, les augures, les haruspices. Enfin on eut recours à mille suppositions & à mille conventions de cette nature fondées sur des principes illusoires, & dont l'imposture ne profita que trop souvent pour aveugler les hommes. Le Dieu Monarque reçut des tributs, des dixmes, des troupeaux, des terres, des chevaux, des armes; & traité en tout comme un Monarque ordinaire il eut des femmes & des enfans. Chacun de ces usages fut ensuite le principe d'une foule d'erreurs plus ou moins ridicules ou criminelles; chaque partie du cérémonial fut la source de quelques abus; ces erreurs & ces abus consacrés par le temps ne cesserent plus d'infecter les Législations, les religions & les mœurs, & d'altérer le bon sens de toutes les nations de la terre.

XIV. Si la Théocratie par les abus qu'elle entraîna ne servit qu'à avilir la Divinité en la faisant descendre au rang d'un homme quelquefois cruel & méchant; si elle corrompit la religion primitive, elle contribua aussi à dégrader l'homme & à le rendre esclave dans la société. La grandeur excessive d'un Dieu Monarque exigeoit de ses sujets une soumission sans bornes ; cette soumission fut d'abord toute religieuse & légitime ; mais elle se convertit bientôt en un esclavage politique & injuste. Le regne d'un Dieu ne peut être que despotique & absolu par sa nature ; il ne peut y avoir de conventions ou de traités entre la créature & l'auteur de son être. Dieu sous ce gouvernement mystique, étoit un Sultan invisible ; ses officiers ou ses prêtres furent ses Visirs, & ils devinrent à la fin les seuls maîtres de la société. On pourroit donc donner au regne des Dieux le nom de *regne des prêtres* ; en effet, c'est sous ce regne, que l'histoire ne nous a point fait connoître, que le sacerdoce a jetté les fondemens de cette énorme puissance dont on voit déjà les effets dans les annales des plus anciens peuples, & dont l'abus s'est fait sentir jusqu'à nous. Chargés du soin des biens du Dieu Monarque, les prêtres ont fini par s'identifier avec lui, & même sous le Christianisme peu s'en est fallu que le Vicaire d'un Dieu, qui a déclaré que son Royaume n'étoit pas de ce monde, n'ait envahi en Europe la Monarchie universelle, & n'ait asservi les Souverains mêmes à ses loix.

Les officiers ou ministres de la Théocratie primitive abuserent de mille manieres d'un gouvernement illusoire, qui leur laissoit toute l'autorité. Les peuples dans presque tous les pays devinrent les victimes de leur avarice, de leur ambition & de leur brutalité. Comme on avoit donné des femmes au Dieu Monarque, les prêtres se chargerent du soin de remplir pour lui le devoir conjugal, & de lui donner lignée : les temples devinrent des lieux de prostitution ; les prêtres corrompirent les mœurs des peuples qu'ils étoient faits pour conserver, & ils pousserent l'impudence jusqu'à faire passer les fruits de leur incontinence pour les enfans du Dieu Monarque. Ces enfans merveilleux formerent une race nouvelle que l'on nomma celle des *Demi-Dieux* ; ils gouvernerent les hommes en vertu de leur origine céleste ; ils se rendirent recommandables par leurs services & par les inventions utiles qu'ils enseignerent aux hommes. Plusieurs de ces héros divins devinrent les Législateurs des peuples, instituerent des mysteres, & ramenerent, comme on a vu, les hommes à la vie sociale, en leur cachant les dogmes tristes & funebres qui jusques-là les avoient empêché de travailler à leur bonheur. Aux fêtes lamentables, ils substituent des fêtes gayes & bruyantes ; ils multiplierent la vigne, & rendirent l'usage du vin plus commun, afin de porter la joie dans les ames engourdies. Les hommes jusqu'alors n'avoient été que chasseurs & pasteurs, ces Demi-Dieux les rendirent cultivateurs ; il les délassèrent par la musique, par la danse & par les jeux qu'ils instituèrent. Les sociétés se multiplièrent ; elles furent obligées de défricher & de dessécher leurs terreins que le temps avoit couverts d'immenses forêts, & dont une grande partie étoit encore inondée.

Ainsi ces Demi-Dieux firent succéder le travail à la contemplation, & une vie active à cette indolence funeste dans laquelle les hommes avoient été plongés. Il y eut alors du mouvement & du ressort dans les nations ; le genre humain se réveilla comme d'une profonde léthargie ; il descendit des montagnes où la crainte sembloit l'avoir fixé, & sous la conduite de ses héros il alla chercher des contrées plus commodes que ses soins rendirent fertiles ; on bâtit des villes, & les sociétés agrandies formèrent peu à peu de grands Empires. Cependant l'ambition de ces Demi-Dieux excita souvent des guerres entre eux ; les nouveaux cultes qu'ils apportèrent firent souvent naître des démêlés entre eux & les Prêtres qui ne se virent point sans chagrin dépouillés d'une autorité qu'ils exerçoient eux-mêmes au nom des Dieux sous la Théocratie. Fatiguées de ces querelles souvent sanglantes les nations se donnèrent des Rois ou forcèrent leurs Prêtres à leur en donner. Le choix tomba communément sur un des enfans des Dieux, & le sceptre devint héréditaire dans leur postérité. Ce fut alors qu'on vit paroître l'*Andrarchie*, ou le regne des Rois, que nous voyons subsister de nos jours.

XV. Si l'institution des Rois eût été l'ouvrage de la seule raison, elle eût été aussi utile aux hommes qu'ils avoient pu s'en flatter ; mais lorsqu'ils eurent recours à cette institution, leur esprit étoit encore si préoccupé des préjugés que les gouvernemens antérieurs avoient fait naître, que le regne des Rois dégénéra bientôt en abus. Les sociétés accoutumées depuis des siecles à être gouvernées au nom de la Divinité, ne crurent point se soumettre à un homme en se soumettant à un Roi ; elles ne pensoient pas même alors qu'une simple raison humaine pût suffire au maintien de la société. La Théocratie avoit affoibli le ressort des esprits, elle avoit insensiblement conduit l'homme à méconnoître ses droits, à mépriser sa raison, à se laisser guider aveuglément ; il s'étoit accoutumé à ne plus penser & même à ne plus vouloir par lui-même. Le regne des Demi-Dieux ne fut qu'une Théocratie prolongée ; les Demi-Dieux commanderent aux peuples au nom des Dieux dont ils prétendoient descendre, & les Rois qui succéderent trouverent dans les esprits des peuples des préjugés dont ils abuserent pour les asservir & pour les tenir irrévocablement enchaînés. Le premier Roi fut regardé comme une idole, & reçut les mêmes hommages que les emblêmes du Dieu Monarque avoient reçus sous la Théocratie : ainsi les Rois ne furent plus des hommes ordinaires, souvent ils renoncerent aux sentimens de leur nature, & se crurent en droit de tyranniser impunément des sociétés qui n'oserent pas plus s'opposer à leurs projets qu'à ceux de la Divinité ; les Rois gouvernerent comme des Dieux, & les peuples engourdis se soumirent sans murmure à leurs volontés les plus bisarres. Telle fut l'origine de ce gouvernement destructeur connu sous le nom de *Despotisme*, que l'on voit établi dans presque toutes les parties du monde. Il est cependant quelques pays heureux qui ont eu le bonheur de se soustraire à ses coups & de substituer la raison publique ou la loi à la volonté de l'homme. C'est sous cette *Monarchie* que les sociétés ont été les plus heureuses ; tel est le fruit de la raison perfectionnée des peuples revenus enfin des préjugés Théocratiques qui aveugloient leurs pères dans l'antiquité la plus reculée.

En effet toutes les erreurs humaines par une longue chaîne, remontent à cet âge primitif qui jusqu'ici étoit demeuré couvert de la nuit du temps. On ne sçauroit trop étudier cet âge, puisque c'est lui qui renferme les principes & les causes de toutes les institutions & de toutes les opinions dont nous trouvons des traces plus ou moins fortes, même dans les temps actuels. Nous y verrons la source féconde de presque toutes les idées politiques & religieuses; nous y trouverons l'origine de la grandeur des Rois & de l'abaissement des peuples ; nous y démêlerons la cause du pouvoir immense que le Sacerdoce s'est acquis dans toutes les sociétés que cet ordre toujours rival des Rois, a souvent ébranlées. Nous y verrons le principe de ces terreurs qui en différens siecles ont allarmé les esprits des hommes toujours préoccupés des idées de la destruction du monde; c'est de-là que nous verrons sortir ce fanatisme destructeur, cet enthousiasme qui porte souvent les hommes aux plus grands excès contre eux-mêmes & contre leurs semblables, cet esprit de persécution & d'intolérance qui sous le nom de zèle fait que l'homme se croit en droit de tourmenter tous ceux qui n'adorent point avec lui le même Monarque céleste, ou qui n'ont point de son essence & de son culte les mêmes idées que lui.

Tels sont les matériaux que nous fournissent les premiers âges du monde pour composer l'histoire de l'homme en société; c'est à l'homme échappé du déluge que commence cette chaîne immense d'égaremens & d'erreurs, qui s'est continuée jusqu'à nous. Cependant dans quelques climats les nations fatiguées de leurs maux & des législations déraisonnables que le préjugé leur avoit imposées, formerent ou des Républiques ou des Monarchies tempérées, tandis que le reste de la terre continua à adorer ses fers. Ici l'histoire peut éclairer nos recherches; elle nous montre des peuples ennemis de la tyrannie, sentir la dignité de leur être, s'occuper du bonheur commun, réfléchir & consulter la raison. Il est vrai que souvent ils tomberent dans de nouvelles fautes produites par l'expérience d'une raison encore foible & pour ainsi dire au berceau, ou produites par un reste d'attachement à d'anciens préjugés dont les gouvernemens les plus sages ne sont point tout-à-fait exempts. Tous les progrès de la science législative ont été longtemps retardés par les premiers égaremens du genre humain, & par l'oubli où l'on est ensuite tombé de l'histoire de ces égaremens. Ce sera donc rendre un grand service aux législations présentes & futures que de leur présenter le tableau des vices des législations passées, afin d'instruire & de corriger l'homme par le spectacle de ses erreurs. Une vie qui n'est fondée que sur le préjugé, la routine & l'usage, me paroît aussi répréhensible qu'une vie sauvage & animale; toutes deux conduisent également les sociétés au hazard, & les soumettent au caprice & à la déraison. Je tiens que tout usage dont on ne connoît point l'esprit doit être aboli comme dangereux ; tout usage utile dans son origine doit être aboli dès que son utilité cesse. Enfin je regarde comme un corollaire de toutes les vérités qui ont été établies dans cet ouvrage, que lorsqu'un peuple sauvage vient à être civilisé, il ne faut jamais mettre fin à l'acte de la civilisation en lui donnant des loix fixes & irrévocables ; il faut lui faire regarder la législation qu'on lui donne comme une *civilisation continuée* ; elle doit lui apprendre à agir ; non par routine ou par habitude, mais elle doit lui apprendre à raisonner sur toutes ses actions & sur la loi elle-même. Tout gouvernement qui ôte au peuple la liberté de penser, de s'instruire & de raisonner, avoue qu'il ne veut commander qu'à des êtres aveugles qu'il veut tyranniser. Qu'il est peu d'hommes vraiment policés dans les sociétés qui se vantent le plus de la sagesse de leurs institutions ! Qu'il est encore de sauvages dans nos villes les plus éclairées !

Ainsi dans cet ouvrage je me suis proposé de présenter des connoissances préliminaires propres à faire l'histoire de l'homme en société. Pour ne point présenter un roman bisarre & ridicule j'ai rassemblé les matériaux épars de l'antiquité, afin que l'on ne fût point étonné d'un plan, singulier peut-être par sa nouveauté. On a en général des idées si vagues & si décousues de l'antiquité, qu'il a fallu commencer par les fixer au moins quant aux objets essentiels. Je ne sçais si j'ai réussi également dans tous les détails ; mais je me flatte du moins, qu'il résultera de mon travail une masse totale capable de porter la conviction & de jetter du jour sur les parties les moins éclairées de l'histoire du genre humain. Récapitulons en peu de mots les objets que nous avons jusqu'ici considérés.

RÉCAPITULATION.

Nous avons fait voir en commençant qu'il y a eu chez les Grecs & les Syriens plusieurs fêtes & usages établis en mémoire du déluge; on a trouvé la même chose chez les Indiens & les Sauvages. On a examiné toutes ces fêtes en particulier, on les a comparées pour en trouver l'esprit; il est partout triste, lugubre & dicté par la crainte de la destruction du monde : c'est ce que j'ai nommé *esprit apocalyptique*. Nous avons observé les cérémonies de ces fêtes en détail : nous avons retrouvé les mêmes usages dans une multitude d'autres fêtes qui n'avoient point le déluge pour motif apparent. Nous avons examiné les motifs particuliers de ces autres fêtes, & sous le voile de la fable & de l'allégorie nous avons reconnu des idées funebres & relatives à la mémoire du déluge. En suivant cette méthode nous sommes parvenus à découvrir que presque toutes les fêtes de l'antiquité ont eu pour objet primitif de perpétuer la mémoire des révolutions & des malheurs du monde, non-seulement par des fêtes & des cérémonies, mais encore par une foule d'allégories dont quelques-unes sont plus ou moins dignes d'attention.

Après avoir rapporté les fables ou les traditions qui nous parlent de la guerre des Géans avec les Dieux, ou de la *Gigantomachie*, nous avons fait voir que sous le voile de l'allégorie elle n'est tantôt qu'une cosmogonie, tantôt une histoire des révolutions de la nature, tantôt un emblême de sa destruction finale ; elle nous peint le désordre des élémens lors de la ruine & du renouvellement du monde ; chez quelques peuples elle n'est que le tableau prophétique de ce qui doit arriver à la fin des temps & à la dissolution de l'univers. Cette découverte a servi à nous développer les motifs secrets ou ignorés d'une infinité de fêtes ou de jeux périodiques chez les Grecs, les Romains & chez beaucoup d'autres peuples ; elle nous a dévoilé leurs motifs commémoratifs & funebres que l'on retrouve dans presque tous les usages des anciens.

Cette découverte nous a conduit à chercher pourquoi les plus grandes solemnités de l'antiquité ressembloient par quelque côté à des fêtes mortuaires. On pleuroit & l'on s'attristoit dans les fêtes les plus gayes & les plus dissolues ; les cultes d'Isis & d'Osiris, ainsi que ceux de Bacchus, de Cérès, d'Adonis, d'Atys, &c. étoient accompagnés de macérations & de larmes. Chez quelques peuples on se réjouissoit à la mort de ses parens, de ses amis, de ses enfans, & l'on pleuroit aux naissances; on pleuroit en labourant, en semant & en moissonnant. Les premieres chansons n'étoient que des élégies lamentables; en un mot nous avons vu l'ancien genre humain noyé dans les larmes & plongé dans une profonde mélancolie. Par toutes ces tristes cérémonies on cherchoit à se rappeller la misere, la pauvreté, la frugalité des ancêtres. Ainsi cet esprit lugubre étoit une des suites des impressions morales faites sur les cœurs des hommes par l'ancienne révolution du monde. Comme les idées avoient été dans l'origine très-propres à dégoûter l'homme du séjour qu'il habitoit, nous y avons trouvé la source de ce mépris du monde, qui a été prêché comme une vertu dans des siecles bien plus modernes.

C'est ce mépris des choses du monde qui donna naissance aux sectes religieuses des anciens & à la vie monastique; c'est lui qui donna lieu aux jeûnes, aux pénitences & aux austérités inouies des Faquirs de l'Indostan, qui du temps d'Alexandre le grand passoient déja pour être de la plus haute antiquité. Nous avons de même examiné les Gymnosophistes & les Mages, les Thérapeutes, les Esséniens, les Pythagoriciens & les Orphiques;

nous avons examiné leurs genres de vie, leurs dogmes, leur morale & leurs prédictions. Nous avons entrevu dès les premiers temps une science de l'avenir & des idées apocalyptiques déja fort en vogue, qui se sont transmises de race en race par des hommes qui pratiquoient dans toute sa rigueur la morale austere d'un monde agonisant ou qui croyoit sans cesse toucher à sa fin; ils ont fini pour la plûpart par être des fainéans, des vagabonds, des diseurs de bonne avanture, des devins & des imposteurs.

Nous avons remarqué que les premiers hommes vécurent de même provisoirement & sans attache pour les sociétés ou pour le monde, où ils se regarderent longtemps comme des pélerins, des voyageurs & des étrangers; nous avons ensuite examiné si la pratique de cette vie n'auroit pas conduit les hommes à une vie sauvage & barbare. Nous avons en conséquence passé en revue la plûpart des peuples sauvages anciens & modernes; nous avons étudié leurs traditions, leurs fêtes, leurs usages & leur genre de vie. Nous avons trouvé chez eux des fêtes en mémoire du déluge, des usages funebres, des dogmes apocalyptiques sur la fin du monde, un caractere de tristesse & de mélancolie. De cet examen il résulte que les sauvages n'ont été originairement que des hommes effrayés des révolutions de la nature, & si dégoûtés du monde qu'ils ont été longtemps sans pouvoir ni vouloir se rallier pour faire des établissemens fixes & solides, & des corps de sociétés : ce sont des hommes qui ayant d'abord vécu en solitaires & en religieux, ont peu à peu perdu de vue leurs premiers principes, & sont devenus errans, vagabonds & sauvages & enfin antropophages. La plûpart des peuples de l'antiquité ont passé, comme on a vu, par cet état sauvage ; les Egyptiens, les Grecs, les Juifs & les Européens n'ont différé en rien des Américains de nos jours.

Ce sont les mysteres qui ont tiré les hommes de la vie sauvage pour les ramener à la vie sociale & policée. Ces mysteres étoient un composé de cérémonies religieuses & d'instructions que l'on cachoit au vulgaire : les anciens n'en ont parlé qu'avec respect & réserve ; leur origine remonte au temps des héros & des Demi-Dieux ; leur secret seroit impénétrable pour nous sans quelques mots épars dans les écrits des philosophes & sans quelques usages plus connus. En examinant le peu qui nous a été transmis sur les mysteres, nous trouvons que leur doctrine secrette étoit une science lugubre, effrayante, apocalyptique sur l'origine, sur la fin du monde, & sur la venue d'un Dieu qui devoit détruire & renouveller l'univers. Voilà le secret qu'on révéloit aux initiés; l'on se servoit même à leur égard d'allégories souvent inintelligibles. Quant au peuple qui assistoit à la partie de ces mysteres qui se passoit en public, on ne lui en apprenoit rien, sinon qu'il devoit honorer des Dieux qui avoient enseigné aux hommes la culture du bled & du vin; qui leur avoient donné les arts qui rendent la vie agréable, qui avoient donné des loix à leurs sauvages ancêtres pour les conduire à une vie sociale & paisible. Nous avons donc vu que ces mysteres avoient un double objet : le premier étoit de cacher au vulgaire des dogmes effrayans capables de le décourager, opposés à son repos & nuisibles aux progrès de la société; le second objet étoit d'animer le peuple au travail, d'exciter son industrie, de le porter à la joye & à la reconnoissance envers les Dieux.

Le secret des Sybilles si fameuses dans l'antiquité étoit le même que celui des mysteres; leur ouvrages n'existent plus, ceux qui passent sous ce nom ont été visiblement fabriqués par des modernes; nous avons cependant fait l'analyse de ces livres que nous avons trouvé prophétiques & remplis de prédictions effrayantes sur le destin de l'univers; nous avons montré que quoique ces ouvrages fussent supposés, on n'avoit pas laissé de leur donner le même esprit qui régnoit dans les ouvrages anciens & véritables des Sybilles du

Paganisme. Nous avons dit dans quels cas les Romains les consultoient, & par les usages qui se pratiquoient à la suite de ces consultations, nous avons conclu que les livres des anciennes Sybilles étoient remplis de prédictions sur les révolutions futures, sur la fin du monde, sur l'arrivée d'un Dieu redoutable ou bienfaisant : objet que la politique tenoit sous le secret par les mêmes raisons qui lui faisoient cacher la doctrine des mysteres.

Comme l'antiquité ne consultoit les livres des Sybilles que lorsqu'on appercevoit quelque phénomene inusité dans la nature, nous avons été naturellement conduits à examiner la source des craintes que tous les peuples ont témoignées à la vue des cometes, des éclipses & de tous les changemens extraordinaires dans la nature : nous avons pareillement consideré les usages auxquels ces craintes ont donné lieu. Le résultat de nos recherches a été de nous faire voir que ces craintes & ces usages partoient d'une terreur primitive qui faisoit toujours envisager la fin du monde comme prochaine ; elles nous ont encore montré que l'astrologie étoit la fille des terreurs des premiers hommes ; l'astronomie ne fut pour eux qu'une science inquiete & apocalyptique dont plusieurs sociétés policées ont cru devoir faire une science mystérieuse subordonnée au gouvernement & au sacerdoce. C'est l'abus de cette science qui a conduit les premieres sociétés à l'idolâtrie des Sabbiens ou Sabéens, qui fut une religion très-étendue.

Ces recherches nous ont mené à l'examen de tous ces calculs fait par l'antiquité pour fixer la durée du monde; nous les avons attribués à ce que j'ai désigné sous le nom d'*esprit cyclique*; c'est cet esprit systématique qui attribuoit une fatalité à l'extinction de tous les périodes chroniques, & qui cherchoit à connoître par les révolutions astronomiques, quel seroit le temps de la fin de l'univers Cet esprit des anciens s'est transmis aux modernes: nous avons examiné les différens périodes & surtout celui de la grande année, ainsi que les dogmes apocalyptiques qu'ils ont fait naître. Ils annonçoient une fin, un renouvellement du monde, l'arrivée d'un nouveau Dieu, qui étoit le même que le Dieu exterminateur de la fin des temps, dont la doctrine secrette des mysteres & les livres des Sybilles annonçoient aussi l'avénement futur.

Le dogme d'un Dieu qui doit venir pour renouveller toutes choses ayant pris une infinité de formes, selon les temps & les religions des hommes, demandoit à être examiné en particulier. Le Dieu futur étoit annoncé sous le nom de Bacchus dans les mysteres des Grecs. La fin du monde, la venue d'un Juge suprême, & le renouvellement de l'univers sont des dogmes inséparablement liés ; lorsque ces dogmes se sont corrompus, les erreurs qui en sont découlées sont devenues pareillement inséparables. La ruine des sociétés & des Empires est une suite nécessaire d'une ruine totale du monde ; mais ces événemens de détail ont souvent été pris pour les effets généraux universels annoncés par le dogme ; ainsi chaque peuple, à chaque révolution naturelle dont il se crut menacé, a attendu un Roi, un conquérant, un libérateur au lieu du Dieu de l'univers. Ces personnages imaginaires se sont infiniment multipliés dans l'esprit des hommes : on retrouve partout une attente vague & indéterminée ; toutes les nations ont eu quelqu'un qu'elles attendoient, tantôt sous un nom & tantôt sous un autre. Par l'examen que nous avons fait de ces différens personnages, nous sommes restés convaincus qu'ils ont pris la place du Juge suprême qui d'après la religion primitive doit venir juger les hommes, détruire le monde & le renouveller. Ces idées ont rendu le genre humain inquiet à la fin de tous les périodes ; la folie devint une maladie périodique : les regards des peuples se sont tournés vers tous les hommes extraordinaires qui paroissoient au milieu d'eux ; & cette frénésie fut la cause d'une infinité de révolutions civiles, politiques morales & religieuses. La connoissance de cette

erreu

erreur nous a servi à resoudre les énigmes les plus importantes de l'esprit humain & de la conduite des hommes en certains siecles.

Nous sommes ensuite revenus à l'examen du systême des périodes. Nous avons parcouru les périodes séculaires, jubilaires, les cycles & les usages solemnels institués par l'esprit cyclique ; je les ai nommés *usages cycliques*. Nous avons d'abord examiné les fêtes séculaires des Mexicains : elles ont servi à expliquer les usages que les Romains & les Juifs pratiquoient en pareille occasion sans en connoître la raison. Nous avons analysé séparément les jubilés, les lustres & tous les jeux périodiques de la Grece & de Rome. Nous avons à cette occasion traité du feu sacré ; des vigiles ou veillées religieuses; de l'abandon de la culture des terres à la fin de certains cycles ; des meubles brisés chez quelques peuples à la fin des siecles. Toutes ces choses nous ont encore montré qu'il fut un temps où chaque fin de siecle, de cycle ou de période avertissoit les nations de se préparer à la fin du monde; elles nous ont fait voir que dans la plus haute antiquité il a dû exister une religion toute lugubre & une liturgie toute apocalyptique.

De là nous sommes passés à la recherche du même systême dans les fêtes instituées à l'occasion des renouvellemens d'années & de saisons. Nous avons examiné les fêtes annuelles, solaires ou lunaires. Nous avons appellé *fêtes annuelles* celles qui terminent ou commencent chaque année ou chaque saison. Nous avons montré la confusion qu'ont porté dans la distribution de ces fêtes les changemens divers arrivés aux Calendriers des différentes nations anciennes & modernes. Nous avons tâché de démêler l'esprit de toutes les féries, & la place qu'elles devoient tenir par leurs usages. Nous avons vu que les unes avoient pour objet la mémoire du passé ; que d'autres instruisoient sur l'avenir ; & que souvent les mêmes fêtes réunissoient ces deux objets mais altérés & obscurcis par des mythologies & des fables.

Nous avons fait subir le même examen aux fêtes lunaires ou du mois. Nous avons parlé de celles de la Néoménie & de la pleine lune ainsi que des deux quartiers ; c'est alors que l'on a traité de l'origine du cycle de sept jours ou de la semaine. On a vu que la religion avoit consacré les jours des quatre phases de la lune : nous avons étudié l'esprit de ces fêtes & notamment le sabbat des Hébreux. Et partout nous avons retrouvé les idées lugubres dont la religion primitive occupoit les hommes ; nous avons encore étudié l'esprit des usages du période journalier, c'est-à-dire des actes religieux qui partagent le Jour Ecclésiastique que le ton funebre de l'antiquité faisoit commencer le soir, temps auquel on a pu douter dans l'origine si le soleil reparoîtroit encore.

Enfin nous avons terminé notre carriere par un examen des effets physiques & moraux du déluge : c'étoit le complément naturel de toutes nos recherches ; il n'a servi qu'à fortifier toutes les vérités que nous n'avions qu'entrevues.

FIN du Troisieme & dernier volume.

18 COMMENTAIRE

Les extrêmes bontés avec lesquelles le Roi de Prusse l'avaient prévenu, lui firent bien oublier la haine de Rousseau. Ce Monarque était Poëte aussi, mais il avait tous les ta‑ lens de sa place & de ceux qui n'en étaient

---

xelles. La voici. ,, Vous allez être étonné du malheur
,, qui m'arrive : il m'est revenu des Lettres protestées
,, on m'enlève mercredi au soir, & on me met en
,, prison : croiriez-vous que ce coquin de Rousseau,
,, cet indigne, ce monstre qui depuis six mois n'a
,, bu & mangé que chez moi, à qui j'ai rendu les
,, plus grands services & en nombre, a été la cau‑
,, se qu'on m'a pris ; c'est lui qui a ivité contre
,, moi le porteur des Lettres ; & qu'enfin ce mons‑
,, tre, vomi des enfers, achevant de boire avec
,, moi à ma table, de me baiser, de m'embras‑
,, ser, a servi d'espion pour me faire enlever à
,, minuit. Non, jamais trait n'a été si noir ; je ne
,, puis y penser sans horreur. Si vous saviez tout
,, ce que j'ai fait pour lui ! Patience ; je compte
,, que notre correspondance n'en sera pas altérée.
,, Quelle différence entre cet hypocrite & M. de
,, Voltaire : ce dernier m'accorde ses bontés & ses
,, secours. "

Il faut avouer qu'une telle action sert beaucoup à justifier Saurin & la sentence & l'arrêt qui bannit Rousseau. Mais nous n'entrons pas dans les profondeurs de cette affaire si funeste & si déshonorante

www.ingramcontent.com/pod-product-compliance
Lightning Source LLC
Chambersburg PA
CBHW050546170426
43201CB00011B/1581